日本近世史を見通す

1 列島の平和と統合
——近世前期——

牧原成征・村　和明【編】

吉川弘文館

刊行にあたって

日本近世史の研究は、豊かな成果をうみ出している。

時の経過とともに、研究する側での関心の持ち方や、問題意識といえるようなものも、当然変化してきている。そうした変化に伴って、さまざまな研究の成果も、豊富かつ多様にもたらされたのであった。こうした、現在の歴史学研究の成果を、そして近世史研究がこれまでに到達した見地を、このシリーズでは集成してみたい。

しかし、こうした豊富さは、その反面で否応なしに、大きな課題をも出現させている。きわめて多様な研究成果のすべてを見渡して論じることが困難になり、従来「研究の個別分散化」といわれてきた事態を克服することもまた、非常に難しくなった。専門家は、以上の状況に苦慮しつつも、日日なんとか対応しているのだが、一方ではそれぞれ専門とする分野も大きく分け隔てられたままであり、また研究分野の間で充分な相互理解が確保されているとは、とうてい言い難い面があるのもまた、現状である（政治史研究と社会史研究のギャップは、その最たるものであろう）。また従来、近世の初期から幕末期までを貫いて見通すような、通史の観点が現れていないことも問題視されていた。世界史と連関させて近世日本をとらえるアプローチも、いまだ不充分である。近年、シリーズ企画や研究講座のような出版物が相次いで企画されてきたにもかかわらず、このような問題の所在は、大きく変わっていないのではないか。本シリーズではひとまず、こうした認識の上に立って、それぞれの専門的な研究成果をただ持ち寄るのにとどまることなく、視角や問題意識についても可能な限りでの総合化を目指し、近世という時代を見通すことをねらっている。

このシリーズでは、時代をみていく視角を総合化する試みとして、次のような工夫をこらしている。全体を七巻から構成するものとし、最初の三巻については、歴史の通時的な経過を示す、通史的な研究の成果にあてている。続く四巻から六巻までは、テーマ別の編集とし、この時代を考えるうえでは不可欠と思われるような、重要な研究動向を取りあげた。以上の全巻をあわせ読むことで、大きく展望を得たいというのが、ここでの考えである。参考文献の提示などは必要な限りでの提示にとどめ、全体にわたって、一読して理解しやすい内容を、幅広く盛り込むことを期した。また、最終巻の七巻では、シリーズ全体での議論を集約し、関連する問題についての討究を行ったうえで、近世史研究において今後に残された課題についても検証することとしたい。

まず、劈頭《へきとう》に位置する**第一巻『列島の平和と統合―近世前期―』**では、おおよそ織豊《しょくほう》政権の時代から四代将軍・徳川家《とくがわいえ》綱《つな》の時代まで、すなわち一六世紀末から一七世紀後半までの時期を扱っている。近世社会における秩序の形成について、政治過程や対外関係を中心として論じ、「平和」の到来と軍事体制との関係、キリスト教禁教と対外方針の転換にまで説き及んでいる。続く**第二巻『伝統と改革の時代―近世中期―』**では、元禄時代と呼ばれる将軍綱吉《つなよし》の時代、つまり一七世紀末以降、田沼《たぬま》時代と呼ばれる一八世紀後半までの時期を取りあげる。長期にわたって社会の伝統化が進行する一方、初発の危機的な状況を迎えて、幕政・藩政ともに改革政治による対応を余儀なくされる段階である。通史の最後は、**第三巻『体制危機の到来―近世後期―』**が、対応している。一九世紀以降、「大御《おおご》所《しょ》時代」と呼ばれる時期に深化した政治的・社会的矛盾のなか、到来した対外危機に対して近世国家による対応はどのようなものであったか、また巨大な世界史的動向のなかで、幕末の政治変動はいかなるものとなったかが問題とされる。

研究史上に大きな位置を占めている、重要なテーマ群にあたっては、次の各巻を用意した。**第四巻『地域からみる近世社会』**では、研究史の焦点の一つであった地域社会論を中心に論じている。都市と農村、社会と支配権力のあり方について、広く目配りを効かせての解明を進めている。**第五巻『身分社会の生き方』**は、最重要課題の一つである身分論をベースとして、近世に生きた人びとの生活過程に踏みこんだ検討を行っている。諸集団と個人、人・モノ・カネの動き、生死に関わる状況といった問題群に注意したい。**第六巻『宗教・思想・文化』**では、近年に格段の進展をみせた宗教史と思想史における研究、その双方をともに見渡して、近世文化史全般にもわたる総合的な見地を獲得することをめざしている。分野横断的な論点の提示がますます期待されるところである。以上、政治史研究や国家論の検討にもとづく成果を盛り込んだ通史的研究の巻のみならず、近世社会の重要な諸動向を追究したこれらテーマ別の巻をあわせて提示することで、総合的かつ動態的な歴史過程の把握をめざしたい。

本シリーズの刊行をもって、既存の研究動向をことごとくカバーしたなどと豪語するつもりはもちろんない。全体としての構成には充分に反映しきれなかった研究視角や動向が、なお多く存在していることは承知している（ジェンダー・環境・災害・医療の歴史など）。しかし、今回ここに集成したような数々の論点に向き合うことを抜きにして、今後の研究を前進させることは難しいだろう。本シリーズでの見地から発して歴史像が広く共有され、そのうえでいっそうの議論が喚起されるよう、強く願うものである。

荒木裕行　岩淵令治
上野大輔　小野　将
小林准士　志村　洋
多和田雅保　牧原成征
村　和明　吉村雅美

目次

第7章　列島北方の「近世」　上田哲司……173

プロローグ

現代からみる近世の幕開け

牧原成征

一九九一年の近世史

日本史では、江戸時代と、その政治的・社会的な枠組みを形づくった織田《おだ》信長《のぶなが》・豊臣《とよとみ》秀吉《ひでよし》（とくに後者）の時代をあわせて近世と呼んでいる。近世という時代のとらえ方については、最近、私も若干の整理を試みたことがあるが（牧原成征『日本近世の秩序形成』東京大学出版会、二〇二二年）、ここでは、三〇年余り前に刊行された朝尾直弘編『日本の近世1　世界史のなかの近世』（中央公論社、一九九一年）をひもといてみよう。そこで朝尾は、「『近世』とはなにか」と「東アジアにおける幕藩体制」という冒頭の二章を執筆している。

まず「『近世』とはなにか」では、なぜ、日本史では古代・中世・近代という三分法ではなく、「近世」が加えられてきたのか、を明治以降の歴史学の大きな流れ（封建制論・発展段階論）のなかで整理する。そして最後に、ヨーロッパの出現、一般庶民の衣食住の変化、そしていかにも日本的なものの考え方だとして当時話題になっていた「談合」や「行政指導」といった例をあげつつ、現代につながる時代、国民国家としての「現代日本の揺籃《ようらん》期」である「近世」を再考することの意義を述べている。

次に「東アジアにおける幕藩体制」では、天下人をはじめとする当時の人びとの世界観とその変化を概観したうえで、天下人による平和と統合の前提として、中世末以来、民衆による平和と統合への強い希望と欲求があったこと、だからこそ前者が成功したとする。そのうえで天下人たちの統治策を概観して、最後に、彼らが神になったことへの着目から、「神国」や「武威」など当時の国家意識の構造を明らかにして近代日本への展望としている。

この「日本の近世」というシリーズは、全体を朝尾と辻達也とが編集し、児玉幸多、ドナルド・キーン、司馬遼太郎が監修に名を連ねる、全一八巻という日本近世史としては記念碑的な規模の出版企画であった。おそらくはバブル景気のただなかで企画され、長期的視野に立って戦後の近世史研究の集成とその変質・新展開を見据え、登場して間もない国民国家論の動向をもふまえていることは、鋭敏で目配りの効いた朝尾の両論考が示すとおりである。また、これが刊行された一九九一年は、湾岸戦争が起こり、ソ連が崩壊して冷戦が最終的に終結する年であり、日本の一八歳人口が団塊の世代以降、次のピークを迎えた時期でもあった。そして当時は、携帯電話もパソコンもインターネットもまだまったく普及していなかった。

時代は変わる

それから三〇年余り。冷戦が終結し、情報通信技術の急激な技術革新とあいまって、グローバル化が急激に進展した。新自由主義のもとで格差が拡大し、日本も含む国民国家内部の分断も深刻になっている。一人ひとりにスマートフォンが普及し、ＳＮＳなどを通じて不特定多数と常につながることができる便利を享受するようになったが、反面でその弊害なども問題になっている。ごく最近では生成ＡＩの普及によって、人間の知や思考とは何かということさえ新しく問い直されてきている。

この間、中国やアジア諸国が経済的・政治的に台頭する一方、日本は「失われた三〇年」ともいわれる低迷を過ごし、急激な少子化と人口減少に直面している。イエやムラだけでなく、結婚や家族さえ自明のものではなくなりつつある。環境問題はもちろん、ジェンダーやＬＧＢＴＱ、コンプライアンスやハラスメントなどへの認識が広がり（私が小学生だった一九八〇年代前半には、先生が教室で普通にたばこを吸っていた）、弱者や多様な生き方が尊重される機運も芽生えているが、逆に新しい生きづらさと閉塞感が広がっているようにもみえる。一九五九年の伊勢湾台風から一九九五年の阪神淡路大震災までの間の日本列島は、災害の少ない例外的な時代だったともいわれるようだ。

このように、この三〇年間余りをみても、同じ人間が構成する世の中でありながら、確実に「時代は変わる」のである。今日の若い世代は、近世が「現代日本の揺籃期」だといわれてもピンとこないのではないだろうか。近世はそれだけ遠くなった。

朝尾は発展段階論への懐疑を述べていたが、折しもその頃から、そもそも歴史も史料も言説であって必ずしも現実や実態を表さないとする風潮が強まった（言語論的転回と呼ばれる）。一般の人びとの歴史離れも進んだが、歴史学の内部でも、言説の書き手と読み手、そして媒体（メディア）に関する研究が目立つようになった。また、国民国家の相対化や批判もさることながら、グローバリゼーションへの省察が、より大きな問題になってきた。タテにつながっている文化や伝統を探究して来し方行く末を考えようというより、ヨコにつながる新しい技術やグローバルな市場、それを支えるイデオロギーが焦点化されるようになってきた。当然ながら、この間に近世史研究も近世史像も変わったはずである。その成果を見通すのが本シリーズの役割であろう。

東アジアの近世、世界史の近世

グローバル化と対応するように、歴史学においてもグローバル・ヒストリーと呼ばれる研究潮流が大きくなった。世界が緊密化し、地球的な規模・単位で課題が生起する現代社会には、そのような視点からの歴史学が生まれる。それを広くグローバル・ヒストリーと呼んでいるが、何か単一の理論や特徴があるわけではない。ただ日本近世は「鎖国」のもとにあったため、日本史研究者はそうした潮流から距離を置くことが多かった。それでも「鎖国」概念を見直し、「四つの口」で海外とつながっていたことが強調されるようになってきた。また中国史研究者からは、東アジア・東南アジアを広く見渡して、世界史の横の連動に注目して「近世」という共通した時代を便宜的に設定してみる見解が提起され、広くフレームワークとなっている（岸本美緒『明末清初中国と東アジア近世』岩波書店、二〇二一年）。それには、日本史における近世という時代区分の方法が示唆を与えた面も大きい。これまで日本史的特殊とみなされてきた「近世」概念が、世界史的普遍としてとらえ直されてきていることは興味深い。

ただ、近世「概念」が世界史的普遍として開かれたとしても、日本近世史像は、きわめて特殊な歴史社会であるとする理解が伝統的である。アジア史・世界史の大きなとらえ方のなかに、日本近世史像を位置づけて組み込むことは、実質的になお今後の課題であろう（牧原『日本近世の秩序形成』、本巻第1章「世界のなかの近世日本」）。ただ、日本近世に限らずすべての歴史社会は、実際に独特で固有な社会や文化を織りなしていたのであり、グローバル化の進む今こそ、それに目を凝らして、幕を開けたばかりの「グローバル化」との関係いかんを見定めることには意味があるのではないだろうか。その際、同時に「日本」という枠組みを常に問い直す必要があることはいうまでもない。

朝尾は、「幕藩体制という整った政治組織と、そのもとでの社会構造のしくみは、きわめて精巧なシステムであり、複雑な性格をもっていて、他と比較するにもけっして単純にとらえきれない」と述べた（「『近世』とはなにか」）。近代史家の宮地正人も「日本の中世から近世への移行を一六〇〇年の関ヶ原からとるにしても、その完成は一六四〇年代の時期になります。過渡期の四〇数年間の間に初めて幕藩制国家の最低限の基礎が、朝廷と幕府の関係にしろ、将軍と大名の関わり方にしろ、主従制と国郡制の重層的なありかたにしろ、鎖国という国際政治の枠組み形成にしろ、つくられていきました。その意味では、時間をかけつつ精緻でガラス細工のような国家構造が近世成立期に作られていったわけです」と述べている（宮地正人『幕末維新像の新展開』花伝社、二〇一八年）。

二人の碩学がいう特殊に築かれた精巧・精緻なシステムに目を凝らし、膨大でありながらも限られた史料を吟味して、その精巧さの背後にある（かもしれない）論理を剔抉《てっけつ》する眼力は、私たちが生きる精巧な現代世界／社会の特異さを見破り、とらえ直して、それを生き抜く力にもなるはずである。

近世前期を見通す

さて本シリーズでは、近世を三つの時期に区分し、本巻では織豊政権期から四代将軍徳川家綱《とくがわいえつな》政権期までの政治と対外関係を見通す。近世を三つの時期に区分するが、そもそも近世は、中世という時代から、どのように区別されるのだろうか。日本では、どのように「時代が変わって」、近世という時代を迎えたのだろうか。

研究のうえではさまざまな議論があるが、もっともわかりやすくは、朝尾が述べたように、天下人が出現し、列島を統合して、「平和」をもたらしたことがあげられる。本巻のタイトルに掲げたゆえんである。では、戦国時代には日本列島はバラバラで、常に戦争をしていたのか、というと必ずしもそうではない。戦国時代には戦国大名や国衆とよばれる権力が割拠しており、北条《ほうじょう》氏など一部の戦国大名は、新しい支配体制を構築し、江戸時代に必ずしも遜色ない統治を行ったとされる。織田信長は逆に、戦争にあけくれ、民政にはそれほど関心を示さず、戦国大名の一人にすぎないことが強調されることも多い。これらはいずれも一面の事実であり、私自身は大きな画期は豊臣秀吉の政権・施策にあると考えるが、当該期は総じて海外との「交流」も盛んになり、列島各地でさまざまな「うねり」が生じており、単純な武家領主層の動向だけでなく、大小さまざまなうねりを見据えて列島の平和と統合への動きを評価してゆく必要があろう。また朝廷と室町幕府という伝統的な権威が、衰退したとはいえ存在しており、それらへの態度や関係の結び方、統合への活用のしかたも、天下人それぞれの政権の特質をなしていた。

統合も平和も、一七世紀前半までは、必ずしも永続するとは認識されていなかった。織豊期はもちろん、一七世紀に入ってもなお政治的に大きな変動があった。また国内が安定しても、国際的にはなお動乱が続いていた。どのような世界史的な環境のなかで、どのようなプロセスやメカニズムで平和と統合が定着していったか、それが本巻第一の焦点となるだろう。それは同時に、そうした「平和」と「統合」がどのような性格のものだったか、どのような特質を帯びたか、それを考えることにもなるだろう。

一七世紀後半の家綱政権期になると、国内では平和と統合が定着し、近世中期への転換期を迎えるが、政治的な変動は緩やかになり、特定の年次や事件に、はっきりとした画期を見出すことは難しい。例えば寛文四年（一六六四）、将軍家綱が全国の大名に一斉に領地宛行状《あてがいじょう》を発給したことは、政治史上、一つの画期ではあるが、幕府と藩との関係では、実態の追認である側面が大きい（翌年には公家・寺社にも発給）。泰平の世では、緩やかな変化をとらえつつ歴史を動態的に描き出す方法を考えなければならない。

人びとの生活は変わったのだろうか。技術革新が緩慢であった当時、人びとの生活様式が急に変わることはなかったかもしれない。ただ、私たちがこの三〇年に経験した「時代は変わる」という感覚をふまえると、一七世紀前半までに政治制度・社会制度が大きく変わったのだから、人びとの意識や価値観が大きく変わったとしても不思議ではないだろう。例えば武功や下剋上、「物好き、結構好き、茶の湯、綺麗好き、華麗なる事」（島井《しまい》宗室《そうしつ》遺訓）に重きを置く価値観は、どのように泰平や分相応、忠孝・勤勉・倹約などに変わっていったのだろうか。

本巻の概要

ところで、中国近代史家の岡本隆司も、やはり日本近世の支配体制が特殊で特異であることを強調し、「江戸時代、それからその前提になる戦国時代の日本が、アジアも含めた世界史全体からみて、世界経済からみて、どうなのか」と問うている。そして「たんに交易・交流してつながっていた、というだけではなくて、そうしたつながりも含みこんだ内部の制度体系・基層の社会構成に関わるような議論」を日本史の研究者には求めたいが、なされていない、と疑問を投げかける（鈴木薫・岡本隆司『歴史とはなにか』山川出版社、二〇二一年）。**第1章「世界のなかの近世日本」（牧原成征）**は、それをふまえたわけではないが、奇しくもそのような提言に、成否は別として応えようとしている論考である（牧原『日本近世の秩序形成』も参照されたい）。岡本も強調したように、近世日本はきわめて特殊で特異な制度体系を持つ歴史社会であるが、そのことは、その内部に自閉した視点や検討だけからはみえてこない。本章では、そうした社会がどのように成立したのかを、ヨーロッパ人を含む中国大陸から西日本にかけての地域間交流・動乱の展開と、それに触発され対応しつつ登場した天下人の秩序構想に即して考え、そして東シナ海をまたいで生じた「うねり」がいかにして収束に向かったかを描こうと試みる。

当該期の地域間交流・動乱のうち最大のそれは、豊臣秀吉による朝鮮侵略戦争（壬辰《じんしん》戦争）だろう。**第2章「「豊臣の平和」と壬辰戦争」**（**谷徹也**）は、国内統一と壬辰戦争とをあわせて理解しようと試み、「豊臣の平和」の内実をもっとも顕在化し、かつ挫折させた場面として壬辰戦争をとらえる。とくにこの間の政治過程論の動向をふまえ、秀吉の方針も当初の意図が貫徹したのではなく、その時々の政治状況によって試行錯誤を繰り返して変わってゆく様相を重視する。秀吉は「仁政」を掲げて朝鮮にもいわば「豊臣の平和」を輸出するが、実際には圧政や破壊が繰り広げられ、朝鮮での統治や戦争に失敗した諸侯は、領国での民政に目覚めるようになったとする。

コラムⅠ「天下人の装束」（**寺嶋一根**）は、秀吉を中心に、織田信長・徳川家康《いえやす》という天下人の装束の違いに着目し、それが何を象徴し、それにどのような意図が込められていたかを鮮やかに読み解く。以下、本書では、家康・秀忠《ひでただ》・家光《いえみつ》・家綱といった政権期ごとに章を設けるのではなく、幕藩政治、朝廷・朝幕関係、キリシタン禁制など民衆支配の進展とそれへの抵抗、南方と北方の「近世」化といった諸局面に即して論じることにした。

まず、**第3章「幕藩政治の確立」**（**三宅正浩**）は、家光政権から家綱政権期にかけての幕府と藩、武家社会の変化を素描する。そこには、「忠孝」「御為」などの主従観念、大名の横並び意識（「外聞《がいぶん》」）と世代交代、主従関係が数代継承されたことの重み、戦争を知らない世代による武功への憧れ、縁戚関係による徳川氏の血統の広がり、政治機構の確立と先例主義、記録の体系的な作成、殉死《じゅんし》と証人制など、当該期を特徴づける観点・論点が豊富に盛り込まれる。幕藩政治の「内実」は今後の課題とされるが、それは武家による支配であって、少なくとも当該期には単純に「仁政」「行政」とみるべきではないと釘をさす。続く**コラムⅡ「明暦の大火」**（**岩本馨**）は、家綱政権期の同大火後、幕府が大規模な「都市改造」

を行ったという通説的な歴史像は、大幅に修正する必要があることを述べる。

次に、**第4章「近世朝廷と統一政権」（村和明）**は、まず知行と役の観点から近世初期の朝廷像を概観し、天下人の影響力が強く、いまだ自律的な集団とはいえなかったとする。そのうえで天下人・将軍から宛行われる女中の知行について検討し、それが武家伝奏《ぶけてんそう》・議奏《ぎそう》の知行・役料よりも先に、職位に伴う知行（役知）として定まったことを指摘する。最後に当該期の朝廷を象徴する女性である東福門院《とうふくもんいん》徳川和子《まさこ》（後水尾《ごみずのお》天皇中宮）の御所にさまざまな人びとが関わっていた様子にふれて、和子が死ぬことで天皇・院を中心とする近世朝廷の輪郭が明瞭になると展望する。

第5章「島原《しまばら》の乱と禁教政策の転換」（木村直樹）は、まず寛永十四年（一六三七）に勃発した島原の乱（島原・天草《あまくさ》一揆）の経過や特質を述べ、戦場に集う人びとの様相を活写する。そのうえで、乱後の政策転換、寛永飢饉への対策とキリシタン禁制の連動、大目付《おおめつけ》・井上政重《いのうえまさしげ》の力量によるキリシタンの捕縛などが家光政権期の特徴として述べられる。家綱政権期になると「崩れ」と呼ばれるキリシタンの集団的な摘発事件が相次ぎ、井上も引退して宗門改役の職制が固まるが、禁教策は全国化すると同時に形式化してゆくことが展望される。

第6章「琉球に及んだ海禁」（木土博成）は、これまで寛永の「鎖国」政策と呼ばれてきたものを、ひとまず日本版の「海禁」政策ととらえる。そのうえで、寛永期に薩摩藩の琉球在番奉行を務めた野村元綱《のむらもとつな》という人物に焦点を当てつつ、キリシタン禁制、異国往来の禁止、武具の輸出禁止、糸割符制などの寛永期の対外的諸規制が、どのように琉球に及んだか、諸規制でいわれる「異国」に琉球が含まれるのか否かを、慎重かつていねいに分析し、琉球の位置づけを論じる。

第7章「列島北方の「近世」」（上田哲司）は、まず一五世紀半ばからの約二〇〇年を北方史における近世の前期ととらえ、檜山安東氏《ひやまあんどうし》の下での蠣崎氏《かきざきし》の台頭、諸国の商人との交易からの収益分配、蠣崎（のち松前氏《まつまえし》）の統一政権への服属、交易独占権の保障などを概観する。そのうえで和人地の広がりや、交易形態の変化（アイヌが松前城下へ赴く段階→和人が蝦夷地内の地点へ赴く段階へ）によってアイヌが松前藩に従属を強いられ、和人の蝦夷地への渡航も制限されるようになるまでの過程を、これまでの諸研究をふまえて描く。津軽《つがる》アイヌの姿も興味深い。

こうして第6章・第7章は「辺境」・縁辺部から列島近世の成立を具体的に描き出しており、例えば第1章で述べた交易統制の問題や第5章で扱われる禁教の問題とも深く絡んでいる。また第2章・第3章・第5章をふまえると、そもそも当該期における政治・民政の内実を考え直す必要もあるだろう。相互に読み比べていただきたい。

第1章 世界のなかの近世日本

牧原成征

はじめに

インターネットの発達によって、私たちは世界中と瞬時に「つながる」「同期する」ことができ、そこでのつながりが私たちの世界そのものであるかのような感覚を抱くこともあるのではなかろうか。歴史学でも世界の横のつながり（市場）を重視するグローバルヒストリーという潮流が大きくなってきたのはそうした感覚と深く関わっている。一方、かつて歴史が重んじられていたのは、その地域や国には長い間に培われてきた縦のつながり（伝統）があって、過去がさまざまに積み重なって現在の社会が形成されていると実感されていたからであろう。

実際、旧来の日本史では、土地所有を基盤とする領主制・封建制の発達、その下での農民の自立・成長という視角から、それが最高度に達したのが近世の幕藩制だという理解がとられてきた。確かに当時の最大の生業は農業であり、戦国大名の多くや統一政権・江戸幕府が土地所有を基軸にして支配のしくみを構築したことは疑いない。

一方、ここ三〇年ほど、アジアにおける国際的な動きのなかで中世・近世日本を考える研究が進み、「鎖国」の見直しに始まり、貨幣史・海域史を含む対外関係史が豊かな成果をあげてきた（荒野泰典・石井正敏・村井章介編『日本の対外関係

5　地球的世界の成立』）。しかしそれは、山口啓二・朝尾直弘・高木昭作・藤木久志らに代表されるような、旧来の日本史像の達成を前提として、「外」との交流の局面でそれをとらえ直そうとしたもので、その「中身」を塗り替えたわけではない。また、中世と近世、あるいは豊臣政権までと江戸幕府以降とが別々の論者によって深められ、断絶も生じているように見受けられる。

本章では以上のような認識に立って、まず一六世紀半ば以降の中国産生糸と日本銀との交換を中心とする交易ブーム、鉄砲やキリスト教の伝来などに直面した西国（九州）における地域間交流の様相を、肥前国平戸《ひらど》という地点に着目して眺める。そのうえで、下剋上の動きのなかから天下人がどのような新しい構想を示して列島を統合したか、そうした内外の激動が江戸幕府のもとでいかにして鎮められ終息に向かうか、そのプロセスをたどってみることにしたい。

1　西国の地域間交流

東シナ海交易の結節点

平戸は、平戸島にあって九州の西北端と狭い瀬戸を挟んで向かい合う海上交通の要衝である。文安元年（一四四四）、日本に赴いた朝鮮王朝の役人が宮廷に日本の様子を次のように報告した（『朝鮮王朝実録』世宗二十六年四月三十日条）。

博多《はかた》から山口までは集落が稠密《ちゅうみつ》で土地が肥えており、もっぱら農業を営んでいる。それに対して対馬《つしま》・壱岐《いき》・上松浦《まつら》などは人家も寂しく、土地が狭小で痩せており農業に適さないので飢餓を免れず、恣《ほしいまま》に盗賊を行い、その心は奸暴である。

農業中心の考えによる偏見はあるが、平戸など下松浦も風土は同じで、松浦党と呼ばれた首長を欠く海の武士団が割拠する地域だった。そしてそのなかからやがて平戸松浦氏が戦国大名として台頭する。

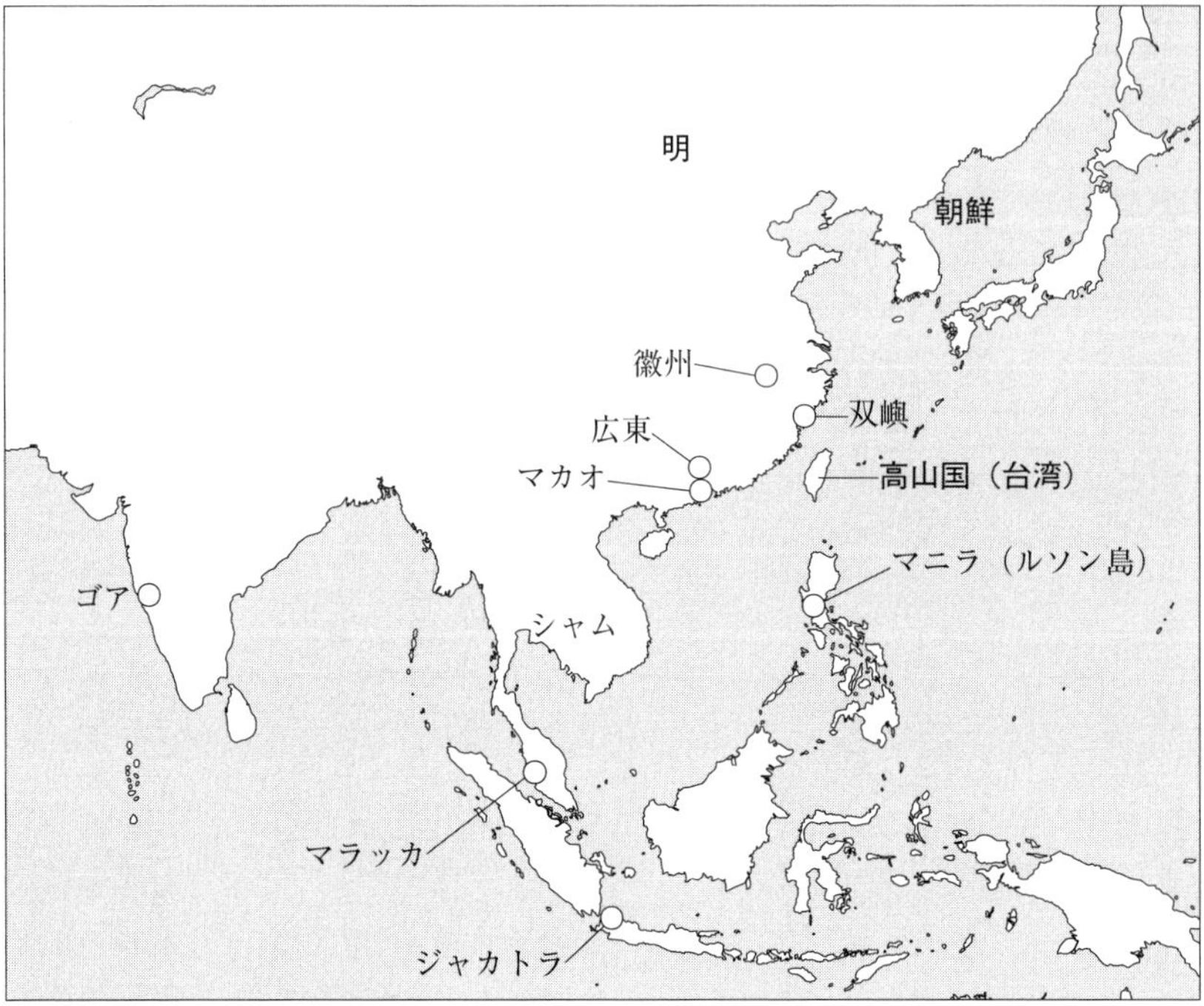

図 1-1　東アジア関係地略図

平戸松浦家に仕えた大曲藤内という家臣が、江戸時代のはじめ寛永期（一六二四～四四）に同家の「武運長久の次第書、祖父の書置き、また申し伝え、道可様（松浦隆信）御物語なされたる趣」を子孫の覚えのために書き残した「大曲記」（松浦史料博物館所蔵）という記録がある。松浦隆信《たかのぶ》（道可《どうか》、一五二九～九九）の代については、次のように記す。

①平戸津へ大唐より五峯《ごほう》という人がやってきて平戸に唐様《からよう》の屋形を建てて住んだので、そこを目当てに大唐の商船が絶えず来航した。さらに南《なん》蛮《ばん》の黒船が平戸に入港すると「唐・南蛮の珍物」が年々ふんだんにもたらされ、京・堺《さかい》など諸国の商人がみな集まって西の都といわれた。

②南蛮船からキリシタン宗という珍しい仏法僧が伝来した。入信すると「過分の珍物」を取らせるので、よく事情もわからず入信する者が多い。平戸にも教会を建て、松浦家の親類衆（籠手田《こてだ》安昌《やすまさ》・安経《やすつね》）までもが入信したが、道可隆信は「我国は神国」だとして信仰せず、バテレン

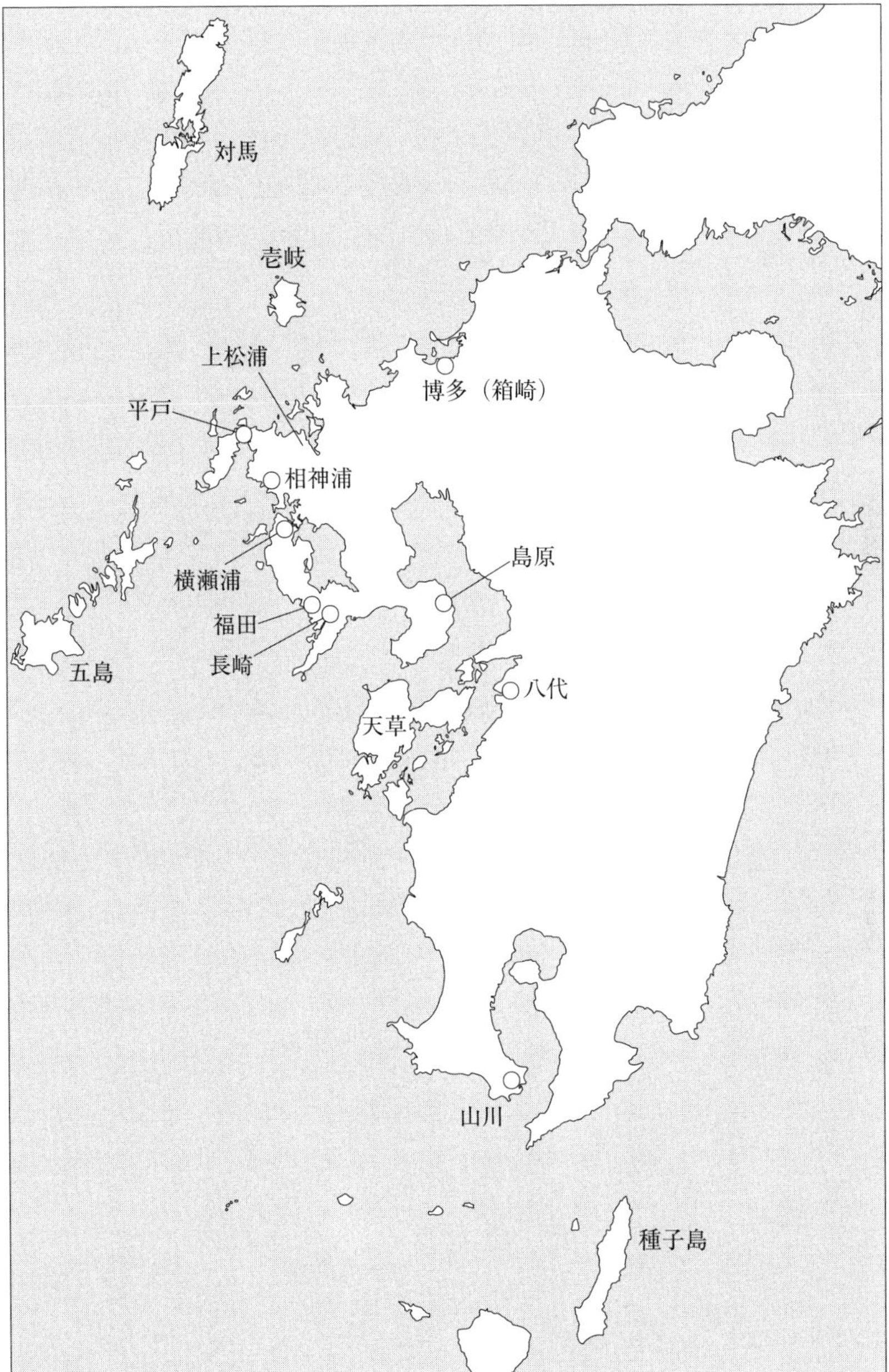

図 1-2　九州関係地略図

（宣教師）は豊後の大友義鎮《おおともよししげ》（宗麟《そうりん》）を入信させた。

③松浦隆信（道可）は、日本にまだ珍しかった鉄砲を導入した。鉄砲の玉薬《たまぐすり》を年々たくさん買い置き、近習《きんじゅ》・外様《とざま》の衆に稽古をさせた。大砲も買い置き、小鉄砲を作り始めたのも種子島《たねがしま》と平戸津が最初である。松浦家が鉄砲に習熟して合戦でも活躍したので、諸家でも鉄砲に注力した。

松浦家を顕彰する意図は割り引くとしても、松浦氏は貿易に有利な地の利をいかして鉄砲を早期に導入したこと、玉薬と大砲は輸入に頼ったことがわかる。この時は近習・外様衆が鉄砲の稽古をしているが、やがて諸大名は、より下級の足軽を召し出して鉄砲隊を編制するようになる。

倭寇の頭目・王直と平戸

①の五峯は倭寇《わこう》の頭目王直《おうちょく》のことである。王直は中国徽州《きしゅう》の生まれとされ、一五四〇年に広東へ行き、日本や東南アジアと「互市《ごし》」（海禁政策をとった明朝からみれば密貿易）を行い、東南アジアへ進出してきたポルトガル人とも交流した。一五四二年か翌年、ポルトガル人を導いて種子島に至り、中国の双嶼《そうしょ》と日本とを行き来した（村井章介『世界史のなかの戦国日本』）。密貿易の拠点となっていた双嶼を明が打ち払うと、ポルトガル人はマカオに移り、王直は五島《ごとう》へ、さらに平戸へと根拠地を移し中国との間を頻繁に往来した。『朝鮮王朝実録』では「平戸で三百余人を率い、一大船に乗る。常に緞衣《だんい》を著し、大概其類二千余人」とされている。相神浦《あいのうら》（佐世保《させぼ》市）にあった松浦氏宗家の菩提寺《ぼだいじ》に関する記録「新豊寺年代記《しんぽうじねんだいき》」（松浦史料博物館所蔵）天文十一年（一五四二）条には次のような記事がある。

大唐船　初《はじめて》　薩摩・豊後ニ渡来、日本唐物充満、平渡《(平戸)》ニ来テ松浦郡富貴、人数男女共にスイ微セリ、人仕《つか》イ不自由、平渡ニ入テ女ハ傾城《けいせい》ス、男ハ唐ニ渡テ盗ミテ死ヲ不顧《かえりみざる》也、

鉄砲伝来以来、日本に唐物が充満して平戸・松浦郡は富貴したが、労働力の調達が不自由になった。女は平戸で傾城（遊女）をし、男は中国に渡って海賊をするようになったからだという。

ザビエルと薩摩

次に②のキリスト教の伝来についてふれよう。イエズス会の創立メンバーの一人ザビエルは、ポルトガル国王の後援をうけてインドのゴアへ来て、日本人アンジロー（ヤジロウ）と出会った。日本人の知識欲に注目したザビエルは、アンジローや他の会士らとゴアを発ってマラッカに着き、「海賊」というあだ名の中国人商人の船に乗った。「日本への渡航はたいへん危険で、大暴風雨、たくさんの浅瀬、無数の海賊の危険があり、とくに暴風雨のために三隻のうち二隻が到着すれば大成功とされているほど」だとザビエルは書いている（河野純徳訳『聖フランシスコ・ザビエル全書簡3』）。六月中にはマカオや中国南部の港を出ないと台風の季節となり、次の季節風が吹く夏まで待たなければならなかった。こうしてザビエル一行は、天文十八年七月（一五四九年八月）、命からがら何とか鹿児島に着いた。

アンジローの出身地でもある薩摩国について、のちに来日したフロイスは次のように述べている。「非常に山地が多く、したがって、もともと貧困で食料品の補給を他国に頼っており、この困窮を免れるために、そこで人々は多年にわたり八幡《バハン》と称せられるある種の職業に従事している。すなわち人々はシナの沿岸とか諸地域へ強盗や掠奪を働きに出向くのであり、その目的で、大きくはないが能力に応じて多数の船を用意している」（松田毅一・川崎桃太訳『完訳フロイス日本史』6巻61頁、以下⑥61頁などと略す）。アンジローもそれでゴアへ渡航していたらしい。彼らの大部分の者は、年間の大半をかの地（中国沿岸部）に出向いてそこに留まる、ともされる（⑧170頁）。これらの描写にも偏見があるが、食うための海賊と富貴をめざす海賊と、海賊にも両方・両面があったのだろう。

宣教師と大名

天文十九年（一五五〇）、平戸にポルトガル人の船が入港したと聞くと、ザビエルは平戸へ赴き、海賊を避けながら京都をめざした。「日本国王」に会って、布教の許可もしくは保護を得ようとしたのである。ザビエルは当時、天皇と将軍を明確には区別せず、ともに「日本国王」と認識していた（松本和也『イエズス会がみた「日本国王」』）。しかし実際には京都は荒れ果て、天皇には何の権力もなく、将軍足利義輝《あしかがよしてる》も三好長慶《みよしながよし》に追われる形で近江に逃れていた。一方、航路の要にあった平戸にはその後も司祭が派遣されて布教が行われ、ポルトガル人の主たる入港地になった。彼らと商売をするために京都や堺をはじめ全国から多くの商人がやってきた。

一五五〇年代に明が倭寇の掃蕩《そうとう》を進め、一五五七年、ポルトガルがマカオを確保すると、まもなく王直が殺害されたこともあって、「日本人と、ジャンクやソマに乗ったシナ人たちとの交渉や通商が止まって、それに代ってポルトガル人および彼らの商品だけを載せたシナからの定航船だけが年に一度日本に渡航してくるようになった」(⑨34頁)。カピタン・モールを司令官とする一〇〇〇トンを超える大型の定航船(ナウ)が、中日間の交易の主たる担い手となった。しかしキリスト教は偶像崇拝を認めず、永禄元年(一五五八)に平戸に派遣された宣教師ヴィレラは島々・村々で仏像を集めて燃やしたため仏僧は激しく反発し、内心でキリスト教を憎悪していた松浦隆信はヴィレラを追放した。ポルトガル人と日本人との諍《いさか》いもおこった。平戸はポルトガル人にとって居心地のよい碇泊地ではなかった。

永禄四年、イエズス会修道士の一人は日本人キリシタンと協力して、大村湾周辺《おおむらわん》を領有していた大村純忠《すみただ》と交渉し、横《よこ》瀬浦《せうら》(の半分、現西海市《さいかい》)を教会に寄進させ、そこにポルトガル船の入港地を移した。純忠ははじめてのキリシタン大名になり、教会も移ったので、諸国の商船も旅商人も横瀬に移って平戸は寂しくなったという(「大曲記」)。

それより一〇年前、ザビエルは最後に豊後へ赴き、大友義鎮(宗麟)の保護をうけ布教を許された。豊後はイエズス会の重要な拠点となった。その後、九州北部に覇を唱えた宗麟は遅れて天正六年(一五七八)に受洗した(ドン・フランシスコ)が、この頃には島津《しまづ》氏の圧迫をうけ、同年の耳川《みみかわ》の戦いで敗北を喫した。すると豊後では兵士が敗戦をイエズス会士の責任にし始めた。彼らは「国主フランシスコがキリシタンになり、神や仏の崇拝をやめてしまったために、豊後は恐るべき神仏の罰を受けたのだ」と言い触らした(⑦224頁)。たとえキリスト教/日本の神仏いずれを信仰しても戦争に常に勝てるはずはなく、むしろどちらかは敗れ、あるいは双方に大きな被害が出た。引き続く戦争の時代は、武運長久を祈って神仏が信仰を集めると同時に、逆にその権威を凋落させることにもなった。

キリシタンの港町・長崎

ポルトガル船は横瀬浦に入港するようになったが、まもなく豊後の商人たちとの諍いで町が焼失し（⑨93頁）、永禄八年（一五六五）には大村領の福田港《ふくだ》（長崎市福田本町）に入った。すると平戸松浦氏は堺の商人たちの八ないし一〇艘の大船と同盟して、福田港にいたポルトガル定航船を襲撃した。堺と平戸を結ぶ商業＝軍事勢力のネットワークができていたことがわかる。福田は港としての条件も悪く、元亀二年（一五七一）、トルレス司祭は優れた港津として同じ大村領の長崎を見出し、純忠と話し合ってそこに定航船とキリシタンのための町を作り始めた。長崎には九州各地から、あるいは主君・領主に追われ、あるいは信仰を守って自ら郷里を出、あるいは郷里を破壊された多くのキリシタンが集まった。彼らは定航船が入港した際、船員たちに家を貸して、つまり船宿として生計を立てた（④236頁）。

天正八年（一五八〇）、大村純忠は長崎をイエズス会に寄進した。内訳は地子《じし》（年貢）諸役の収取、行政、司法などの領主権とポルトガル船の碇泊料で、ポルトガル船と入港する他の船の関税は大村氏が役人を通じて収納するとしている（安野真幸『教会領長崎』）。イエズス会が得た地子と碇泊料などは、年にポルトガル金貨一〇〇〇クルザードとされる（ヴァリニャーノ、松田毅一ほか訳『日本巡察記』三五頁、後述する都の相場で米一〇〇〇俵に相当）。ほかにも領主や家臣ら自身が交易に携り利潤を得ること、「贈物や借金を求めるが、決してこれを返済しない」（同七二頁）ことでも経済的メリットがあった。天正十一年時点で九州のキリシタンは一二万五〇〇〇人とされ、過半が大村領の者だった（同三三頁）。

九州・西国ではそもそも生業を交易にも大きく依存しており、自力救済を原則とする当時、それは盗賊・海賊と不可分だった。一六世紀半ばになって日本銀と中国産生糸との交易が活発化し、列島各地とくに上方から、海賊の危険にさらされながら、あるいは自ら海賊として商人が盛んに往来した。キリスト教も広まり世界観・価値観のうえでも多元化が進んだ。一方で当時の列島には、朝廷や幕府を中心とする伝統的な尊卑の秩序、経済的に突出した地位を占める畿内・近国、そしてマカオからの貿易船が集中する長崎といったハブ（中心）が存在した。鉄砲も普及して戦争が激化する反面、商人の広域的な往来や領民の平和・安全を保障するような、新しく強力な権力の出現を求める条件や機運も（それは唯一の道ではなかったが）、醸成されつつあったといえよう。

2 天下人の登場とその構想

世界の財宝

平戸から追放されたヴィレラは永禄二年（一五五九）に上京し、翌年には将軍足利義輝に謁見して布教許可の制札をうけ、教会を設けた。続いてフロイスが来日・上京したが、永禄八年に義輝が三好三人衆や松永久秀《まつながひさひで》らによって殺されると、京都を追われ堺で布教を続けた。そのような頃、永禄十一年に濃尾の大名・織田信長《おだのぶなが》が、幕府再興をめざす義輝の弟義昭《よしあき》を奉じて上洛してきた。フロイスはその翌年、信長に謁見し好意的な待遇をうけた。

フロイスの信長評は有名だが、ここでは経済力についてみよう。「多量に所有する金銀以外に……インドの高価な品、シナの珍品、朝鮮および遠隔の地方からの美しい品々は、ほとんどすべて彼の掌中に帰した……。彼はそれらのある物は贈物として与えられ、ある物は多額の金銀で購入したので、最良の、かつもっとも著名なもの（茶道具）の大部分を所蔵するに至った。……それらすべてが集まる中心点であった」（②123・124頁）。ほかに次のような記事がある。

・主要な寺院や偶像を祀《まつ》る寺のすべての仏僧の長老たち、諸城の司令官、堺のような都市や大きい町などは、朱印と称される赤インキの印がある信長の允許状《いんきょじょう》をもらわないと、皆、自らの収入・城塞・寺院などが安全でないと思っている……通常これを入手しようとして多額の金銀をもたらす（②149頁）。

・堺の市は四行の許可状を得るのにおよそ四万クルザードを彼に贈り、大坂からは一万五千以上を、各僧院からは金の延べ棒を十本や十五本、二十本と贈った。然してこれは二、三度にわたり、諸城についても同様であった。したがって、彼の有する金銀の富は信じ難いほどであり、今や彼はこれを贈られるのに嫌気がさしている（一五六九年六月一日付フロイス書簡、『十六・七世紀イエズス会日本報告集』第Ⅲ期第3巻、三〇一頁。以下Ⅲ—3—301と略す）。

・彼に贈られる品数はいともおびただしく、非常に多量の品がかくも遠隔の地に、どこから運ばれて来るのか、……人々は互いに驚嘆し合った。……ヨーロッパ製の衣服、緋色の合羽、縁なし帽子、羽がついたビロードの（縁付き）帽子であり、聖母マリア像がついた金のメダイ、コルドヴァ産の革製品、時計、豪華な毛皮外套、非常に立派な切子ガラス、緞子《どんす》絹、インド製の他の種々の品等で、それらで多くの大きい箱が充満している有様であった（②149・150頁）。

信長の財力と構想

こうして信長のもとには金銀や海外の高価な品々が充満したが、それらは信長の朱印状・制札による安全保障を求めてくる諸領主・諸寺社・諸都市が献上した贈り物や礼物であった。その点では、巨大ではあるが、盗賊や海賊の収入源と変わらないともいえる。信長の場合、もちろんそれだけではなく、たとえば比叡山《ひえいざん》焼き討ちによって「近江国の三分の一なる比叡山の全収入を兵士たちの間に分配した」とされている（②111頁）。

権力が分立・割拠していた当時、長崎をはじめとする西国の良港には南蛮船・唐船が入津し、そこに比較的大きな資金を持つ京都や堺の商人が集まって相対で取引が行われた。鉄砲製作の技術も瞬く間に広まり、すぐに堺などで量産されるようになった。直接、貿易港を掌握していない信長にとっては、むしろ自由な交易を活発にして障壁を取り除く政策をとることこそが重要であった。「彼（信長）はあらゆる賦課、途次支払わねばならなかった関税・通行税を廃止し、大いなる寛大さをもってすべてに自由を与え、この好意と民衆の賛意のため、一般の人々はますます彼に心を惹かれ、彼を主君に持つことを喜んだ」（②125・126頁）。畿内にさほどしがらみがなく、外部から畿内を征服した権力であることがそれを可能にした。

こうして旧来の諸権力による関所や、盗賊・山賊・海賊が否定されてゆく。信長が、旧《ふる》い貌《かお》と新しい貌の両面を持つゆえんである。

フロイスの観察によれば、信長が仏僧を憎んだ動機は「一部の仏僧らが彼の支配の拡大に対して抵抗を試みたことに基づいている」。「彼はあまりにも強大で恐れられていたので、彼が進む道には万人が後続し」、彼が宣教師に好意を示したため、仏僧の権威と彼らへの信心は甚だしく減退するに至ったという（③16・17頁）。信長と仏教勢力との激しい戦いは、価値観が相容れないというより、それ以前の世俗的な対立であり、それが神仏の権威を凋落させた。

また信長は、キリスト教に理解を示したものの、天正十年（一五八二）に武田《たけだ》氏を滅ぼすと「傲慢《ごうまん》さと尊大さ」を増長させ「自らに優《まさ》る宇宙の主なる造物主は存在しないと述べ、……彼自身が地上で礼拝されることを望み、彼、すなわち信長以外に礼拝に価する者は誰もいないと言うに至った。というのは、彼には超人的な何ものかがあり、また人々はそのように喧伝し、彼がその業においてますます繁栄して行くのを見ていたからである」（③133・134頁）。安土《あづち》に摠見寺《そうけんじ》を建立し、参拝すれば富裕・子宝・長寿・病気平癒などの現世利益が叶うと宣言したという。研究史では信長の自己神格化と称される。また信長は「毛利《もうり》を平定し、日本六十六ヵ国の絶対君主となった暁《あかつき》には、一大艦隊を編成してシナを武力で征服し、諸国を自らの子息たちに分ち与える考えであった」（③140頁）といい、この構想は羽柴秀吉《はしばひでよし》に引き継がれた。なお、畿内のキリシタンは天正十一年に二万五〇〇〇人であったという（『日本巡察記』三三頁）。

豊臣政権の財政構造

後継者となった秀吉は、信長を凌駕しようと考えた。関白職をめぐる相論に介入して関白に就いたのも、自らの素姓への劣等感を背景に、前代未聞の地位を望んだ面があっただろう。「財産について言えば、秀吉はそこに（大坂城）、諸国でもっとも大切にされ財政の支柱である金銀、その他価値あるすべての宝物を蒐集《しゅうしゅう》している」（④89頁、一五八六年）。彼は「自分の年収を黄金以外の物で受け取ることを好まなかったので、黄金の価値を大いに高め」た（『日本巡察記』二二〇頁）。諸大名も金の輸入に力を入れた。この二〇年前、ヴィレラが堺で書いた書簡で「当地では金銀は珍重されず、ただ商売のためのものに過ぎないが、それは彼らによれば、（蔵に）収めてしまえば何の役にも立たないからであるという」（一五六五年九月十五日付、Ⅲ—3—21）と述べていた状況からは隔世の感がある。

この男（秀吉）の意図するところはほかでもない、他者より崇敬をうけること、日本にあってもっとも主要なる神の一人とみなされるようになること、これに尽きる。……大いなる名声と栄誉を得んがために、また自らへの記憶を永遠ならしめるために、彼はいくつかの偉大なことをやろうとしている。……その第一は日本のすべての封土と領国の組み替えを行なうことであった。……彼は自らの手もとに広大な土地を確保し、そこから毎年金二コント以上の収入を引き出しているとの風評が流れている。こんなことは他の日本の諸侯にはおよそ信じがたいことである（一五八八年度年報、Ⅰ—1—83）。

金二コントは二〇〇万クルザードで（高瀬弘一郎『キリシタン時代の貿易と外交』）、それは天正十三年七月（一五八五年八月）頃当時、都の相場で米二〇〇万俵に当たる（Ⅲ—7—58）。

贈り物・礼物にも依存していた織田政権と異なり、国替と検地、直轄領の確保と拡大は豊臣政権の特徴である。とくに天正十三年閏八月に、秀吉は四国から北陸に及ぶ支配下のほぼ全域で国替を断行し、翌年にかけて武士・奉公人・百姓を区別する兵農分離の原則を打ち出した（牧原成征『日本近世の秩序形成』）。また、フロイスが引用するオルガンティーノの書状（一五八八年三月三日）によれば「関白はすでに毎年四コント近い米俵を金として自らの宝庫に収めていた」た（⑤18頁）。これはあながち的外れな観測ではなく、大まかに、直轄領から二〇〇万クルザード（大まかに二〇〇万俵）を収納し、その他、金銀山からの運上《うんじょう》などをあわせて四〇〇万クルザード（同四〇〇万俵相当）になる、と理解することができる。こうして秀吉は、広大な直轄領から米を収納して兵粮・飯米に充てるほか、直轄都市で金銀に換えて収納・支払・蓄蔵するという新しい財政システムを構築した（牧原前掲書）。

宣教師・ポルトガル商人と秀吉

天下人となった秀吉にイエズス会宣教師がはじめて謁見したのは、天正十四年三月十六日（一五八六年五月四日）、副管区長コエリョが大坂城においてであった。秀吉は打ち解けた態度でコエリョらに接し、「もはや領国も金も銀もこれ以上獲得しようとは思わぬし、その他何ものも欲しくない。ただ予の名声と権勢を死後に伝えしめることを望むのみである。日本国内を無事安穏に統治したく、それが実現したうえは、この日本国を弟の美濃殿《（羽柴秀長）》に譲り、予自らは専心して朝鮮とシナを征服することに従事したい」と述べ、九州を平定したら長崎の港は教会に与え、署名入りの保証状を授けよう、といった（④99・107頁）。その後、コエリョらは、大坂城内にいたキリシタン女性を通じて秀吉の妻北政所《きたのまんどころ》を頼って、日本国中住居免許、寄宿・諸役免除、乱暴狼藉停止の朱印状を獲得した（④115頁）。まもなく四月六日、島津氏に圧迫され苦境に陥っていた大友宗麟も、秀吉に拝謁・臣従した。

翌年、島津氏を服属させるべく九州に出向いた秀吉は、四月二十日、肥後八代《やつしろ》で、コエリョら宣教師とポルトガル人商人（カピタン・モール）を引見した。ポルトガル商人は定航船の自由な来航と商売を保障する特許状を求めた。秀吉はすぐに右筆《ゆうひつ》に命じて特許状を作成させ、さらに「水深が許す限り、定航船が堺付近のいずれか適当な港に来ることを強く要望した」。「もし彼《（秀吉）》の命令によって、ポルトガル定航船が彼の前任者《（信長）》の時代までにはかつて赴いたことがないところまで進出することにでもなればいっそう名声が加わるはずである」（④183頁）。これは実現しなかったが、秀吉にとってマカオから来航する南蛮船は、実利だけでなく名声を博する手段ともみなされた。

海賊停止と刀狩

秀吉が島津氏を降した帰途、筑前箱崎《はこざき》で九州の国割（領地の分配）を行うと、コエリョはここでも秀吉に謁見した。そのとき「長崎付近には深堀《（純賢）》と称する大海賊がおり、掠奪を働き、長崎の住民に多大の害を及ぼしている」（④197・198頁）と秀吉の耳に入れた者がいた。すると秀吉はただちに肥前の龍造寺氏《りゅうぞうじ》に、深堀《ふかほり》の城を破壊し人質を徴するよう命じた。秀吉によれば、すでに筑前・筑後・肥前で、一部の城を除き「少々の屋敷構」であっても残さず破却するよう命じた。その結果、海賊・盗賊はいなくなるはずであるが、深堀は近辺の海民だけでなく大唐・南蛮その他の諸商売船に妨げをしている徒者なので人質を取って屋敷を引き崩すように、知行は安堵する、と指示している（深堀家文書、名古屋市博物館編『豊臣秀吉文書集三』吉川弘文館、二〇一七年、二二三六号）。

秀吉にとっては、城破《しろわ》りはすなわち海賊・盗賊の停止であり、信長の関所停止を一層徹底し、交易・貿易を広く保障すると同時に自力救済の原理を否定していった。翌天正十六年（一五八八）七月には瀬戸内での事件をきっかけに海賊を改めて禁止し、水主《かこ》などを調査させた。同日付けで刀狩令《かたながりれい》も出している。「百姓は農具さえもって耕作に専念すれば子孫まで繁栄する。それが国土安全・万民快楽の基《もとい》である。没収した武具は大仏の釘・鎹《かすがい》に使うので今生《こんじょう》だけでなく来世まで百姓は救済される」。来世での救済にもふれながら、職分への専念が現世利益につながることを強調している。畿内近国における階層の分解、職分の分離（分業）の進展を前提に、領主層に対しては一揆の抑止という本音を示しながら、百姓に対しては職分への専念・勤勉が（生産性を高めて）「万民快楽」の基となるというイデオロギーを提示したのである。海賊は否定され、検地の進展とあいまって「耕作専一」が重視されるようになる。

ただし、同じ頃「（秀吉が）海上まで静謐《せいひつ》にさせたので大唐から懇望して入貢船が来た」が、唐人を大将として八幡（バハン、海賊）に出向き、その唐船の荷物を略奪したとして、その者たちを差し上せるよう松浦氏に命じている（松浦家文書）。その船は平戸松浦領の商売船と称していたようだが、豊臣政権は松浦氏が関与した海賊行為だったとみなした。実際には、平戸ではまだ中国系の商人が勢力を有し、松浦氏に従いつつ交易や海賊を行っていた。

バテレンの追放と長崎の直轄

深堀の処分を言い渡した数日後の天正十五年（一五八七）六月十九日、箱崎にいた秀吉は突然、宣教師（バテレン）を追放するよう命じた。その前日十八日、キリシタン大名が百姓を無理やり改宗させるのを曲事《くせごと》だと禁止し、その理由として、一向一揆が天下の障りになったこと、知行を給人に下されているのは当座のことで百姓は替わらないものであることをあげている。ただし個人の信仰は心次第であり、大身の給人は秀吉の許可を得るように命じている。あわせて異国に日本人を売り遣わすこと、日本で人身売買をすること、牛馬を食すことを禁止している。

翌十九日令では、日本は神国であるのにキリシタン国より邪法を授けるのはけしからん、としたうえで強引な改宗を禁止し、バテレンは教義によって志次第に信徒を得ていると思っていたが、日本の仏法（神社仏閣）を打ち破っていることは曲事《くせごと》なので、バテレンを日本から追放する、ただし商人・黒船は自由に商売にきてよいと宣告した。

十八日令に替えて十九日令を出したとする見解もあるが、両者は必ずしも矛盾せず、信仰そのものを否定したわけではない。もちろん秀吉が神仏の熱心な信者だったのではなく、「天において礼拝や尊崇を受くべき御方がいるべきではない」、「それらいっさいの尊崇は己れにこそ帰されるべき」（⑪137頁）という考え方に立っていたと思われる。九州を平定し、日本全国を統合する権力としての自覚を強めたなかで、キリシタンを危険分子とみなし、平戸松浦氏にもみられた神仏習合の、伝統的な日本＝神国思想が、一つのイデオロギーとして宣教師排斥に持ち出されたのである。

バテレン追放令後、秀吉は長崎を直轄し、八〇〇〇クルザードという多額の罰金を課したが（一五八七年度年報、Ⅲ—7—205）、地子を免除した。恩典を与えてキリシタンの町を公儀の直轄都市に改造しようとしたのである。長崎の教会も閉鎖されたようだが、司祭たちは周辺に隠れて残留し、秀吉はそれを知りながらも黙認した。イエズス会が得ていた地子とポルトガル船碇泊料、大村氏が取っていた関税を、秀吉は自らの都市・商業政策にのっとって免除したが、碇泊料・関税などは代官となった鍋島直茂《なべしまなおしげ》らが収得をもくろんだ形跡もある（⑪181頁）。

秀吉が貿易の利益や意義に無頓着だったわけではない。翌年には小西行長《こにしゆきなが》の父立佐《りゅうさ》に銀で二〇万クルザード以上を持たせて派遣し、九〇〇ピコ（五万四〇〇〇キログラム）もの絹を買いつけさせ、それが終わるまでは他の何人も絹を買ってはいけないと命じた（一五八八年度年報、Ⅰ—1—34）。天正十九年には鍋島らが黄金を買い占めようとしたが、ポルトガル商人が訴え出たため、秀吉はそれを譴責した。また逆に、南蛮船が唐船を妨害して荷物を奪った際には、唐船の訴えを聴いて、賠償と再発防止を命じている（以上、鍋島家文書）。秀吉は、バテレンを追放し、「唐入」の準備を進める最中でも、南蛮船・唐船との貿易に積極的だった。

「唐入」

秀吉は九州を平定すると、以前から公言していた中国征服（唐入）計画を実行に移した。有馬《ありま》・大村・五島・松浦・宗《そう》らの九州北西部の海付の諸大名は、小西行長に率いられて先鋒として出征した。行長は堺出身で、瀬戸内の船手衆《ふなてしゅう》を束ねる役割を果たし、九州平定時からこれらの諸大名を寄子《よりこ》としていた。そして秀吉は、「唐入」が成功した暁には、これら九州大名を朝鮮や中国に転封させる意図を有していたようだ（一五九一・九二年度年報、I―1―277・284）。キリシタン教団の側からは、これは大きな脅威であった。

日本では領主が移封され追放されると、彼らとともに貴人や兵士たちもまた移封され追放されることになる。その土地に残るのは商人と農民だけである。彼らは新たにやってきた異教徒の領主のもとに入り、教会や司祭とは無縁の生活を送ることになる。そうして彼らは自分たちの領主に追従するを余儀なくされ、やむにやまれずデウスの律法を放棄してしまうか、そうでなくとも少しずつ信仰に冷淡になってゆく（一五八八年度年報、I―1―78）。

このようにキリシタン大名は、当主→家臣（土着の領主）→領民へと影響力を及ぼして布教に尽力したので、国替がなされるとその成果が台無しになる。兵農分離を謳う秀吉のバテレン追放令は、そうした構造を否定するものであった。また、キリシタンがバテレンらから武器を補給されて蜂起する可能性があるとして、文禄二年（一五九三）、九州全域で刀狩を行い、武具を没収した（⑫176頁、松浦家文書）。しかし、結局は「唐入」の失敗によって国替のプランは実現されず、九州の縁辺部には、兵農未分離の様相をとどめる領国が多く残存することになる。

スペインの登場

少しさかのぼって一五七一年、スペインはルソン島のマニラを占領して政庁をおき、まもなくヌエバ・エスパーニャ（メキシコ）のアカプルコとを結ぶガレオン貿易を始めた。日本からルソン島へは以前から商人・海賊が出かけていた。天正十二年（一五八四）、マニラを出た商船が針路を誤って平戸に入港した。松浦鎮信《しげのぶ》はこれを歓迎し、ルソン総督に毎年、商船・宣教師を派遣するよう依頼した。松浦氏はその後もルソンに使者を送り、天正十五年、秀吉が島津氏を攻めていた頃には「スペイン国王が東南アジアや自分たちの敵である中国に出兵する場合には松浦氏と小西行長が支援して派兵する」と申し出た。秀吉の「唐入」構想をふまえたものだろう。総督はその計画はないとしつつ感謝を表明し、必要な際には要請すると述べている（パステルス『16―17世紀日本・スペイン交渉史』）。ところが全国統一を果たした秀吉は尊大さを増長させ、朝鮮出兵期にはルソンや高山国《こうざんこく》（台湾）へも服属・入貢を要求する使者を送った。

文禄五年（一五九六）、マニラからヌエバ・エスパーニャに向かっていたサン＝フェリペ号が、商品を満載したまま土佐に漂着した。領主長宗我部《ちょうそかべ》元親《もとちか》の報告を受けた秀吉は、側近の増田《ました》長盛《ながもり》を派遣して荷物を差し押さえた。そこにはスペイン系修道会の宣教師七人が乗っていた。ところが船員が、スペインは布教を口実に来航してその地を征服していると述べたようで、秀吉は「伴天連《ばてれん》門徒は禁止しているのに、背いた」として、フランシスコ会士六名やキリシタン合わせて二六人を処刑し、スペインの侵略性を警戒するようになった（Ⅰ―3―9、『豊臣秀吉文書集七』五五二四号）。

3 交易ブームと下剋上の終息

禁教から貿易制限へ

みてきたように、一六世紀半ばを画期として進展した交易ブームと領主間対立、下剋上の動きを止揚するかのように豊臣政権が登場し「唐入」を強行するが、あえなく挫折した。慶長三年（一五九八）の秀吉死後、豊臣政権の主導権を掌握した徳川家康《とくがわいえやす》は、関ヶ原の戦いにおける勝利と征夷大将軍任官によって新しい政権を打ち立てた。しかし、秀吉の子秀頼《ひでより》は高い官位に就き、諸大名の主筋《しゅうすじ》として大坂城に健在だった。また大規模な改易で多くの牢人が発生し、なお不穏な雰囲気がみなぎっていた。そうした状態をいかに克服し徳川家の下に統合するかが家康の課題となった。

外交面では、まず朝鮮と国交を回復し、島津氏の琉球侵攻を認めて、この両ルートを通して明との講和を目指したが果たせず、新しく日本にやってきたスペイン・オランダ・イギリス、そして東南アジア諸国、中国系商人との貿易・外交を歓迎した。また朱印船《しゅいんせん》の制度を設けたが、これらの対外政策はいずれも、前記の国内情勢と深く関わっていた。

慶長十七年、家康は、側近本多《ほんだ》正純《まさずみ》の家来岡本大八《おかもとだいはち》と有馬晴信《はるのぶ》との間の、恩賞に絡んだ贈収賄事件をうけて二人を死刑に処したが、両名がともにキリシタンであったため、宣教師に対するそれまでの一見融和的な態度を一変させてキリスト教禁止を命じ、江戸に許していたスペイン系フランシスコ会の教会も破却させた。翌年、禁教令を全国に徹底し、日本は神国であるとした秀吉のバテレン追放令を引き継ぐ「伴天連追放之文」を出した。

慶長二十年に大坂の陣で豊臣秀頼を滅ぼすと、西国では大坂落人の検挙とあわせて宣教師の追跡がなされた（『イギリス商館長日記』六月二十日条）。国内の戦場は閉鎖されたが、翌年、徳川秀忠《ひでただ》への代替わり時にはさまざまな謀反の企てがあり、そこにバテレンが加担しているという噂が流れ（流され）ている（同、八月十八日条など）。そのようななか秀忠は早速、家康のキリシタン禁令をうけてそれを百姓に至るまで徹底させ、ヨーロッパ船の商売を長崎・平戸に限定した（中国船は自由）。平戸に商館を設け、全国各地で比較的自由に活動（を計画）していたイギリス・オランダなどの商売は大きく制約をうけた。

衝突とその回避

元和六年（一六二〇）、マニラを出港した日本人の船にポルトガル・スペイン人が乗っているのをイギリス・オランダの船隊がみつけて平戸へ曳航《えいこう》した。彼らはスペイン系修道会の宣教師であった。イギリス・オランダによる拿捕《だほ》は家康から許されていた行動だったが、秀忠は翌年、日本近海での海賊行為を禁止し、外国人が日本人を労働者・傭兵などとして海外に送り出すために買い取ること、武器を輸出することも禁じた（永積洋子『朱印船』）。日本人は傭兵・労働者として海外に大勢出ていたが、彼らが海外で紛争に関わることを幕府は警戒するようになった。

元和九年、薩摩山川《やまがわ》港にルソン総督府の使節が貿易を求めて来航したが、翌年、幕府はキリスト教宣教の意図があるとみなして追い返し、その後ルソンからの私貿易船の来航も禁止した。また宣教師やキリシタンを厳しく迫害し、大々的に処刑した。この頃には台湾南部に拠点を確保したオランダが東シナ海域で次第に優位を占め、それから逃れるため、マカオから長崎にくるポルトガル船は小型で快速のガレウタに切り替えられた（村井章介・荒野泰典編『新体系日本史5　対外交流史』）。イギリスも平戸商館を畳んで日本から撤退した。しかし朱印船が台湾で中国商人と出会い貿易を行ってオランダと競合し、両者の紛争が続いた。朱印船がシャムでスペイン艦隊に襲われる事件も起きた。

寛永九年（一六三二）に秀忠が死ぬと子の徳川家光《いえみつ》が親裁するようになる。翌年、長崎奉行を派遣するに際して与えた職務規定では、奉公人が異国船の荷物を外国人の手前から買い取ることを禁止した（「奉公人」は二年後の規定では「武士の面々」と改められる）。これは直接には長崎奉行竹中重義《たけなかしげよし》の不正事件をうけたものとみられるが、それまで外国船や日本の朱印船には、幕閣や関係者が多く投資し、将軍はそれを禁じていたものの、彼らが広く貿易に関与していた。家光は武士が、貿易のみならず、商業に関与することを禁止するようになった。

寛永十二年の長崎奉行宛て職務規定では、日本人の海外渡航・帰国を禁止した。また中国船の来航・交易も長崎に限定した（「旧記雑録後編」「長崎根元記」）。オランダ船の生糸輸入は急増し、翌年には長崎奉行榊原職直《さかきばらもとなお》や平戸藩主松浦隆信が「ポルトガル人を追放した場合、日本が必要とする商品《（生糸・絹など）》を供給できるか」をオランダ商館長に尋ねている（『オランダ商館長日記』一六三六年四月六日・五月一日。以下、商館長日記と略す）。さらに翌十四年には、長崎の町宿《まちやど》（町人の家）に止宿していたポルトガル商人を出島《でじま》に収容し、ポルトガル人の子ども、その母・養父母らをマカオに追放した。ポルトガル人と日本人との間には自由な接触があり、結婚や混血児の出生もかなりの数に上っていたようだ。

ポルトガル船の来航禁止

同年、島原《しまばら》・天草《あまくさ》一揆が勃発した。オランダ商館長が書き留めた「一般の説」によれば、この一揆の原因は次の通りであった。島原藩主の有馬直純《なおずみ》が、処罰された父の跡を相続して間もなく日向国延岡《のべおか》に転封になった際、兵農未分離の様相の濃かった家臣を新領国へ伴うことはなく、そのまま島原に残留させた。新しい領主である松倉重政《まつくらしげまさ》は当然、家臣団を率いて島原に入部し、そうした有馬氏の旧臣・牢人を含む百姓に苛政を布いた。これにキリシタンへの弾圧とそれへの反発という側面が絡んで起きた一揆であったとされる（商館長日記、一六三七年十二月十七・二十六・二十七日条）。

一揆を鎮圧したのちも、幕閣牧野信成《まきののぶしげ》はポルトガル人追放による生糸・絹の不足を心配し、入荷不足になれば、それらが高騰し「日本は混乱を来たし、しかも救い難い状態となるに違いない」と語った（同、一六三八年五月十九日条）。領主層・富裕層にとって、中国産生糸・絹の不足は死活問題であった。

寛永十六年（一六三九）五月、幕府は、オランダ人・イギリス人との間に子をもうけた日本人女性を子とともにジャカトラに追放し、日本人の女性が、遊女を除いてオランダ人と交際することも一切禁止した（同、「平戸オランダ商館留守日記」五月十六日・六月十九日）。家康の時代と比べると、家光の神経質な排外的態度がのぞく。

全国に宗門改めが強化され、檀那寺に宗旨を証明させる寺請《てらうけ》が命じられた。「これを提出できぬ人は、身を隠すか逐電せねばならない」。「しかし、所詮は、逃亡者は総べて網にかかることになろう。何故ならば、この探索は国の隅から隅まで始められており、上記の証明書がないため、その家や土地から逃れた者は、他の町や土地ではなおのこと、このような証明を得る方法を見出すことはできないからである」（同、「参府日記」一六三九年五月五日）。

同年七月、全国の大名らに対してガレウタ船（ポルトガル船）の来航禁止を通達し、沿岸警備態勢をとらせた。ポルトガル人にも上使から追放を申し渡し、中国人・オランダ人にもバテレンやそれに関連する物を日本にもたらすことを厳禁し、発見したら船ごと沈める旨を申し渡した。空き家となった長崎の出島には、平戸からオランダ商館が移された。まもなく長崎の傾城屋は丸山町《まるやままち》・寄合町《よりあいまち》に集住させられた（丸山遊廓）。彼らは傾城（遊女）に吸着して、日本で家族・「家」を持てなくなったオランダ人そして唐人の男性に日本人女性を供給する役割を独占し、貿易からの上がりによって長崎惣町が維持されるシステムの一環を担うことになる（松井洋子「長崎と丸山遊女」）。

奢侈禁令

少しさかのぼって寛永九年（一六三二）二月、徳川家光は代替わりに当たって、小倉《こくら》藩主の細川忠利《ほそかわただとし》に内々で「天下之衆、上下共ニをこり《（奢り）》をやめ」ることを望んでいると述べた（『大日本近世史料　細川家史料』細川忠利文書一五二六号）。同十一年三月に幕府は、中間《ちゅうげん》・小者《こもの》・草履取《ぞうりとり》・六尺《ろくしゃく》が、（衣類としてはもちろん）襟《えり》・袖襟・帯・下帯に絹を用いること、木綿の衣類に縫紋《ぬいもん》を施すことを禁じ（「憲教類典」）、それを諸大名にも触れた（山口県文書館毛利家《もうりけ》文庫「公儀所日乗」）。萩《はぎ》藩毛利家ではそれを屋敷内の家臣たちに触れている（同）。七月には違反者を逮捕する旨の触が出たようである（細川忠興《ただおき》文書一二一四号）。

寛永十二年六月には武家諸法度を全面改訂して発布したが、そのなかで音信・贈答・饗応《きょうおう》などが甚だ華麗になっているとして、以後は簡略にし万事倹約するようにと規定し、衣裳も白綾《しらあや》は公卿《くぎょう》以上、白小袖《こそで》は諸大夫《しょだいぶ》（五位）以上に許し、諸家中・奉公人の「綾羅錦繡《りょうらきんしゅう》（華美な絹の衣服）」は禁止するとした。細川忠利は、下々の結構（華美）が禁じられて、「唐物」もいつものようには流行らないだろうと述べている（細川忠利文書二九六五号）。

同年十二月には諸士法度も発布したが、道具・屋作・嫁取・振舞・音信について「私の奢り」「分に過ぎた美麗」を戒め、分限相応にすることをより具体的に規定している。衣類については、小者・中間は布・木綿だけを、弓・鉄砲の者はそれに加えて絹紬《きぬつむぎ》を、徒《かち》・若党《わかとう》はそれに加えて紗綾《さや》・縮緬《ちりめん》・平《ひら》・縞《しま》・羽二重《はぶたえ》を用いるよう命じている。徒・若党については寛永五年の規定（「憲教類典」）を緩和し、分限によってより詳細に服装の差別化を図っている。この諸士法度は諸大名にも共有された（煎本増夫「近世初期の衣服統制」、三宅正浩「武家諸法度と諸士法度」）。

寛永十三年十一月、萩藩の江戸留守居《るすい》は、幕府目付衆《めつけしゅう》から諸家一同に、去年と同じように、また家中の者が「唐物」を着ることは一切禁止、違反した場合は切り捨てだ、と命じられた（毛利家文庫「万御法度」）。正確には一昨年に命じられた中間以下への「絹布御法度」を厳重に再触したのである。毛利家では藩邸の家中へ残らず触れたほか、国元にも伝達している（「公儀所日乗」）。翌十四年六月にも同様に、先年の「衣類の御法度」について、また「かふき者」を召し抱えることについて「いよいよ御改め」を命じられたとして、屋敷の家中へ法度の箇条書を触れ渡している（「万御法度」「公儀所日乗」）。こののち、島原・天草一揆の時期を挟んで、同十六年三月に幕府は中間・小者の給金を公定した。続けて衣類御法度を「またいよいよ手堅く御改」として再触している（「公儀所日乗」）。家光はその後も、世の中の奢りについてずっと腹を立てていた（細川忠利文書一〇一四号など）。

奢侈禁止の理由

寛永十七年（一六四〇）正月にも、それまでの奢侈《しゃし》禁令を集成したものが出され、「かぶき者」を召し抱えることも禁止されている（「御当家令条」）。四月二日、参府していたオランダ商館長カロンは、商人たちから、商品が値下がりし低価格の入札が続いていると聞いた。その最大の要因は、将軍が布告によって、下級の貴族（旗本を指す）や商人、町人などに仕える使用人たち（奉公人）は、今後、絹の衣服を着用してはならないと厳命したことにある。数千人に及ぶ旗本や町人は、それぞれが奉公人たちを美しく着飾らせているので、絹の衣類が大量に消費されていた。今回の禁令で、あらゆる商品が売れず滞貨が生じている、というのである（商館長日記、一六四〇年五月二十二日条）。「役者や娼婦」も金や刺繡を使った衣服や寝具を禁止されたという（『バタヴィア城日誌』第二巻）。

翌寛永十八年三月にもまた、先年来の「下々衣類御法度」の「手堅く御改め」があった（「公儀所日乗」）。次の商館長ル・メールも、皇帝（将軍）の命令に違反して多数の人々が毎日首をはねられていると聞いて驚いた（商館長日記、四月二十八～三十日条）。その命令は、大名から御家人に至るまで、また一般市民も、今後、綸子などの絹織物の上着・マント・帯・鼻緒を着けてはならず、上着の裏地や衿《えり》、帯にも絹織物を使ってはならない。鮫皮の長脇差《ながわきざし》や丸型の縁付帽子の着用、前髪や頬髭を生やすことも禁止する、というものだった。ル・メールは、将軍が奢侈禁令を出した理由について「外国人たちによる供給を断つための道を徐々に準備するもの」で「彼等の国土固有の産物でやって行くことを試みる積り」だと解釈している。同時に、次のような日本人たちの別の解釈を掲げている。

すなわち将軍の認識では、華美と贅沢が武士、町人、奉公人へと下っていくにつれてその勢いを増し、主人と従者との区別がつかないほどに立ち至っている。「少身の人々は力ある者に対して果敢に立ち向かうには余りにも小さい能力しか持ち合わせていないため、彼等の欠乏を何がしかの間接的手段で遣り繰りせざるを得ない」。この格差を埋めるため、つまり高価な商品で着飾るため、小身の者は盗賊として江戸や周辺を跋扈《ばつこ》するようになっている。華美が排除されれば、盗賊は止み自然消滅するだろうと将軍は考えた、というのである。

交易ブームと下剋上の鎮静化

当該期の奢侈禁令について山本博文は、旗本窮乏の原因を奢侈にあるとして、それに歯止めをかけるとともに、社会諸階級全般の奢侈を禁止して揺らぎ始めた身分秩序を整然としたものに立て直そうとした、と評価した。また、奉公人層を主体とする反体制分子である「かぶき者」を弾圧する手段ともなった、とした（山本博文『寛永時代』）。

ただし、奢侈の風潮は、この寛永十年代（一六三三～四二）になってはじめて顕在化したわけではなく、熊本藩主細川忠利は寛永十四年正月に次のように「信長より以来」のことだと述べている（細川忠利文書三六〇四号）。

> 世のおごり御代より初り申さず、信長より以来、小人の目ニも見え、世のおごり大成る事にて候え共、乱国の刻ハ衣服家財ニ至るまで結構罷り成らず、おのずからしつほく（質朴）ニ見え申し候、その後世しずまり候てひたものけつこう（結構）ニ成

り上がり申し候を、当上様御覧つけられ、御いましめのはしめに御座候キ、また、「かぶき者」の風潮も、関ヶ原の戦いから大坂の陣の頃にかけて流行し始めたことが知られている。一六世紀半ば以降の貿易ブームによる唐物・奢侈品の流通を背景に、国内外の戦場の閉鎖や上昇可能性の激減による奉公人層の閉塞感を反映したものだった。

家光が奢侈禁止を打ち出し、強くこだわったのは、細川忠利がいうように、乱世が過ぎ去って奢侈の風潮が顕著になった時代性にもよるが、商館長が見抜いたように貿易制限・輸入抑制策であった面も否定できない（こののちも貿易制限と深く関わって奢侈禁令が出される。また、江戸時代に藩が出す奢侈禁令も藩領からの正貨流出抑止策と密接な関係にあった）。家光のなかでは、唐物の過剰な流通による弊害と、貿易・輸入を制限する必要があるという認識とに、もはや差はなかったであろう。したがって、当該期に「身分秩序が揺らぎ始めていた」というより、一六世紀半ば以降の交易ブームと、下剋上＝階層的な流動化の動きとは深く連関していたのであり、江戸幕府はこの段階に至ってそれらを同時に終息させ、身分秩序を確立する課題を自覚したのである。そして奢侈禁令は、いわば祖法として、こののちも近世を通じて繰り返され、分限を守って倹約に励むことを人びとに要求し続けることになる。

おわりに

日本の統一政権は、東アジアの過熱する商業ブームのなかで登場し、中華に挑んだ商業・軍事勢力の一つであったといわれる（岸本美緒『明末清初中国と東アジア近世』）。西国の諸大名についてみると、〈自ら商業・海賊の主体として利潤をあげる〉〈貿易（貿易船）に投資・融資して利子を得る〉〈関所を設けて往来する商人から通行料・関銭を取る〉〈（外国人を含む）商人に対して贈り物（碇泊料）・借財を求める――必ずしも返済しない〉〈町に定着した町人から役銭や地子を取る〉

〈外国商人の必要物資を独占的に販売する〉など、さまざまな方法で商業の利潤に深く吸着した。ただし、東国の諸大名ではこれらへの依存はより軽微であり、国際的な商業ブームの影響には列島内部でもかなりの濃淡があった。

豊臣政権についてみると、長崎へ奉行を派遣して生糸や金、真壺などを一括して買いつけようとしたが、京都・大坂など大都市を支配しながら、地子・営業税や関税を取ることは原則としてなかった。各地に分立する小規模な地域権力の基盤（海賊や盗賊、関所はそれを象徴する）を否定し、旧来の権門による諸役の賦課や座も否定して、広域の自由な交通や商売の安全を保障した。肥沃な畿内近国で、在地から析出した土豪層・奉公人を組み込んで領主制の再編を進め、彼らと商人・職人を町人として城下へ集めて、村々には検地を行って土豪層の取り分をあわせた高額の年貢を取るしくみを構築した。城下の町方は在方《ざいかた》（村方）と区別して地子を免除した。

こうした特徴的な制度が可能になったのは、在方から集めた膨大な生産物を、莫大な金銀で換金・流通・蓄蔵することができたからである。銀やがて金が国内で増産され国際的に通貨として流通していたからこそ、そうした制度を構築して、人びとに職分への専念を説いて分業を進め、生産性を高めるスローガンを掲げることができたのである。さらに、銀や金が採掘・増産されえたのは、列島内で農業や手工業の進展・成熟があったためである。ローカルな条件とグローバルな条件とはこのように絡み合って、近世日本を特徴づける独特な社会制度が形成された。

ただし秀吉や家康の段階では武士はしばしば商人を兼ねており、商人を武士に登用することも多かった。キリスト教に対する態度も、建前が貫徹していなかった。しかし秀忠・家光と代が替わるごとに禁教を厳しくして、さらに武士・奉公人が商業・貿易に関わることを峻拒するようになった。日本人が海外でのトラブルに巻き込まれることを忌避し、イギリス・オランダを含むヨーロッパ人との混血や交際までを嫌悪するようになった。この間の、神経質な姿勢への変化は印象的であり、将軍自ら、武威を発揮するのではなく、平穏・安寧を至上価値とするようになった。

家光政権による奢侈禁令、「かぶき者」取締りなどの身分統制令は、いわゆる寛永の「鎖国」政策と深く連関しており、一六世紀半ば以降の国際商業・交流ブームから距離を取って国内の統制を確保し、下剋上の動きに幕を引くことでもあった。こうして、「邪法」を排斥しつつ、分（分際）を弁えて倹約に励み、職業に専念すること（勤勉）を人びとに求める時代がやってきたのである。

〔参考文献〕

荒野泰典・石井正敏・村井章介編『日本の対外関係５　地球的世界の成立』吉川弘文館、二〇一三年
安野真幸『教会領長崎』講談社、二〇一四年
煎本増夫「近世初期の衣服統制」『日本歴史』四二一、一九八三年
ヴァリニャーノ、松田毅一ほか訳『日本巡察記』平凡社、一九七三年
河野純徳訳『聖フランシスコ・ザビエル全書簡』１〜４、平凡社、一九九四年
岸本美緒『明末清初中国と東アジア近世』岩波書店、二〇二一年
高瀬弘一郎『キリシタン時代の貿易と外交』八木書店、二〇〇二年
東京大学史料編纂所編『イギリス商館長日記』訳文編上下、東京大学出版会、一九七九〜八〇年
東京大学史料編纂所編『オランダ商館長日記』訳文編１〜12、東京大学出版会、一九七六〜二〇一五年
永積洋子『朱印船』吉川弘文館、二〇〇一年
パステルス著、松田毅一訳『16—17世紀日本・スペイン交渉史』大修館書店、一九九四年
牧原成征『日本近世の秩序形成—村落・都市・身分—』東京大学出版会、二〇二二年
松井洋子「長崎と丸山遊女」佐賀朝・吉田伸之編『シリーズ遊廓社会１　三都と地方都市』吉川弘文館、二〇一三年
松田毅一監訳『十六・七世紀イエズス会日本報告集』全15巻、同朋舎、一九八七〜九八年

松本和也『イエズス会がみた「日本国王」』吉川弘文館、二〇二〇年
三宅正浩「武家諸法度と諸士法度」『史林』一〇五―一、二〇二二年
村井章介・荒野泰典編『新体系日本史5　対外交流史』山川出版社、二〇二一年
村井章介『世界史のなかの戦国日本』筑摩書房、二〇一二年（一九九七年初版）
村上直次郎訳注・中村孝志校注『バタヴィア城日誌』1〜3、平凡社、一九七〇〜七五年
山本博文『寛永時代』吉川弘文館、一九八九年
ルイス・フロイス著、松田毅一・川崎桃太訳『完訳フロイス日本史』全12巻、中央公論新社、二〇〇〇年

※本章はＪＳＰＳ科研費18K00956・19K00955の助成を受けています。

第2章 「豊臣の平和」と壬辰戦争

谷　徹也

はじめに

豊臣秀吉《とよとみひでよし》の大陸侵攻は、日本では「文禄・慶長の役」や「朝鮮出兵」という用語で知られる。一方で、韓国では「壬辰《イムジン》倭乱《ウエラン》・丁酉再乱《チョンユジエラン》」、中国では「万暦朝鮮役《ワンリーチャオシエンイー》」ないし「抗倭援朝《カンワオイエンチャオ》」という呼称が用いられてきた。こうした状況を打開すべく、近年、東アジアの国際戦争を表す統一呼称として「壬辰《じんしん》戦争」が提起され、中国や韓国では定着しつつある。日本においては、日本史研究者のなかでは完全に浸透しているとは言い難いが、歴史学全体で議論が活発な東アジアの「近世」化論（一六世紀の国際交易や社会変動により、各国が新たな秩序を形成したというとらえ方）とも親和的であり、本章では「壬辰戦争」の呼称を用い、いわゆる「慶長の役」のみを示す場合は「丁酉《ていゆう》再戦」としたい（鄭杜熙ほか編『壬辰戦争』、清水光明編『「近世化」論と日本』）。なお、侵略自体を擁護、ないし糊塗する意図はないことを予め明記しておく。

壬辰戦争の研究は近世成立史や豊臣政権論にとって不可避の主題ではあるものの、従来はその特異性が強調される傾向にあり、また、膨大な研究史と史料の読み込みも必要なため、個別分野化の観を呈している。しかし、最近の北島万次編『豊臣秀吉朝鮮侵略関係史料集成』（平凡社）や『豊臣秀吉文書集』（吉川弘文館）の刊行により、史料環境が著しく改善された（以下、両書所載の史料については、煩雑さを避けるために注記を割愛し、別の機会に掲出）。そこで、こうした成果に導かれながら、今後の研究の進展に寄与すべく、ささやかながら整理を試みたい。

さて、壬辰戦争に参陣したある武士は、その従軍記録の筆を次のように書き起こしている（「吉野《よしの》甚五《じんご》左《ざ》衛《え》門覚書《もんおぼえがき》」）。

> 抑《そもそも》、昔よりうつし《（写）》置れしせかい《（世界）》のゑづ《（絵図）》を見るに、唐四百余州、天ぢく《（天竺）》は十六の大国、十千の小国、南ばん《（南蛮）》・高麗までつゞき《（続）》渡て、其さかい国は大河有と見へたり、日本は東海はるかにへだゝ《（隔）》つて、わづかの島たり、大国にくらぶ《（比）》れば、九牛か一毛たりといへとも、日本は神国たるによつて、神とうめうゆう《（猛勇）》のき有、人の心の武《たけ》きことは三国にも勝《すぐ》れたり

世界図を広げると、唐（中国）や天竺《てんじく》（タイ）は大国であり、南蛮《なんばん》（ポルトガル領インド）から高麗《こうらい》（朝鮮）まで陸続きとなっている。それに対し、日本は遥か東の海に浮かぶ小さな島国である。しかし、小国とはいっても、神威の強さや人心の武勇においては優れている。ここに、大航海時代における〈世界〉との出会いを通じ、国内統一を経て対外侵略へと突き進んだ日本が、劣等感の裏返しとしての自画像、すなわち神国思想と武威を増幅させるに至る様相が活写されている。本章の目的は、こうした観点から壬辰戦争を近世日本成立のなかに位置づけることにある。

そこで、①交渉と儀礼における交錯、②人と富の交錯、③情報と価値意識の交錯の三つを切り口としたい。具体的には、①は国家や権力者の名誉・体面が戦争の推移にどのような影響を及ぼしたのか、②は交易や輸送、略奪がいかなる歴史的背景と経緯を有したのか、③は戦局判断や対外・対内認識が戦争の過程でいかに動揺し、変質したのかを分析する。かかる検討は、「豊臣の平和」の実情をも浮かび上がらせることになるだろう。なお、紙幅の関係から、戦争の経過は表2―1に概略のみを提示し、詳細は既往の成果（北島万次『朝鮮日々記・高麗日記』、中野等『文禄・慶長の役』など）を参照されたい。また、日明間で暦の差があるため、便宜上、和暦を用いる。

表2-1　本章に関わる壬辰戦争の推移

年月日	出来事
天正20・4	日本軍，朝鮮上陸（壬辰戦争勃発）／秀吉，名護屋着陣
天正20・5	漢城陥落／秀吉，三国国割構想を公表
天正20・6	平壌陥落／秀吉，渡海延期／梅北一揆
天正20・7	明の先遣隊，平壌奪還失敗／日本水軍，閑山島の海戦で敗北／加藤清正，朝鮮二王子拘束／秀吉，一時帰京
天正20・11	秀吉，名護屋に戻る
文禄2・1	明軍，平壌奪還／日本軍，碧蹄館の戦いで明軍撃退，戦線膠着
文禄2・2	朝鮮軍，幸州山城の戦いで日本軍撃退
文禄2・4	日本軍，漢城撤退
文禄2・5	秀吉，名護屋で明「勅使」と謁見
文禄2・6	晋州城陥落（第二次晋州城の戦い）
文禄2・8	秀吉，上方に帰陣／明軍，帰還
文禄3・12	内藤如安，北京で万暦帝に謁見
文禄5・9	秀吉，大坂で明使謁見（講和破談）
慶長2・1	日本軍，朝鮮再上陸（丁酉再戦勃発）
慶長3・1	蔚山籠城戦で明・朝鮮軍撃退
慶長3・8	秀吉，没す
慶長3・11	日本軍，釜山撤退（戦争終結）

1　国内の統一過程

「豊臣平和令」論の現在

秀吉の国内統一は〈平和〉の実現過程であり、戦争もその手段にすぎないとする考えは戦前からわずかに存在していたが、戦後しばらくの間、こうした見方は忘れられていた。秀吉の〈平和〉を再度俎上《そじょう》に載せ、中世から近世への移行の問題として昇華させたのが、藤木久志氏の「豊臣平和令」論である。氏は、戦乱の続いた戦国社会において、人々の〈平和〉への希求を豊臣政権が受け止め、さまざまな場面における自力救済（私的な戦闘や暴力）を抑制することで国内統一を成し遂げ、その流れは徳川《とくがわ》政権にも引き継がれたと見通した。秀吉の出した「豊臣平和令」は具体的には、「大名の平和」＝「惣無事《そうぶじ》令《れい》」、「村の平和」＝「喧嘩停止令《けんかちょうじれい》」、「百姓の平和」＝刀狩令《かたながりれい》、「海の平和」＝海賊停止令の四つの基本法からなると想定されている（藤木久志『豊臣平和令と戦国社会』）。

右の議論で中核に位置づけられたのが「惣無事令」論

である。秀吉は天正十三年（一五八五）七月の関白《かんぱく》任官を契機に大名同士の私戦停止を命じる「惣無事令」を広く発し、国分け（秀吉の領土裁定）で紛争を解決する〈平和〉政策を全国統一の基調としたと藤木氏は考えた。したがって、小田原《おだわら》攻め（対北条氏《ほうじょうし》）などの軍事動員は当事者が承諾しない場合に限る、〈平和〉回復のための強制執行ととらえられた。

しかし、近年、九州や東国における政治過程を具体的に復元する研究が進み、「惣無事令」論に疑問が呈されることとなった（竹井英文『東日本の統合と織豊政権』など）。その要点は、次のようになろう。九州では「惣無事」という文言がみられない一方、秀吉は関白任官以前から東国の秩序維持・回復として「惣無事」実現を要請しており、その淵源は織田政権時の東国一統（武田《たけだ》氏滅亡と滝川一益《たきがわかずます》の上野入り）に求められる。停戦命令や国分けは政治・社会状況と照応し、段階ごとにその内容や和戦の比重を変転させていた。よって、一貫した政策基調にもとづく全国法令としての「惣無事令」は存在せず、刀狩令や海賊停止令のような基本法とは性格が異なるものと考えられる。

ここで留意すべきは、藤木説を批判する竹井氏も、秀吉が〈平和〉を標榜したこと自体は認めている点である。よって「惣無事令」論批判の成果は、「豊臣の平和」が法令や政策によって斉一的に社会に貫徹されたのではなく、時々の政治過程の紆余曲折を経て、地域秩序の反映として進められたことを解明した点に見出せよう。

なお、藤木氏は壬辰戦争についても言及しており、秀吉にとって同戦争は「惣無事令」の国外への適用であり、日本の〈平和〉は雑兵《ぞうひょう》（補助戦闘員である足軽・奉公人や村から動員された人夫）に代表される戦場の暴力を朝鮮へ放出することと引き換えに成立したとみた（藤木久志『雑兵たちの戦場』）。しかし、「惣無事令」の適用という点については、壬辰戦争時にも「惣無事」という語がみえるが、それもやはり、和議そのものを指す。右の研究状況に照らせば、国内統一における対大名交渉や服属のプロセスを、朝鮮や明にも適用したのかどうか、という問いに読み替える必要があるだろう。また、暴力の放出という点については、後述するように、壬辰戦争中の日本国内が平穏であったとは到底みなしがたく、朝鮮においても表面上は暴力の抑止が掲げられていた。よって、「豊臣の平和」の内実や矛盾をもっとも顕在化し、かつ挫折させた場面として壬辰戦争をとらえた方が、実態をより的確に理解できるだろう。

交渉と服属の筋道

では、秀吉はいかなる手続きによって、大名との主従関係を構築していったのだろうか。まず、最初の折衝においては、対象地域に隣接する同盟・臣従勢力（豊臣大名）や豊臣政権の吏僚層（奉行）に交渉役（取次・奏者）を委ねた。彼らは状況に応じて和平や厚遇、軍事圧力を使い分けつつ、交渉相手を従わせるための妥協点を探った。政権側の提示条件を拒絶・無視した敵対大名は時に征伐（領土侵攻）の対象とされたが、降伏すれば基本的には赦免された。

服従した大名は、人質や誓紙（誓約書）を政権に提出し、領内の破城や蔵入地《くらいれち》（豊臣直轄領）設定、軍役《ぐんやく》負担などに応じる必要があった。理念上、大名の所領はいったん政権に没収され、改めて秀吉から宛行《あておこな》われるという形式が採られた。その後、上洛して秀吉に謁見し、官位や豊臣姓・羽柴《はしば》名字、上方屋敷や在京賄料《ざいきょうまかないりょう》（上方滞在の反対給付としての所領）を授けられ、検地などの領内政策の指南を仰いだ。以上が豊臣大名化への一般的過程とまとめられる。

ここでは、秀吉が大名の服属をアピールするために人質提出を重視した点に注意しておきたい（跡部信『豊臣政権の権力構造と天皇』）。そして、後述の通り、朝鮮や明との交渉においても、基本的には右と類似する手続きが採られた。つまり、秀吉にとって壬辰戦争の交渉過程は、国内での対応の応用問題としてとらえられていたといえよう。

兵粮は支給されたのか

国内統一戦争と壬辰戦争のもう一つの類似点として、豊臣政権の兵粮政策を採り上げたい。従来、戦国時代までは「兵粮自弁《ひょうろうじべん》の原則」が存在し、従軍する武士が自身の兵粮を用意する必要があったのに対し、秀吉はそれを兵粮支給へと転換し、大名から雑兵に至るまで、軍役数に応じた兵粮を政権から与えたとされてきた。こうした理解は、政権が大量の米を買い上げ、軍事拠点へと輸送したという史料とも合致し、現在でも通説的な位置を占めているといってよい。

確かに、秀吉は従軍した諸将に兵粮を与えたことを前代未聞の名誉と誇示していた（『太閤《たいこう》さま軍記のうち』）。一方で、壬辰戦争を観察した異国人たちは、諸将への兵粮はわずかしか支給されておらず、大名は自前で調達を強いられていたと本国に報告している（『十六・七世紀イエズス会日本報告集』、『敬和堂集《けいわどうしゅう》』）。こうした差はなぜ生まれたのだろうか。少し時間をさかのぼり、壬辰戦争の前提ともいえる九州攻め（対島津氏《しまづし》）の様子を覗《のぞ》いてみよう。

九州攻めにおいても秀吉は、全軍に片時も欠かさず兵粮を支給したと喧伝している（『九州御動座記《ごどうざき》』）。しかし、現実には参陣諸将に対し、兵粮が不足している場合には言上せよと伝えており、無条件の支給制ではなく、申請にもとづく給付制だったと考えるべきであろう。この戦争で政権側が渡した扶持米《ふちまい》の記録によれば、支給先の多くは秀吉の馬廻《うままわり》・旗本であり、その対象は直臣《じきしん》団に限られていたようである（「永運院《えいうんいん》文書」）。大軍を率いての遠征において、全軍への兵粮支給は理念上に留まり、基本的に諸将の自賄や借米、現地調達（略奪）が求められた。

それでも、最終的には豊臣軍は飢餓状態に陥り、島津氏の降伏がもう少し遅ければ、秀吉は兵粮の欠乏から撤退を余儀なくされるまで追いつめられていた、と噂されるほどであった（ルイス・フロイス『日本史』）。よって、豊臣政権の兵站《へいたん》が体系的に整備されており、諸将に兵粮がゆきわたっていたという理解は修正する必要があるだろう。壬辰戦争でも、とくにその初期においては現地調達が中心であり、兵粮不足が深刻であったことはよく知られているが、それもこうした政権の兵粮政策の実態を示す好例といえる。また、九州攻めにおいて、相手の降伏によって兵粮不足を回避した経験は、戦陣での綻びを服属儀礼によって取り繕おうとした壬辰戦争での姿勢にも投影されることとなる。

2 「唐入」への道

大陸侵攻の初発

長らく、秀吉がはじめて「唐入《からいり》」を公言したのは天正十三年（一五八五）九月の一柳末安《ひとつやなぎすえやす》（直末《なおすえ》）宛ての朱印状《しゅいんじょう》とされてきた。これは関白任官直後であることから、豊臣政権がその成立時点から一貫して大陸侵攻を企図していたと評価されてきたのである。近年、鴨川達夫氏はこうした通説に対し、当該文言は、改易《かいえき》に処した加藤光泰《かとうみつやす》を断罪するためのレトリックにすぎないのではないかとの疑問を投げかけた。しかし、堀新氏によって、当該文書において「唐入」は明言こそされていないが、その構想が社会に共有された点では重要な効果を有したとする反批判が出されている（堀新「豊臣秀吉の「唐入り」構想」）。筆者も基本的に堀氏の見解を支持するが、この論争の意義は、大陸侵攻に関する秀吉の言説には段階差があり、抽象的な大言壮語がいつ具体化したのか、という新たな論点を開いたことにあるだろう。

そこで注目したいのが、大陸侵攻を指す語の変遷である。これまでは朝鮮と明を区別せずに検討されてきたが、それらを分けて考察すべきであろう。まず、朝鮮に対して。天正十四年四月の段階ですでに「高麗御渡海」が呼号されており、朝鮮への軍事侵攻は当初から公言されていた。しかし、翌年には朝鮮との交渉役の対馬《つしま》の宗氏《そうし》や小西行長《こにしゆきなが》が間を執りなし、朝鮮が「詫言《わびごと》」を申し出れば出兵は控えると、軍事圧力にもとづく服属要求へと変化する。秀吉は一年の期限を設けて、朝鮮国王が日本の天皇へ出仕すれば「赦免」すると通達したが、実現は長引いた。天正十七年十二月に朝鮮の「国主」参洛との知らせが宗氏から入ったが、実際には翌年七月に金誠一《キムソンイル》（儒者《じゅしゃ》の李退渓《イテゲ》の弟子）ら三使が上洛し、十一月に秀吉と対面するに至る。この三使謁見は日本にとって、朝鮮の服属儀礼の起点ととらえられた重要な出来事であり、のちの講和交渉でもたびたび言及されることになる。

ついで、明に対して。件《くだん》の天正十三年九月の文書には「唐国《からこく》まで仰せ付けられ」と記されており、以後も「唐国まで」という語は天正十七年十一月頃まで確認できる（「伊達家《だてけ》文書」）。その意味は、「唐・南蛮・高麗国まで」とも表現していることや、北野《きたの》大茶会において「数寄《すき》心がけある者は、唐国の者までも苦しからず」と広く参加者を募ったこと（『北野大茶湯記』など）を想起すれば、異国全般を視野に入れたなかでの呼号（意訳すれば「あの中国すらも」）と考えられ、自らを飾る抽象的な語としてしか表現しえなかった段階といえよう。

ところが、天正十八年二月以降、「渡海」や「唐入」「大明国を治めんと欲す」など、直接的な出陣や征服を指す用語が現れはじめ、具体的な段階へと移ったことがみてとれる。初見は小田原攻め以前であるため、その契機は国内統一ではなく、前述の朝鮮「国主」来日の一報に求めるべきであろう。秀吉やその周囲にとって、朝鮮による「征明嚮導《きょうどう》」（明を征服するための道案内）が大陸侵攻の実現と直結していた様子がうかがえる。

そして、天正十九年八月以降、こうした用語は次第に「唐入」や「大明国御動座《ごどうざ》」に収斂していく。それは、同月に秀吉の愛児・鶴松《つるまつ》（お捨《すて》）が死去し、大陸侵攻を内外に宣言したためであろう。もっとも、「唐入」や「入唐」の語は主に天正二十年の時点を指す語として用いられるため、狭義には明への出陣や侵入を意味しており、戦争全体の呼称としては馴染まないように思われる。

大陸侵攻の主因

これまでの研究史でももっとも見解が分かれているのが、秀吉の大陸侵攻の要因をめぐる議論である。主要なものだけでも、国内矛盾を重視するA領土拡張説、B大名統制説、対外関係を重視するC勘合《かんごう》復活説、D中華皇帝化説、Eイベリア・インパクト説、秀吉の心理を重視するF鶴松死去説、G功名・承認願望説に大別できようか。ほかに、明征服説もあるが、それは目標であって、原因ではないのでここでは除外する。

従来説の問題としてはまず、国内統一から対外侵略への発展を不可避の構造とみていた点があげられる。Aでは蔵入地の不足から必然的に国外に領土を求めたとし、Bでは国内の安定のために諸将の覇気を削ぐ必要があったとするとらえ方である。しかし、先述の通り、近年の政治過程論は、初発からの意図を貫徹したという政権像を克服し、試行錯誤の結果として国内統一を理解する方向へと進んでいる。壬辰戦争においても、交渉次第では軍事侵攻ではなく、服属儀礼で充足される可能性があったと考えるべきであろう（たとえ、相手方を考慮しない絵空事であろうとも）。

また、講和交渉において日本側が提示した条件を、そのまま侵攻の要因に読み替える傾向も根強い。しかし、講和条件はその段階での最大限の見栄と最低限の妥協の駆け引きを示すもので、戦争や政治の状況、相手の出方によって変質するものであり、ただちに要因と同一視するわけにはいかない。

一つに絞らずとも、さまざまな原因が交わって作用していたとの見方も穏当ではある。しかし、「主因」を問うためには、こうした言説が誰の視点から発せられたか、を重視すべきではないか。例えば、C交易（勘合・朝貢）の復活という発想は、実は対馬の宗氏から出たものであることが指摘されている（佐島顕子「老いた秀吉の誇大妄想が、朝鮮出兵を引き起こしたのか」）。すでに織田《おだ》政権下において、宗氏は朝鮮に対して独自に日明貿易の仲介を打診しており、秀吉の「征明嚮導」を入貢に言い換え、講和交渉で朝貢を持ち出したのも対馬の禅僧の景轍玄蘇《けいてつげんそ》や小西行長であった。秀吉はそれに呼応したにすぎず、統一政権の登場を自らの利益確保に利用しようとした地域側のしたたかさがうかがえる。

ついで、キリスト教の宣教師の言説を根源に持つ説について。ルイス・フロイスは、朝鮮で領土を獲得し、甥の秀次《ひでつぐ》や外様《とざま》大名、キリシタン大名など自らに謀反を起こす可能性のある勢力を移封するのが秀吉の目的とみていたが、これはA・Bの論拠の一つとなっている（『日本史』、『十六・七世紀イエズス会日本報告集』）。しかし、あくまでも外部からの推測にとどまる。また、Eは、キリスト教布教をポルトガルやスペインによる征服の第一段階とみた秀吉が、それへの対抗から大陸侵攻をめざしたとする議論である（平川新『戦国日本と大航海時代』）。もっとも、実際にはイエズス会の主流派は適応主義と呼ばれる穏健志向を有しており、日本征服論は一部の過激派の勇み足にすぎないという批判も出されている。

そこで、秀吉の視点に絞ると、まずAが確認できる。ただし、その言説はあくまで秀吉や大名が家臣を侵攻へと駆り立てる際の梃子《てこ》として持ち出されており、対外的に主張されているわけではない（『豊臣秀吉九州下向記』など）。一方で、秀吉自らが内外に発した言説を拾い上げると、頻出する意図として「不朽の名誉」が抽出できよう（『天正二十年聚楽第行幸《じゅらくていぎょうこう》記《き》』など）。これは諸因子の全体を包摂しうる性格を有し、戦争の過程で取り下げられることもない。

そして、大陸侵攻がなぜ天正二十年（一五九二）に開始されたのか、という点については、前述の通り、前年八月の鶴松の死が契機であったといえる。つまり、大陸侵攻の主因は不朽の名誉の樹立にあり、自身の功績を実の子孫へ継受する希望の喪失が引き金であったと考えるのが妥当だろう。よって、本章の立場はGに近い。もっとも、筆者は壬辰戦争の発端を単に天下人個人の精神状態のみに帰すべきとはとらえていない。その点を、侵攻の背景を探ることで明確にしたい。

大陸侵攻の背景

そもそも、大陸侵攻が「唐入」と称されたのはなぜだろうか。その背景には、当時の日本社会の「唐」（狭義には中国、広義には朝鮮を含む異国）への社会的欲求が想定される。当時の東アジア海域では、倭寇《わこう》と宣教師を媒介とした富や情報・武器の往来がみられた。とくに、堺《さかい》・博多《はかた》から北京へと至る、薩摩―琉球―福建《フーチエン》・浙江《チョーチャン》と対馬―釜山《プサン》―遼東《リャオトン》の二つのルートは、東アジアの物流・人流の大動脈であり、壬辰戦争の主役たちもこれらの地域の出身者や関係者が多い。また、秀吉が当初想定した明への侵入口は遼東と浙閩《チョーミン》（浙江・福建）であった（鄭杜熙ほか編『壬辰戦争』）。

戦国時代、このルートを経由して、日本には大量の唐物《からもの》と唐人《とうじん》が流入し、反対に朝鮮でも倭物需要が生じ、大陸には石《いわ》見《み》銀が流出した（村井章介『日本中世の異文化接触』）。従来、豊臣期に関しては、茶器における唐物から和物重視への転換が指摘されてきたが、唐物は何も茶器に限らず、絹織物・生糸から書籍・仏像に至るまで、さまざまな舶来品を指していた（河添房江ほか編『唐物と東アジア』）。壬辰戦争時、諸将は競って唐物を略奪・入手し、秀吉とて唐物から自由ではなかった。日本の市には唐物が溢れ、莫大な需要と利益を生んでいた（『乱中雑録』、『鹿苑日録《ろくおんにちろく》』など）。

また、唐人はこれまで注目されてきた九州だけでなく、奥羽に至るまで広く日本国内で商工活動を営んでおり、日本人と血縁・主従関係を結ぶ例もあった。秀吉は中国人が日本人の武威を恐れているという情報を倭寇から仕入れ、島津氏に医術で仕えた明人の許儀後《シュイホウ》は秀吉の挙兵や日本の状況などを本国に通報した（米谷均「朝鮮侵略前夜の日本情報」）。当然、逆に大陸へと渡り、定住する倭人もいた（『両朝平攘録』）。当時の日本にとって、唐物や唐人は〈世界〉の象徴であり、憧れであった。それゆえに、「唐入」は最大の名誉として認識され、呼号されたのである。

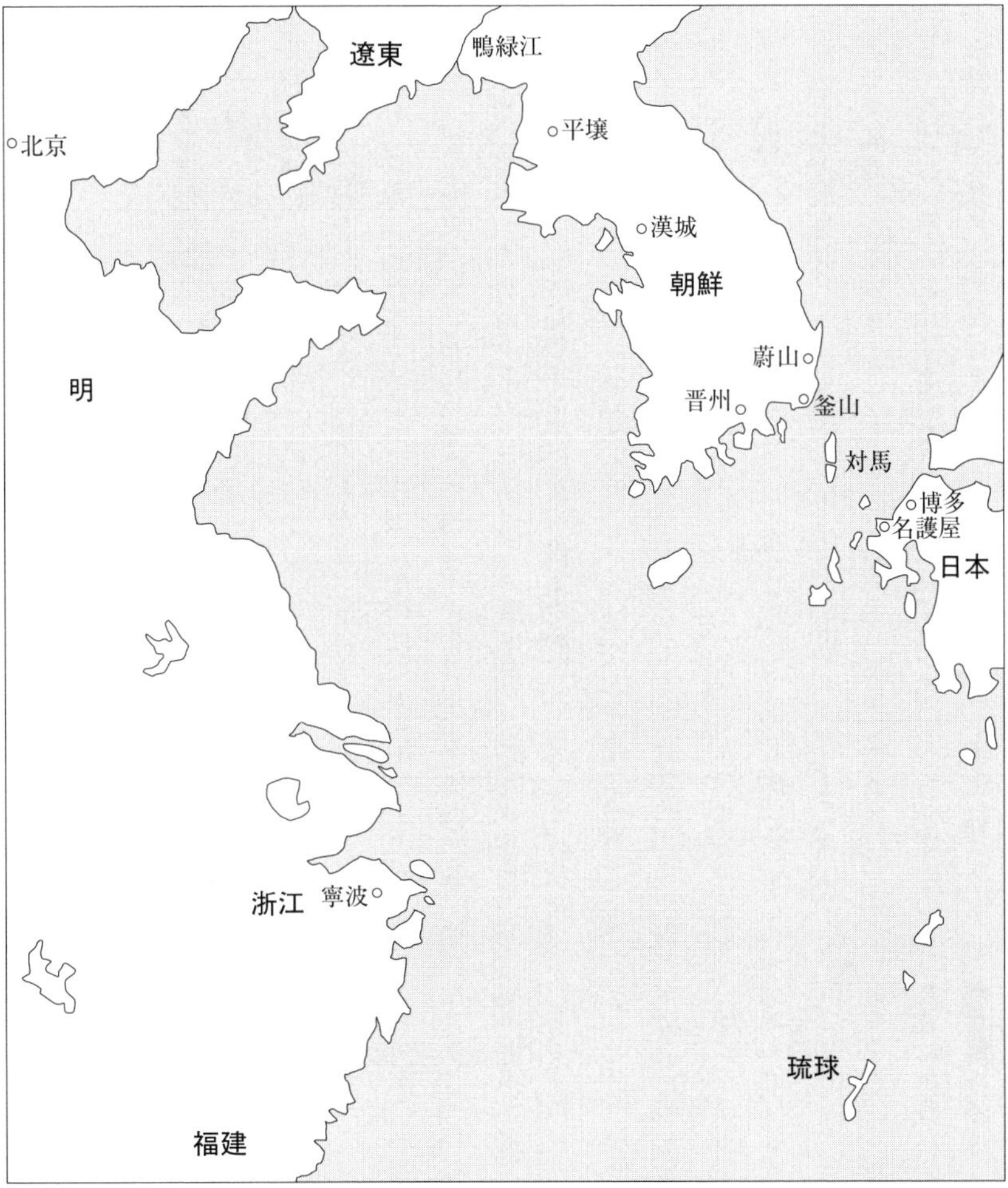

図 2-1　壬辰戦争関係略図

3　壬辰戦争の構造

交差する自他認識―「平秀吉」による「政化」

明や朝鮮の史料では、一般に秀吉のことを「平秀吉」と呼んでいる。確かに、秀吉は天正十二年（一五八四）十月の五位少将任官時に「平《たいら》」姓を用いているが、翌年七月には「藤原《ふじわら》」姓を名乗り、その後「豊臣」姓を創出したのは周知のことである。にもかかわらず、なぜ「平秀吉」という呼称が東アジアに広まったのだろうか。

明側が「平秀吉」の名をはじめて認識したのは、天正十九年三月、対馬の柳川調信《やながわしげのぶ》や景轍玄蘇が「仮途入明」を求め、その報が十一月に朝鮮から伝えられた時点と思われる。この四年前、宗氏は日本での「新王」誕生を理由に朝鮮通信使派遣を求めて断られた経緯があり、それまで「源義明」など偽の室町《むろまち》将軍の名を借りて交易再開を画策していた対馬側が、内乱の終結と平姓への易姓《えきせい》革命を印象づけるために「平秀吉」呼称を用いたと考えられる。源平の抗争自体は歴史的経緯として知られていたうえ、「豊臣」という二字姓では理解を得難いと思ったのであろう。

その結果、壬辰戦争が始まると、日本軍が用いる「豊臣」姓や「羽柴《はしば》」名字との間に混乱が生じた。例えば、明廷では秀吉の日本国王冊封《さくほう》時に「豊臣平秀吉」と呼び、「豊臣」を名字と理解していた節がある。一方で、朝鮮では「豊臣」は「朝臣」同様に官職名であり、秀吉に直接上申できる地位ではないかと推測された。また、秀吉が亀井《かめい》茲矩《これのり》に与えた扇を手に入れた李舜臣《イスンシン》は、「羽柴筑前守」を秀吉の家臣の名前とみなした。

ここで問題になるのが、天皇と秀吉との関係である。堀新氏は、中世には天皇を国王とする見方が基底に存在しつつ、信長や秀吉は〈日本国王〉を自認し、壬辰戦争の過程で秀吉が天皇の上位たる〈中華皇帝〉へと自らを位置づけるに至ったと論じた（堀新『織豊期王権論』）。先にあげたD中華皇帝化説である。その論拠は秀吉の三国国割構想（天皇を明に移し、朝鮮や日本には代わりの統治者を置く計画）のほかは、宣教師や興福寺《こうふくじ》僧の記録である。堀氏はあげていないが、許儀後も秀吉が中華皇帝化を公言したと報じている（『全浙兵制考《ぜんせつへいせいこう》』）。しかし、三国国割には秀吉の立場は明記されておらず、それ以外は風聞や推測の域を出ない。そこで、従軍した人びとの認識を探ってみよう。

加藤清正《きよまさ》は朝鮮僧の惟政《ユジョン》との講和交渉のなかで、日本の王は秀吉ではなく、他にいると明言していた。彼の家臣も、秀吉は武官の長にすぎず、王は万世不易、すなわち天皇だと主張した。また、安国寺《あんこくじ》恵《え》瓊《けい》も、秀吉を「大日本の大王」、天皇を「日域の皇帝」とそれぞれ区別している。一方で、明皇帝に謁見した小西行長家臣の内藤如安《ないとうじょあん》は、国王はすでに信長に殺されたと証言したが、これは冊封にあたって天皇との国王併存問題をクリアするための方便だった。これらから、当時の日本諸将の間ではあくまでも天皇は秀吉の上位に置かれており、秀吉も天皇を奉じる立場を内外に示し続けていたと考えるべきだろう（跡部信『豊臣政権の権力構造と天皇』）。

また、Ｄのいま一つの論拠が、秀吉が自らを「日輪の子」と位置づけ、東アジアの新王朝樹立を意識していたとする見方である（北島万次『豊臣政権の対外認識と朝鮮侵略』）。もっとも、こうした認識は天正十八年から文禄二年（一五九三）という限定的な期間に、外国宛ての公式な国書にのみ現れる特殊な文言であり、自らを飾る修辞といえる。他方、許儀後らが報じた秀吉の来歴は、元々は薪《まき》や魚を売っていたところ、信長に出会って仕官し、高い木に登るのが得意だったという、一般にも馴染みが深い「木の下の猿」の立身譚であった（『全浙兵制考』、『懲毖録《ちょうひろく》』）。当時、こうした話は巷間に流布しており、秀吉もそれが国内外に広まることをさして気にしていなかった（『看羊録《かんようろく》』、『日本史』）。

秀吉は大陸侵攻の目的を、日本の「国風」を明や朝鮮に移入し、「政化」（民を教化）するためと掲げ、諸将もそれに倣った（『天正二十年聚楽第行幸記』、『宿蘆稿《しゅくろこう》』など）。その自信の根拠としては、武威や神国思想に加え、王法仏法（朝廷・武家や寺社勢力）の興隆があげられる。太田《おおた》牛一《うしかつ》は日本での王法仏法の繁盛と対比し、朝鮮の仏法衰退を強調した。また、日本が琉球への出兵を控えたのも仏国であるためと噂された（『豊国大明神《とよくにだいみょうじん》祭礼記』、『全浙兵制考』）。同じ論理は伴天連《バテレン》追放令でもみられ、神国意識と王法仏法興隆の双方が秀吉の治める国柄と主張された。

こうした認識は一見、大陸への憧憬と相反するようにも思われるが、日本の諸将は、明皇帝の下賜した金印を我先に拝見して喜び、明使来日の際には最大限の敬意を払った。明を崇敬する秩序意識は依然残っており、憧れがあるからこそ、その相手を帰服させる価値が高まったといえる。他方、朝鮮使節の金誠一《キムソンイル》は、来日の意義を夷狄《いてき》の「威化」（華夷思想にもとづく教化）ととらえ、明皇帝も当初、秀吉を順化王（「徳化」対象の夷狄）として扱おうとした（『海槎録《かいさろく》』、『明実録《みんじつろく》』）。互いに相手を教化せんとする相容れない交錯により、譲歩を難しくさせる構造が、そこにはあった。

緒戦の勝利と混迷

秀吉の理解によれば、朝鮮は三使謁見によって日本に服属し、「征明嚮導」に従うはずであった。よって、天正二十年（一五九二）三月の段階に至っても朝鮮からの返事を待ち、万一従わない場合に限って四月一日から出兵せよ、と諸将に伝えていた。宗義智《よしとも》らも非現実的とは知りながら、終始朝鮮への「仮途」要請を名目に掲げており、あくまでも目標は「入明」であった。もっとも、秀吉は朝鮮が応じた場合でも、「高らいの船付」に築城するように命じており、当初から釜山を拠点化する方針が確認できることは注目に値する。それは、領土拡張というより交易や交渉の足がかりといえよう。

諸将は当初、朝鮮国王の出仕と唐への案内によって「赦免」するという態度を示しており、明皇帝と朝鮮国王を天皇に降参させる服属儀礼をもって戦争が早期に終わると認識していた。釜山落城の報を受けた秀吉は四月二十五日、行列を武者仕立に改めて肥前名護屋《なごや》（現唐津《からつ》市）に着陣し、武威を輝かせる。開戦前は異国人を侮るなと諸将に触れていたはずが、「大ぬる山」だと掌を返し、周囲も朝鮮は半月で平定可能、中国もすぐに手に入ると楽観視した。五月に漢城《ハンソン》（現ソウル）を陥落させると、三国国割構想を打ち出し、秀吉の対外認識は膨張をみる。名護屋で待機する諸将も「還国の儀も、来年は治定たるべし」、「正月までも延まじく候」と年内の落着を予想。年が改まっても、朝鮮国王は日本で捨扶持を与え、朝鮮半島は日本のものとなり、明も降伏して「唐之関白」を人質に出し、毎年入貢して「日本之唐」となる、つまり明と日本の華夷秩序が逆転するという見通しを示していた（「相馬《そうま》文書」など）。

では、日本軍の速やかな侵攻を可能とした要因は何であったか。一番には鳥銃（鉄砲）が想起される（久芳崇『東アジアの兵器革命』）が、それに加えて土木技術と兵士の心性も注目される。朝鮮では日本軍の特技は戦闘時に即座に堡塁《ほうるい》（土嚢《どのう》）を積み防御性を高めることだと報告され、第二次晋州《チンジュ》城の戦いに際しても竹橋や即席の櫓《やぐら》で攻撃し、堀を埋草で塞いで道にするなど、土木工事（仕寄《しよせ》や築山《つきやま》）の速さが特筆された。また、兵卒は戦死を名誉ととらえ、戦争に特化している点が朝鮮軍との違いであるとも分析されている（『錦溪日記』など）。

日本側の侵攻の早さに、明は当初、朝鮮の内通を疑ったほどであった。許儀後らは三使謁見を日本への入貢と伝えており、侵略に関する朝鮮国王からの一報が琉球より遅れ、秀吉が琉球宛て国書に朝鮮の服属を誇張したことがその疑惑を強めた。当初、哱拝《ボバイ》の乱（寧夏兵変《ニンシャービンビエン》、モンゴルとの抗争）に兵力を削がれていたことも、明軍の初動の遅れにつながった（米谷均「朝鮮侵略前夜の日本情報」、鄭杜熙ほか編『壬辰戦争』）。

天正二十年六月十五日。この日、小西軍は空の平壌《ピョンヤン》を手に入れ、名護屋の秀吉は着陣を祝う国内の使者に謁見、年内の北京到達を豪語した。一方で、肥後では梅北《うめきた》一揆（島津家臣の梅北国兼《くにかね》の反乱）、朝鮮では義兵（朝鮮民衆らの武装抵抗）が起こり、鴨緑江《ヤールージャン》には明軍先鋒の祖承訓《ズウチヤンシユン》が迫っていた。戦局の歯車は、まさにこのときに転回しつつあった。当初は征明渡海を目指していた秀吉も、同月には徳川家康らの諫止《かんし》をうけて翌年三月に渡海を延期、当面の目的を朝鮮の国割に置いた（「吉川《きつかわ》家文書」）。その後も、事あるごとに渡海を掲げたが、戦況の悪化に伴って現実味を失っていく。渡海しないのは秀吉だけでなく、兵粮米も同じであった。現地での収奪を原則とする態勢は天正二十年八月頃には破綻をきたし、前線には兵粮が行き届かなかった。

壬辰戦争には多くの奉公人・陣夫（陸運のため動員された農民）・水主《かこ》（船乗りとして動員された漁民）が駆り出された。例えば、伊勢の大湊では、徴発された六五人の水主のうち、三六名が朝鮮半島、二名が名護屋で死去しており、漁村に大きな爪痕を残した。また、渡海諸将の誓約を通覧すると、奉公人や走り者（脱走者）の引き渡し規定が目を惹き、雑兵の錯綜は諸将間の軋轢《あつれき》の要因であったことが読み取れる。緒戦において、朝鮮被虜人（捕虜）を代わりに使役することで、雑兵たちが武士化する例もあったが、戦況とともに彼らの待遇も悪化し、走り者や降倭となった（『十六・七世紀イエズス会日本報告集』など）。国内での「人掃《ひとばらい》」（戸主調査）や「人留《ひとどめ》」（通行統制）はそれへの対応策であった。

4 情報・外交戦としての壬辰戦争

伝わらなかった改元―「天正二十一年」の夏

小西行長は平壌で明軍先鋒を退けたのち、しばらく進軍を止める。その理由は翌春の秀吉渡海までは朝鮮での統治を優先せよとの政権の方針を踏まえたことに加え、明側からの交渉役である沈惟敬《シエンウエイジン》との折衝があげられる。天正二十年（一五九二）八月二十日に平壌近郊で会談した両者は、五〇日間の停戦協定を結ぶ。沈は表向き日本（実際には宗・小西ら）の冊封・朝貢要求を明廷に上奏するためとしつつ、明軍本隊の到着までの時間稼ぎを図った。ここまで戦勝を重ねた小西がこれに応じたのは、当初、沈側から和議を求め、人質を提出すると述べていたことから、服属使節の来日による終戦を見越したためであろう。沈は自身の落馬などを理由に会談を延引し、ようやく十一月下旬に交渉を再開する。小西らは人質を待ったが、翌年正月に到来したのは李如松《リールウソン》（遼東を統括した李成梁《リーチエンリアン》の子）率いる約四万の明軍であった。

辛うじて平壌を脱出した小西軍だったが、漢城の「朝鮮三奉行」（増田長盛《ましたながもり》・石田三成《いしだみつなり》・大谷吉継《おおたによしつぐ》）は撤退理由を兵粮不足と加藤清正の軽挙妄動のためと秀吉に報じた。小西の敗戦には「火花をちらし候」と奮闘を強調し、責任転嫁を図ったのである。明軍到来を受けて朝鮮軍も「猛勢」になったと恐れを抱いた日本軍は、漢城の朝鮮民衆の内通を疑って皆殺しを行い、「都には唐人（朝鮮人）壱人も居り申さず」という凄惨さの極致に立ち至った。

図 2–2　「平壌城奪還図」（韓国国立中央博物館所蔵）

海を隔てた遠征においては、情報の齟齬や不通、時差が戦局を大きく左右した。そのため、朝鮮半島と名護屋の間では同内容の複数の書状や使者が往来し、情報の新旧の精査が必要とされた（中野等『秀吉の軍令と大陸侵攻』）。一方で、改元などの情報は重要視されなかった。天正二十年十二月八日、元号は文禄に改められたが、この時期の在陣諸将の発給文書には、「天正二十一年」の年号を持つ書状が多く検出できる。政権の中枢にいた「朝鮮三奉行」の大谷吉継ですら、文禄二年（一五九三）五月に偽の明「勅使」（皇帝が派遣した正式な使節ではなく、明側の司令官・宋応昌《ソンインチオン》配下の謝用梓《シエヨンズ》ら）を連れて名護屋へ一時帰還した際に改元を知ったようである（「岡本文書」など）。戦国・織豊期には年号が書かれていない文書が一般的だったのに加え、戦況に関係しない情報は取捨選択されたため、このような事態が生じたのであろう。

　こうしたなか、日本軍は「天正二十一年」四月に兵粮不足を名目に漢城から撤退する。前月に小西らが守備する龍山倉《ヨンサンチャン》が焼き討ちされ、兵粮枯渇が深刻化したうえに、謝用梓らの到来により、秀吉の体面を取り繕うことが可能と判断したためである。それに先立ち、秀吉は「戦勝」を飾り立てるために水軍や東国勢を追加派兵し、晋州城を陥落させた。

　日本軍が劣勢に立たされた理由としては、明軍到来や兵粮不足のほかにも、朝鮮水軍による制海権掌握、気候や疫病、義兵の抵抗などがあげられる。朝鮮民衆の間では侵略当初から「百姓為城」（百姓こそが城）という主張がみられたが、義兵の蜂起によってそれは現実のものとなった。日本側は義兵を「唐人一揆」とみたが、現実には「散卒《さんそつ》」（一度は戦線を離脱した官軍の再編成）の比率も高く、その軍事力を低く見積もったことが讎《あだ》となった（『瑣尾録《さびろく》』など）。

講和交渉の破綻

明と日本は碧蹄館《ビョクチエグァン》の戦いと幸州《ヘンジュ》山城の戦いでそれぞれ敗れたことで、和議に傾く。講和交渉は停戦協定から足かけ五年にも及んだが、文禄五年（一五九六）九月、大坂城での明使謁見において破談を迎える。その過程や原因については、さまざまな見解が出されているが、やや史料用語に引きずられているように思われる。そこで、日明双方の要求を、撤兵・領土・交易・儀礼の四つの問題群に大別して整理しよう。

天正二十年（一五九二）十一月の交渉で、小西は大同江《テドンガン》以南の割譲（領土問題）と明からの人質提出（服属儀礼）を主張した。対して、沈は撤兵問題に重きを置き、捕虜や漢城の返還を求め、見返りとして朝貢許可を示唆した。宗氏は開戦前から明との国交・朝貢復活の取次を朝鮮に求めており、交易は宗・小西側の悲願であった（『日本史』など）。

平壌撤退後の文禄二年三月の段階でも、沈の要求は変わらず、謝罪文の提出を加えたくらいであった。一方、小西は冊封と朝貢（交易）に焦点を絞り、対内的にはそれを服属儀礼に読み替えることで秀吉の体面を保とうとした。明兵部の石《シー》星《シン》も冊封・朝貢を認めたが、明廷内でその諾否をめぐり議論が割れることとなる。日本側でも冊封・朝貢の履行にこだわる小西に対し、「朝鮮三奉行」らは漢城撤退を優先した。

文禄二年五月、明の「勅使」に謁見した秀吉は、和議七ヵ条を示す。最重要課題は明皇女降嫁（儀礼）と四道割譲（領土問題）であったが、交易の達成は自明視され、儀礼における最大限の成果を引き出すために領土問題が持ち出されたのであろう（跡部信『豊臣政権の権力構造と天皇』）。国内では、明使謁見は「詫言」の上申のための服属儀礼とみられ、和議成立は条件交渉により延引しているものの、七月の秀吉「納馬」（凱戦）が予見された（中島寛一郎氏所蔵文書など）。晋州城陥落の報をうけ、八月には秀吉が大坂へ帰陣し、在陣諸将も一部を残して帰日、伏見《ふしみ》でのお目見え後、下国を果たす。朝鮮は秀吉の手に属したという認識が広がり、めざしていた不朽の名誉を達成し、戦争は終結するはずであり、あとは明からの返答を待つばかりであった（『駒井《こまい》日記』など）。

その頃、沈と小西の間では関白降表が作成され、冊封と朝貢も実現するかと思われたが、封貢は無用であるとの情報が福建経由で明廷に伝わり、議論のすえ、翌年十月に冊封のみの認可が決まった。明皇帝は日本軍の撤兵完了が沈の虚報であったことに激怒し、十二月に内藤如安と謁見した際にも、冊封許可と同時に釜山からの撤兵を求めた。小西は、まず冊封をうけたうえで、段階的に交易を求めてはどうかと沈側から提案されている。

文禄四年五月、秀吉が再提示した講和条件では、朝鮮王子来日（服属儀礼）の実現と引き換えに南四道を返還（領土放棄）し、撤兵問題も一部の破城で応えようとしている。もっとも、勘合（交易）は継続案件とされ、小西らは使節来日によって幕引きを図ろうとした。以上より、明側は撤兵、日本側は儀礼に力点を置き続けたといえよう。

講和破綻の背景には、朝鮮王子来日の不履行があったが、その直接の契機となったのは、撤兵問題であった。破談の一週間前には王子不参を知り、一度は納得していたはずの秀吉が激怒したのは、沈の書状が撤兵を求める段に差しかかったその瞬間であった。明側は一貫して撤兵を要求していたが、秀吉にとっては、一部の破城まで譲歩したにもかかわらず、〈世界〉への窓口である釜山を手放すことは認め難かったのであろう。

虚偽と疑惑の交錯

右の交渉過程に顕著なように、日明双方で本国と現場との距離や交渉相手の違いを逆手にとった恣意的な情報操作が横行した。例えば、秀吉は明「勅使」謁見の際、朝廷や関白秀次に了承を得る必要があると使節を引き留めつつ、その間に晋州城を攻め落とすよう指示している。一方で、明側も朝鮮との挟撃を画策するなど、講和交渉の水面下では相互の攻防が伏在した。玄蘇は「征明」を「訴事」にすり替え、小西は日本軍の撤兵遅延の理由を「御城米」の管理が大変なためと言い訳し、日本水軍は朝鮮側に捕縛・斬首された来島通総《くるしまみちふさ》を、矢傷を受けて戦死したと国内に報告している。

情報は、三国内の不和をも生んだ。日本では小西・三成らと清正、藤堂高虎《とうどうたかとら》と加藤茂勝《しげかつ》（嘉明《よしあき》）の対立が有名だが、清正は鍋島直茂《なべしまなおしげ》が肥前を返上し、朝鮮や明への転封《てんぽう》を願っているとお節介にも上申しており、諸将は巧みに相手を陥れる機会をうかがっていた。また、多くの諸将がたびたび誓約をしている事実は、かえって亀裂の深さを物語る（「韓陣文書」）。

朝鮮では東人《トンイン》派と西人《ソイン》派の争いが水軍の運用にも影響を及ぼし、当事者たる朝鮮が排除された形の日明間の講和交渉に関する噂は虚実入り混じり、沈惟敬への不信感が募った。明でも、派遣された李如松軍内で遼東の北兵と浙江の南兵の対立があり、明廷内で許貢を主張していた石星らは失脚した。

また、交渉や儀礼にも多くの虚偽が伴った。偽「勅使」がその象徴だが、明皇帝からの正使の李宗城《リーヅオンチエン》は副使の楊方亨《ヤンファンハン》や沈らによって排除された可能性が指摘されている（佐島顕子「老いた秀吉の誇大妄想が、朝鮮出兵を引き起こしたのか」）。表向きは福建人に渡日の危険性を吹き込まれたために逃亡したとされ、小西らは正使に昇格した楊の方が立派な人物だと秀吉を説得した。同時に、朝鮮にも通信使の同行を依頼したが、宗氏側は下級官人による詐称を提案し、朝鮮側は通信使ではなく、明使に随行する名目で黄慎《ファンジン》らを送り込んだ。前述のごとく独自に惟政と交渉をしていた清正も、偽の王子の来日を持ちかけていた。こうした過程からは、使節を虚飾することで、服属儀礼を何とか成立させようとしていた現場の努力が垣間見える。

晋州城陥落後、京都で晒《さら》された「もくその首」は、日本軍を苦しめた金時《キムシ》敏《ミン》ではなく、後任の徐礼元《ソイエウオン》のものだった。一方、慶長四年（一五九九）四月に北京で「平秀政」なる秀吉の養子が処刑されるが、実は島津兵の一人にすぎなかった（『立入《たてり》家記《かき》』、久芳崇『東アジアの兵器革命』）。日明両国で「戦勝」を飾る虚構の首級が掲げられたのである。

5　朝鮮における統治の挫折とその影響

「仁政」の内幕――「なでつけ」から「なでぎり」へ

禅僧の西笑承兌《せいしょうじょうたい》は、秀吉の大陸侵攻を「仁政と勇武をもって平和をもたらした」と絶賛した。一方で、儒者の堀杏庵《ほりきょうあん》は「仁政にあらず」との世評もあったことをのちに書き留めている（『学問所記』、『朝鮮征伐記』）。秀吉は侵略の正当化に「天」（天地を司る非人格神）の力を掲げ、諸将は自らの命運を「天道《てんどう》」に委ねたが、朝鮮民衆も同じく「天」や「天道」の賞罰を信じ、日本を「不倶戴天」「万世必報」の敵と憎悪した（『フィリピン史』など）。合わせ鏡のような自他認識が交錯するなかで、日本側は東アジアに共通する天道思想に則り、「天命」を受けて「仁政」を施す主体として振舞おうとした。これこそが秀吉の「政化」の意味するところであったが、その実情はどうであったか。

秀吉は「高麗国中」を対象として、還住《かんじゅう》した（避難先から村や町に戻った）民衆には課税せず、飢えた百姓を救い、放火や人捕《ひととり》（拉致）の禁止を掲げるなど、日本同様の統治を諸将に命じた。しかし、朝鮮の現場ではそれらはほぼ守られておらず、空文に等しい（北島万次『朝鮮日々記・高麗日記』）。そもそも、基準とされた国内の統治にしても、秀吉は対外的には百姓を撫育《ぶいく》し、慈恵を施したと誇ったが、実際には日本の百姓は恐怖と搾取にさらされ、かつてないほどに貧困を極めたと評されている（『看羊録』など）。

漢城陥落後、諸将は各道の分割統治を進める。六伯《ろくはく》（地方官人）を掌握し、榜文《ぼうぶん》（触の掲示）や鑑札《かんさつ》（身分証明書）で百姓の還住と耕作を促し、刀狩（武装統制）をし、人質や入籠（投獄）で収穫を確保し、指出《さしだし》（収益の報告）で田畑や鉱山の調査を行った。こうした対処は、鑑札以外は国内統治の延長線上にあり、諸将は百姓が秀吉の〈平和〉を喜んでいると日本に報じた。だが、それは生き延びるための忍従にすぎず、多くの朝鮮民衆は逃亡して山に籠もり、広域の統治は難航した。

榜文が百姓への慈しみを口実にした誘因策であるという「仁政」の裏面は見透かされていたのである（『日本史』、『瑣尾録』）。

朝鮮軍や義兵の反抗が強まると日本軍の暴力性も増し、武器を持つ者はことごとく殺戮され、朝鮮民衆は恐怖で反抗できずに年貢を納めるしかない状況も生じた。人や富の略奪と破壊が加速し、長期の山籠もりで飢餓と荒廃が広がり、朝鮮の被害と混乱に拍車がかかった。一方で、毛利《もうり》輝元《てるもと》は侵攻当初から朝鮮の広大さを報じ、漢城撤退を誘導しようとした「朝鮮三奉行」らも想定より広い国土に対する統治の困難さを訴えた。天正二十年（一五九二）八月、増田長盛は、これまでは百姓を「なでつけ」いたわってきたが、義兵の蜂起をうけて「なでぎり」に転換し、当面は厳しく対処することで鎮圧すべしとの意見を日本に送った。ここに、「豊臣の平和」は早くも馬脚を露わした。

こうして、諸将は統治の対象を、次第に倭城《わじょう》周辺に絞らざるをえなくなる。講和休戦期に実効支配をしていた南東部の沿岸地域においては、農耕や商売で一定の成果をあげ、雑居状況も生じていた。とくに釜山は城塞化を遂げ、城下は日本人と朝鮮人で賑わった。もっとも、朝鮮民衆は腰牌《ようはい》（鑑札）を下げる必要があり、罪に問われれば、すぐに殺された（村井章介『日本中世の異文化接触』）。

講和決裂後の丁酉再戦でも榜文が掲げられたが、「上官狩り」によって地方有力者を処分することで義兵の芽を摘み、統治の円滑化が図られた。表向きは朝鮮民衆を「日本之御百姓」にすると告げたが、裏では朝鮮人を皆殺しにし、西日本の民衆を移して耕作させるという植民計画も噂されていた。また、日本軍による鼻切りは朝鮮民衆にも及んだ。再侵の直前、清正自身が朝鮮中の村や民家、田畑山林に至るまで滅却し、荒廃の地となると言い捨てたように、日本軍は朝鮮の国土を灰燼《かいじん》に帰したのである。

〈民政〉への自覚

宣教師の言によれば、日本の大名らは侵攻前から、異国への出陣や国替えを内心では迷惑がっていたが、秀吉の前では謝意を表し、死をもいとわぬ覚悟を述べたという。とくに天正二十年（一五九二）六月に秀吉の渡海が延期されると、諸将は不安に駆られ、帰国を切望した（『日本史』など）。逃亡者は出陣直後から出ていたが、平壌撤退以降に奉公人や人夫の逃散《ちょうさん》や帰国が加速し、講和休戦期になると降倭が続出し、残った者も和議成立を心待ちにした。国内統一の過程では、一年を超す滞陣の経験はなく、望郷と厭戦観が諸軍を覆っていた。

名護屋で秀吉の命令を待つ大名は在陣衆の疲労や困窮を噂し、渡海取り止めとなった諸将は命を拾ったと喜びあった。秀吉もそうした空気を読み取り、国内での城普請の方が過酷だと触れ流し、普請衆が朝鮮在陣衆を羨ましがっているという倒錯した言説が広まった。

出陣前の大名のなかには、軍役を忌避する家臣に対し、天下の「一大事」に利己的に振る舞うのは言語道断だと責め、在陣諸将が長期滞陣や普請を覚悟する今、領国内の代官が百姓から年貢を取り立てられないのは「比興（卑怯）第一」だと糾弾する者がいた。侵略戦争という「公」によって「私」が塗りつぶされようとしていた。一方で、領国の民衆が飢えた場合には米を与えるよう留守居《るすい》に指示する大名もいた（「高畠文書」など）。

表面上、京都では上は天皇から下は百姓まで「唐入」への出陣を礼賛し、朝廷は「異国征伐」を祈禱し、豪商は三国の永久支配を予祝した。他方、当初から異国への戦争は迷惑だという世論も多く、諸将の反乱や戦死、失脚の噂が飛び交った（『太閤さま軍記のうち』など）。在陣衆は秀吉が陣夫まで一人残さず帰国させよと命じたとする噂に沸き立ったが、虚報とわかり、かえって不満が燻った。低い身分から出世した秀吉は「民間の疾苦」を知らないはずがないのに、人びとを酷使する暴君になったと恨みが募っていく。そのため、宗氏の家臣はそう遠くないうちに内乱が生じ、政権の崩壊によって終戦すると見通していた。明や朝鮮側は再三、加藤清正や徳川家康、島津義久《よしひさ》らの反逆を誘おうと試みた。よって、秀吉が諸将を名護屋に集めた理由は、その反乱を未然に防ぐためでもあっただろう。

開戦から二ヵ月後に起きた梅北一揆は、戦争への反発の根強さを裏づける。一揆には百姓も参加したが、「民岩」を恐れた諸将が留守居の兵を残していたため、短時間で鎮圧されてしまった（『日本史』、『看羊録』）。しかし、長期の遠征が続くなか、諸国では抑止力の低下に伴って村落間相論などの紛争が相次ぎ、畿内を守っていた豊臣秀次は「喧嘩停止」を掲げて厳罰に処すことで秩序の回復を図った。「生民の塗炭《とたん》」（民衆の苦しみ）はすでに極まっており、命からがら帰国した大名らが目にしたのは、荒廃した自らの領国であった（『錦渓集』）。

こうした過程で、大名たちは〈民政〉への自覚を深めていく。ここでは、加藤清正を例にあげよう。侵略当初、清正は統治の方法さえ正しければ、朝鮮民衆も従わせることが可能と考えており、自らの管轄である咸鏡道《ハムギョンド》では、民衆が清正を待ちかねて感謝しているため、国元の肥後よりも静かだと誇った。他の諸将の担当する地域では義兵への恐怖心や朝鮮人への差別意識によって統治に失敗していると非難し、自信をみなぎらせていたのである。しかし、天正二十年も末になると、朝鮮民衆への警戒心を露わにし始め、逆襲や情報漏洩を恐れて、城内に朝鮮人を入れないように指示し、統治の困難さを思い知るようになる。文禄二年（一五九三）の春には日本側の劣勢を感じ、征明よりも帰国後を意識し始めた。

それでも、清正はこの段階では肥後の田地が荒れても構わないので水主を徴発せよ、百姓からは人質をとって走り者は厳罰に処せ、と領国荒廃を顧慮しなかった。文禄三年春には、荒地にも課役をかけるので再開発をせよと命じているが、厳しい姿勢は崩していない（「下川《しもかわ》文書」など）。

ところが、文禄五年の一時帰国後、百姓が迷惑しないように、田畑を荒らした場合は給人（その土地を支配する家臣）や代官の責任とすると明記した制札を領内に立てさせ、荒廃した村には種貸しを命じるようになる。朝鮮での統治に失敗し、講和交渉の主導権争いでも小西行長らに負けたとき、清正は領国の復興や百姓の保護へと意識を向けるようになったのである。丁酉再戦からの帰陣後、清正は年貢や諸役を数年免除すると掲げ、実際に翌年の城普請でも徹底させている（稲葉継陽『日本近世社会形成史論』）。

他の諸将も、帰陣後に相次いで領国復興策を打ち出した。上杉景勝《うえすぎかげかつ》は百姓を勝手に処罰することを禁止、還住と他領からの移住を奨励し、長宗我部盛親《ちょうそかべもりちか》も「人民草臥《くたびれ》」を配慮して国役を免除した。対馬では参陣した和泉の水主が定住したといい、これも人口減少への対策であったとみられる（『覚上公御書集《かくじょうこうごしょしゅう》』など）。講和休戦期に政権によって主導された豊後や尾張の復興、荒田没収令なども同様の文脈から理解できよう。このように、朝鮮での挫折が領国や百姓へのまなざしの転換を促し、国内統治に大きな刻印を残したのである。

侵略戦争の断層

多くの日本軍、とりわけ豊臣取立大名にとって、敵を大軍で取り囲むことはあっても、逆の経験ははじめてのことであった。よって、その経験がのちの政治構造にも多大な影響を及ぼした。慶長二年（一五九七）末から翌年初の蔚山《ウルサン》籠城戦では、戦後の戦線縮小案に関する日本への報告と情報操作をめぐって在陣諸将に亀裂が生じ、秀吉死後の政変や関ヶ原の戦いに至る対立構図の源になったと考えられている（笠谷和比古『関ヶ原合戦と近世の国制』）。蔚山籠城戦はまた、敗退を隠蔽した現地の楊鎬《ヤングアオ》らを丁応泰《ディンインタイ》が明廷に訴え、朝鮮側が日本に内通しているという疑惑を再燃させるなど、明・朝鮮側にも不和をもたらした。

秀吉自身は丁酉再戦でも博多への出陣と渡海をたびたび表明し、慶長四年の大軍増派を呼号していた。厭戦観の蔓延した諸将にどれほど響いたかは不明だが、衰えゆく秀吉の生存を内外に示す意味あいは認めてよいだろう。秀吉が死去したという噂はいく度となく明や朝鮮にも伝えられた。いずれも希望にもとづく誤報であったが、それらは秀吉の容態に根を持つ情報でもあった。大陸で七月死亡説がささやかれていた慶長三年八月、秀吉は伏見でその生涯を終える。その後、撤兵が進められたが、朝鮮ではこの戦争を通じ、人口が一〇分の一に減少したとされる。

西笑承兌は明と朝鮮が服属したと「戦勝」をアピールし、東国の天台僧の亮弁《りょうべん》も秀吉を「日本・高麗之将軍」と持ち上げたが、彼らとてそれを信じ込んでいたというよりも、秀吉を称えることで、自らの立場を有利なものにしようとしたにすぎない（『学問所記』など）。だからこそ、景轍玄蘇は徳川政権下でも朝鮮との講和交渉にあたり、承兌も慶長九年の孫文《ソンムン》彧《ウク》や惟政の来日と和親締結を「感荷《かんか》にたえず」と褒め称えたのである（「西笑和尚文案」）。

おわりに

壬辰戦争は「豊臣の平和」の理念と実態の懸隔を露呈した場であった。武力侵攻は外交の延長として開始され、自己認識の肥大化と他者への無理解が拍車をかけた。秀吉の掲げた「仁政」は異国の地において、暴力による圧政や略奪、破壊へと逢着する。大陸への憧憬と侵攻の挫折、虚構の「戦勝」と秀吉の死を経て、歪《いびつ》な自他認識が形成され、その土壌に「日本型華夷意識」が芽生えることとなる。国内外に秀吉への怨嗟は募り、諸将の間にも亀裂が広がる一方で、統治の困難さを思い知った大名たちは、民衆と向き合う必要性を学ぶに至った。

はたして、未曽有の国際戦争は、さまざまな意味と局面において、近世日本の国家と社会を規定したといえよう。

〔参考文献〕

跡部　信『豊臣政権の権力構造と天皇』戎光祥出版、二〇一六年
稲葉継陽『日本近世社会形成史論』校倉書房、二〇〇九年
笠谷和比古『関ヶ原合戦と近世の国制』思文閣出版、二〇〇〇年
河添房江ほか編『唐物と東アジア』新装版、勉誠出版、二〇一六年
北島万次『朝鮮日々記・高麗日記』そしえて、一九八二年
北島万次『豊臣政権の対外認識と朝鮮侵略』校倉書房、一九九〇年
久芳　崇『東アジアの兵器革命』吉川弘文館、二〇一〇年

佐島顕子「老いた秀吉の誇大妄想が、朝鮮出兵を引き起こしたのか」『戦国史の俗説を覆す』柏書房、二〇一六年
清水光明編『「近世化」論と日本』勉誠出版、二〇一五年
竹井英文『東日本の統合と織豊政権』吉川弘文館、二〇二〇年
鄭杜熙ほか編『壬辰戦争』明石書店、二〇〇八年
中野　等『秀吉の軍令と大陸侵攻』吉川弘文館、二〇〇六年
中野　等『文禄・慶長の役』吉川弘文館、二〇〇八年
平川　新『戦国日本と大航海時代』中央公論新社、二〇一八年
藤木久志『豊臣平和令と戦国社会』東京大学出版会、一九八五年
藤木久志『雑兵たちの戦場』新版、朝日新聞出版、二〇〇五年
堀　新『織豊期王権論』吉川弘文館、二〇一一年
堀　新「豊臣秀吉の「唐入り」構想」『立正史学』一二五、二〇一九年
村井章介『日本中世の異文化接触』東京大学出版会、二〇一三年
米谷　均「朝鮮侵略前夜の日本情報」『日韓歴史共同研究報告書』第二分科篇、日韓歴史共同研究委員会、二〇〇五年

column I

天下人の装束

寺嶋一根

肖像画のなかの天下人

「天下人《てんかびと》の姿」と問われたとき、思いつくのはどのようなものだろうか。多くの人は、歴史教科書などで目にする織田《おだ》信長《のぶなが》・豊臣秀吉《とよとみひでよし》・徳川家康《とくがわいえやす》の肖像画がまず浮かぶのではないだろうか。例えば、『詳説日本史図録　第九版』（山川出版社）では、織田信長は愛知長興寺《ちょうこうじ》所蔵、豊臣秀吉は京都高台寺《こうだいじ》所蔵（以下、高台寺本）、徳川家康は日光東照宮《にっこうとうしょうぐう》所蔵（以下、日光東照宮本）のものがそれぞれ掲載されている。歴史上の人物を描いた肖像となれば、ついその容貌に気をとられがちであるが、ここではその服装に注目してみよう。

信長はかぶり物をつけない露頂《ろちょう》に萌黄《もえぎ》色の肩衣《かたぎぬ》・袴《はかま》姿、秀吉は後方の纓《えい》（展角《てんかく》）が左右に張り出した形の冠（唐冠《とうかぶり》）に白直衣《のうし》姿、家康は垂纓《すいえい》冠に四位以上を示す黒色袍《ほう》をまとった束帯《そくたい》姿と三者三様の装いである。

戦国の装い―露頂・肩衣姿

信長の着用している袖無し上衣の「肩衣」は、袴と組み合わせ「裃《かみしも》」と呼ばれる礼装となり、こののち江戸城殿中においては通常時の出仕服とされた服装である。肩衣着用の際には、中世武士にとって重要な身分指標であった烏帽子《えぼし》を伴わないという特徴がある。これは、肩衣が本来は軍装で、略儀の装いであったことに由来する。ともに、応仁の乱（一四六七～七七）以降から記録文献上に頻出するようになり、その後の戦乱の多発によって拡大・定着したとされる（柳川真由美「肩衣についての一考察」『史学研究』二五九、二〇〇八年など）。いかにも戦国の世を象徴し、新奇のものを好んだ信長のイメージにふさわしい服装と思われるかもしれないが、実はこれに先行する露頂・肩衣姿の肖像画は足利義晴《あしかがよしはる》像（京都市立芸術大学芸術資料館所蔵）・石川光清像（岐阜・乙津寺《おつしんじ》所蔵）などほかにもみられる。また、二三点確認されている信長肖像画のうち、肩衣袴姿は三例であり、信長一周忌のために制作された神戸市立博物館本などにみられるような垂纓冠・黒色袍の束帯姿が一五例とその大半を占めている（田村英恵「織田信長像をめぐる儀礼」黒田日出男編『肖像画を読む』角川書店、一九九八年）。

朝廷出仕の正装―垂纓冠・束帯

信長に限らず、等持院《とうじいん》所蔵の歴代足利将軍坐像一三体もまた朝廷出仕の正装である垂纓冠・束帯姿をとっており、小早《こばや》川隆景《かわたかかげ》像（京都・黄梅院《おうばいいん》所蔵）はじめ豊臣期以降の近世大名、歴代徳川将軍などの近世武家肖像画では武家の束帯姿は珍しいとはいえない。それはこの装いこそ、生前に彼らが得た高い地位（位階）と格式を何より端的に示すことができるものだからであろう。少しのちのものであるが、寛文四年（一六六四）段階で位階を有した武家は五一九人、これは当時の武家人口全体の〇・〇三五％に過ぎず（藤井譲治「日本近世社会における武家の官位」同『幕藩領主の権力構造』岩波書店、二〇〇二年）、垂纓冠・束帯姿は江戸時代を通じて将軍・大名など領主層の貴種性を示す道具立てとして効果的に用いられたのである。

日光東照宮本は正確にいえば、東照大権現《だいごんげん》として死後に神格化された家康を描いたものである。家康肖像画は数多くの遺品があり、徳川家光《いえみつ》が自身の夢に現れた家康の姿を描かせた霊夢《れいむ》像や民間レベルで独自・私的に製作された画像以外に、徳川政権が正規の画像として「深秘《じんぴ》伝授」の職人たちに一定の仕様（背景などの同一構図、垂纓冠・束帯姿などの同一像容）をもって製作させ、広範に頒布させた画像群が存在する。日光東照宮本もこうした「深秘の画像」の一つである（斎藤夏来「家康の神格化と画像」『日本史研究』五四五、二〇〇八年）。藤原鎌足《ふじわらのかまたり》の神影「大織冠大明神《たいしょくかんだいみょうじん》」や菅原道真《すがわらのみちざね》の神影「天神《てんじん》像」などの男神形《だんしんけい》では、束帯姿で現されるのが一般的であることから、「深秘の画像」の装束はそうした先例に則ったものといえよう（山下立「武将の神格化と新たな神像の誕生」赤松徹眞編『日本仏教の受容と変容』永田文昌堂、二〇一三年など）。

創出された「豊臣家の礼装」―唐冠・白直衣姿

それに対して、家康同様に死後神格化された秀吉の肖像画はどうであろうか。秀吉死去まもなくの慶長期に作成されたことが確認できる二九点のうち束帯姿は二例のみであり、一例は紙形《かみがた》と呼ばれる下絵、もう一例は背景などから神格化表現がない追慕像である。一方、二四例は唐冠・白直衣姿とい

豊臣秀吉像（高台寺所蔵）

う非常に特異な装いをとっている（そのほかに白直衣・垂纓冠姿が三例）。白直衣姿の肖像画は、頬髯《ほおひげ》が印象的な足利義《よし》持《もち》像（神護寺《じんごじ》所蔵）などの類例があるが、唐冠との組み合わせはほかにみられない。また、高台寺本と同系統とみなせる秀吉肖像画（宇和島伊達《うわじまだて》文化保存会所蔵、誓願寺《せいがんじ》所蔵など）の特徴の一つとして、通常の直衣姿ではみられない像主の背面に直衣の裾《すそ》を長く引いたような表現があることがあげられる（寺嶋一根「秀吉肖像画の装束描写についての一考察」『佛教大学宗教文化ミュージアム研究紀要』一八、二〇二二年）。これら肖像画に描かれた装いは、あくまで絵画表現上のものと考えることもできようが、秀吉の場合は実際にそれを着用したことがわかっている（寺嶋一根「装束からみた豊臣政権の支配秩序」『洛北史学』一七、二〇一五年）。

　文禄四年（一五九五）三月二十七日、秀吉は糸毛車に乗り、「両ニ羽アリ、嬰《(纓)》アリ」の大きな唐冠をかぶり、後陽成《ごようぜい》天皇から下賜された引直衣《ひきのうし》に紫色指貫《さしぬき》を組み合わせた装束で参内《さんだい》した（『兼見卿記《かねみきょうき》』）。公家の日常着である直衣を天皇が着用する際には、通常と異なり、下着や袍を袴に着こめず裾を引く特有の着装法をとる。これを引直衣といい、在位のままに崩御した天皇肖像画などはこの姿で描かれる。参内当日に裾をとる役を長岡（細川）忠興《ただおき》が務めていることから、秀吉は下賜された直衣を天皇と同じく裾を引く形で身に着けていたと考えられる（『兼見卿記』）。次に唐冠だが、これは明代に烏紗帽《うしゃぼう》といわれたもので、日本では能楽において唐・神を象徴して用いられていたものである。伝『大外記《だいげき》中原師生母《なかはらもろおかのはは》記《き》』の記述から、秀吉は引直衣下賜の奏請より前に唐冠を入手し、それに日本風の纓を着けるよう命じていること、実際の入手経路は不明なものの、この唐冠は「明からの進物《しんもつ》」と周囲に示されていることから、秀吉の意識としては「唐入《からい》り」や当時講和交渉が行われていた明の「降伏」と唐冠の着用が結びついていたことが指摘されている（遠藤珠紀「豊臣秀吉の唐冠と子息秀頼」『國學院雑誌』一二二―一一、二〇二一年）。

この礼装のうち引直衣は、その後少なくとも文禄五年五月十三日に秀頼《ひでより》とともに秀吉が参内した際、慶長二年（一五九七）五月十七日の秀頼伏見城《ふしみじょう》移徙《わたまし》の惣礼《そうれい》の際にも確認でき、後者では秀吉・秀頼両名が着用している。また、文禄四年段階で秀吉は引直衣の下賜とともに秀頼の叙爵を申請していることから、当初の予定では新たな礼装のお披露目となる参内に秀頼も伴おうとしていたことが推測されている（遠藤珠紀「豊臣秀吉の唐冠と子息秀頼」）。

つまり、最初の参内は結果的にとりやめとなったが、引直衣着用が史料上確認できる三例はすべて秀頼関連の儀礼ということになる。このことから、天皇を象徴する引直衣、明を想起させる唐冠に日本風の垂纓冠の要素を組み合わせた新しいかぶり物というこの装いは、文禄二年誕生の幼い秀頼を念頭に、日明両国の頂点に立つ存在である新たな権力体としての豊臣家をシンボリックに示すために創出されたものと考えられる（寺嶋一根「装束からみた豊臣政権の支配秩序」）。

ここまで、天下人自身の装束についてみてきたが、政権内の身分編成における装束の機能ももちろん重要である。秀吉に臣従した大名や家臣たちは、その奏請により朝廷から官位を得て、それに応じた装束を身につけた。これは公家社会の身分標識として古代より先例が積み重ねられ、入念に編み上げられてきたその身分体系に組み込まれることを意味する。だからこそ、秀吉はその絶対性を示すために先例にない新たな礼装を自身と後継者秀頼のため創出する必要があった。江戸幕府殿中儀礼における装束もまた官位によって区分された。ただし、その官位は禁中《きんちゅう》并《ならびに》公家中諸法度《くげちゅうしょはっと》によって「公家の当官外」とされたものであり、将軍への年始御礼などの殿中儀礼に用いられる装束区分は、武家由来の装束「直垂《ひたたれ》」を最上位に設定し、公家由来の装束「狩衣《かりぎぬ》」をその下に置くという前代までの武家政権にはない画期的なものであった。それは、徳川政権が従来とは異なる独自の支配秩序を築いたことをまさに鮮やかに示すものといえよう。

第3章 幕藩政治の確立

三宅正浩

はじめに

戦国争乱の時代は、織豊政権による統一を経て、それを引き継いだ徳川政権による列島の統合により、長く安定した時代へと移り変わった。その長い安定の背景には、列島を取り巻く東アジアをはじめとした世界情勢、戦国争乱期から天下統一期にかけての社会・経済構造のさまざまな変化など、多くの事柄が存在する。本章では、幕末まで大きく揺らぐことはなかった、将軍を頂点とした武家社会の秩序や幕藩領主による統治に焦点を絞り、近世武家社会の統合と編成、武家を担い手とする近世の政治のあり方の基本は何だったのか、そうしたことを考えていきたい。

近世という時代の政治のしくみ、つまり幕府や藩の政治のしくみの基本形が整えられたのは一七世紀である。もちろん、一八世紀以降にもさまざまな変革がなされたが、おおむね一七世紀に整えられたしくみが原則・先例となり、「近世的」というべき政治のあり方として、幕末期まで政治構造の基底としてあり続けた。

この一七世紀における近世的な政治のしくみの形成と確立の過程について、かつて栗田元次氏は、初代将軍徳川家康《とくがわいえやす》の時期から三代家光《いえみつ》政権期（寛永九年〈一六三二〉～慶安四年〈一六五一〉）までの武断政治が、四代家綱《いえつな》政権期（慶安四年～延宝八年〈一六八〇〉）を起点として文治政治に転換していくという歴史的展開を提示した（栗田元次『綜合日本史大系9　江戸時代上』）。その枠組みは、高校教科書の記述をはじめとして、現在もおおむね継承されている。近年では、政治に限らず社会のあらゆる面が、東アジアの国際情勢の変容を背景に、一七世紀半ばから一八世紀半ばにかけてゆるやかに転換していったという理解（高埜利彦『日本の歴史13　元禄・享保の時代』、同「元禄の社会と文化」）が広く受け入れられているが、その転換の起点となるのも同じく家綱の時代とされる。

一方、政治史の分野において、家光・家綱、そして五代綱吉《つなよし》政権期（延宝八年〜宝永六年〈一七〇九〉）を、連続的に描く研究動向もある（朝尾直弘「将軍政治の権力構造」、三宅正浩「江戸幕府の政治構造」）。そこでは、戦乱の終結をうけ、武家社会の統合・編成が進み、幕藩領主の政治のしくみが次第に整えられていく到達点として家綱〜綱吉政権期が位置づけられる。とくに、幕藩関係のあり方の面でも、藩政のしくみの形成の面でも、おおむね家綱政権期の後半に該当する寛文・延宝期が、のちの時代につながる確立期とされる（福田千鶴『幕藩制的秩序と御家騒動』、三宅正浩『近世大名家の政治秩序』）。

つまり、転換期とみるにせよ、確立期とみるにせよ、近世的な政治の特質を理解するためには、四代将軍家綱の時代に着目し、歴史の流れのなかに位置づけることが重要なのである。近年、前後の時代に比して手薄であった家綱期の政治史に関する著作が刊行され、通説的理解の見直しや新たな史実の発見がなされている（兼平賢治『近世武家社会の形成と展開』、小池進『保科正之』）。こうした諸研究を参考に、本章では、幕藩領主の政治（近世国家の統合・統治のメカニズム）の特質とはいかなるもので、それはどのように形成されたのかという問題を、家光政権期からの展開をふまえつつ家綱政権期に着目して、厳密な実証は今後の課題としつつ、これからの研究の足がかりとしてひとまず素描していきたい。その際、従来は幕政と藩政が別個に論じられてきた傾向が強かったことを意識し、幕藩政治として幕政と藩政を一体としてとらえる視角からみていくことにする。

1 家綱政権期を考える前提

武家諸法度天和令の歴史的意義

天和三年（一六八三）に五代将軍綱吉が発布した武家諸法度（天和令）は、従来の第一条「文武弓馬の道、専ら相嗜《たしな》むべきこと」を、「文武忠孝を励まし、礼儀を正すべき事」に改めたことで知られている。この改訂は、いわゆる文治政治への転換を示すものとして理解され、儒教《じゅきょう》にもとづき礼儀によって秩序を維持するためのものとされてきた。しかし、天和令は、従来の武家諸法度と諸士法度を統合し、両法度の条文を組み込んだものであって、新たな独自の内容は加えられなかった。文治主義的なものととらえられてきた第一条の「忠孝」「礼儀」も、寛永十二年（一六三五）に三代家光が定めた諸士法度の第一条に「忠孝をはけまし、礼法をたゝし」という表現で、すでに表明されていたものである。従来は旗本対象の諸士法度にしかなかった表現が、大名・旗本という武家全体を対象とした天和令に掲げられたことの意義は小さくはない。しかし、両法度は、実態としては、すでに広く武家社会の規範として浸透しており、それを統合して示したことに天和令の本質的意義があったとみるべきである（三宅正浩「武家諸法度と諸士法度」）。

もしも「忠孝」「礼法」に文治主義的な志向性を読み取るならば、家光期にすでに文治政治への舵がきられていたことになるだろう。しかし、そうした理解でよいだろうか。むしろ、武断政治から文治政治に転換するという、従来の理解の枠組み自体を見直さなければならないのではなかろうか。綱吉による天和令は、武家諸法度・諸士法度を合わせてみたとき、家光の段階からの延長線上にある。もちろん、家光期から綱吉期が、連続面が強いのか、断絶・転換した面が強いのかを単純に二者択一で考えるべきではない。家光期に諸士法度で表明された「忠孝」「礼法」といった理念が、家綱期にどのような過程を経て、綱吉期の天和令に至るのかを考えていくことが必要だろう。それは、幕藩政治の担い手である武家の社会のあり方が、どのように変化していったのかを考えることにつながる。

寛文の二大美事と主従関係

近世後期に「寛文の二大美事」と呼ばれるようになる家綱政権期の二つの政策は、当該時期の武家社会のあり方の転換を示すものとされている。寛文三年（一六六三）の武家諸法度に合わせて口頭伝達された殉死《じゅんし》の禁と、寛文五年になされた証人制の廃止である。証人制とは、主として国持大名がその重臣の子弟を幕府への証人（人質）として江戸に置いた制度であった。これらの政策は、家綱政権の「善政」とされ、従来いわゆる武断政治から文治政治への転換を示すものとして理解されてきた。たしかに、これら二つの政策は、いずれも保科正之《ほしなまさゆき》が提唱したもので（『国朝旧章録《こくちょうきゅうしょうろく》』、『家世実紀《かせいじつき》』）、正之の提唱の背景には儒学的思想があったと思われる。

ただ、より重要なのは、この二つの政策には、当該時期における武家の主従関係の変質を反映し、さらに促進する要素が含まれていたことである。殉死の禁は、主君に対する家臣の忠義のあり方を、個人と個人の属人的関係から家と家の永続的関係に転換させることをはかるものであったし、証人制の廃止は、証人を提出していた大名の重臣が大名の「家中」に包摂されたことの反映とみることができる。なお、殉死の禁については、殉死にかえて剃髪《ていはつ》するといった行為を通して、属人的主従関係も近世を通して継続していたことが指摘されている（兼平賢治『近世武家社会の形成と構造』）。証人制の廃止についても、大名の重臣が大名「家中」に包摂されたことを反映して廃止されたとはいっても、「家中」のなかで重臣たる家老はその後も別格的地位を保持し続けた（三宅正浩『近世大名家の政治秩序』）。

高木昭作氏によると、近世武士の主従関係には、大きく二つの類型があるという。一つは出頭人型で、主君の特別の恩寵によって取り立てられ、主君との間に情緒を共有している型である。殉死に向かう主従関係の心性は、この型にのみ存在する。もう一つは、本来は大名と半ば対等の関係にあり、戦場をともにくぐり抜けてきた信頼関係によって主従関係が成り立っていた型である。前者を武士とその率いる集団内部との関係、後者を集団を率いる武士相互間の関係と言い換えることができ、基本的に近世の主従関係は前者に収斂《しゅうれん》していくとする（高木昭作『日本近世国家史の研究』）。実態はこの二類型の折衷を基本とし、さらに複雑であったと思うが、近世の主従制・主従観が、ある程度画一的なものに統一されていくことは事実であり、それを示すものとして殉死の禁と証人制の廃止をとらえることは可能であろう。しかし、この二つの政策を、戦国以来の武断的なあり方を払拭したものと理解することは適切ではない。

殉死と証人制

一般に、殉死は戦国遺風であって、その禁止は文治政治への転換の象徴であるとされる。かつて戦国争乱期に主君の馬前で命をかけた武士の心性が、戦乱が終息した時代の忠義の発露として殉死に向かったというわけである。しかし戦国期には、自らの武功をもって諸家を渡り歩く武士、頼むに足らない主君は主君とも思わない武士も多く存在した。戦国武士の一般的な心性が、戦乱終息後の時代に殉死としてあらわれたとは思えない。近世大名への殉死者は、多い場合でも数十人であり、殉死という行為が武士一般に広がっていたわけではない。殉死した者、あるいはすべきとされた者は、主君から特別な恩寵を与えられた者、とくに、幼少から仕えたり、衆道《しゅどう》関係にあった者であることが知られている。殉死へ向かう心性を有していたのは一般的な武士ではなく、一部の出頭人的な武士たちであった。

歴史的に、殉死は明徳三年（一三九二）の管領細川頼之《かんれいほそかわよりゆき》への殉死が最初というが、それは非常に稀な行動であった。主君の死に際して恩寵《おんちょう》を受けた家臣が死して供をする近世の殉死が発生するのは一七世紀に入ってからで、とくにその風潮が高まるのは寛永後期以降である（山本博文『殉死の構造』）。寛永九年（一六三二）に大御所秀忠《おおごしょひでただ》が死去した際、殉死をしたのは森川重俊《もりかわしげとし》一人であったし、彼の死は、当時の幕府日記には秀忠の死を愁歎《しゅうたん》するあまりの自殺と記録され、必ずしものちの殉死のようにはとらえられていない。しかし例えば、寛永十三年に伊達《だて》政宗《まさむね》が死去した際には一五名もが殉死し、又殉死者（殉死した直臣《じきしん》への殉死）も五名いた。寛永十八年の細川忠利《ただとし》死去の際には一九名が殉死した。そして、慶安四年（一六五一）に三代将軍家光が死去した際には、堀田《ほった》正盛《まさもり》ほか五名が殉死している。寛永後期以降、殉死が急速に流行した。

そして、例えば徳川頼房《よりふさ》や保科正之が家中に殉死を禁じたのが寛文元年（一六六一）で、既述したように寛文三年に幕府が殉死を禁じたわけであるから、殉死は、一七世紀の半ば頃に急激に増加し、ほどなくして禁じられるという一過的な現象だったと理解すべきである。

次に証人制についてみていこう。寛文五年の証人制の廃止時点で、証人を提出していた大名家は三五家であった。しかし、これらの家が同時に証人の提出を開始したわけではない。証人制の成立過程、つまり幕府による証人の徴集は、慶長期に始まり、寛永後期までに段階的になされた。江戸への証人提出のはじめは、慶長四年（一五九九）、加賀の前田《まえだ》利長《としなが》が母芳春院《ほうしゅんいん》とともに重臣とその子を差し出したこととされる。兼平賢治氏によれば、その後、幕府は慶長十四年（一六〇九）・元和元年（一六一五）・寛永十六年（一六三九）に集中して証人の提出を命じたという。慶長・元和期に提出を命じられたのは、豊臣《とよとみ》恩顧大名を中心とする西日本の有力大名であり、東北の有力大名は寛永後期まで証人を提出していなかった。東北大名も含めて証人制が全国化するようになった契機は、家光政権が寛永十五年八月に実施した証人改めである。この証人改めを経て、従来は西日本の有力大名中心であった証人制が、全国政策として展開されたのである（兼平賢治『近世武家社会の形成と構造』）。慶長期には、大御所家康が西国大名を統制・編成し、将軍秀忠が東国大名を統制・編成するという列島の東西を区分して支配する体制が存在した。家光政権期に至っても、寛永十二年の武家諸法度発布後に、全国の大名を東西に二分して交互に江戸に参勤するように指示するなど、なお東西で大名を区分するあり方が残存するが、そうした大名の東西区分はこの頃を境に急速に解消されていく。証人制の全国化もこの流れのなかでとらえることができるだろう。そして、寛文五年に廃止されたのである。

このように、殉死にしても証人制にしても、その淵源は徳川政権成立期あるいは中世までさかのぼることができるものの、近世武家社会の主従制や幕藩関係のなかでとらえれば、家光政権期から家綱政権期半ばまでという、きわめて短い時代の現象・制度として考えるべきなのである。

2 近世的主従秩序の形成

「忠孝」「御為」

寛永十二年（一六三五）六月二十一日、三代将軍家光は武家諸法度を改訂して発布した。この日、江戸城中に集められた諸大名に法度が読み聞かせられたのち、出座した家光は、実子がいまだ誕生していないことにふれ、「この機会に諸大名に誓紙の提出を命じるべきであるが、諸大名との主従関係はすでに家康・秀忠・家光の三代にわたっており、（将軍は諸大名を）疑わしくも思っていないので命じない」と述べた。実際にどう認識していたかはさておき、幕藩関係が安定したことを、上から宣言したわけである。そして、武家諸法度の最終条で「万事江戸の法度の如く、国々所々において遵行すべき事」と定め、幕府法令の遵守、幕政のあり方への準拠を諸大名に求めた。

一方、同年十二月に旗本に発布した諸士法度では、第一条で「忠孝」「礼法」「文道武芸」「義理」を求め、最終条では、伝達したのが誰であったとしても、将軍の「上意」であれば従わなければならないとした。主君絶対の主従観念、武士のあるべき姿を規範として示したといえる。将軍—大名関係を含めた武家社会の主従関係を、固定化・絶対化しようとする志向性が際立ってくるのがこの時期である。

大名家でも同様の傾向が確認できる。寛永十九年六月、寛永飢饉の最中、江戸から帰国した池田《いけだ》光政《みつまさ》は、池田出羽・伊《い》木《ぎ》長門《ながと》・池田河内の三名を仕置家老《しおきがろう》に任じ、「我口まね」をすることを命じた。岡山藩池田家における家老政治の導入である。家老に政務を任せてしまったわけではない。あくまでも光政の下で、その意に沿って諸事を取り計らうことを求めたのであり、それが「我口まね」であった。同時に、光政が彼ら三名に提出させた誓紙には、第一条に「御為如在存ずまじき事」とあり、彼らの「私意」を否定し、「御為」＝主君光政のための論理が絶対的な規範として掲げられていた。

光政は、家老三名は「何れも家久しき仁」＝代々の家臣であるから「我等為《光政》」にならないことを考えるわけはなかろうと述べる。池田家が織豊期に大名に成り上がって以降、主従双方がいく度かの代替わりを経ているという歴史的経緯を前提に、主君「御為」という規範を、上から押しつけたわけである。これに対し、家老たちも、「御為」にさえなれば、自身のことは「第二」にすると誓っている。ただ、家老たちの勤めぶりは、光政の理想とは違う部分が多かったようで、以後、光政は家老のあり方について教諭を繰り返すようになる（『池田光政日記』）。

このように、幕府でも大名家でも、主君絶対の主従観が規範として打ち出されるのが寛永年間（一六二四〜四四）頃なのであるが、それがすぐに武家社会全体に共有されるものとなったわけではない。戦国期から織豊期にかけて、武功を掲げ、それを認めてくれる主君を求めて諸家を渡り歩いた武士が多くいた。こうした渡り者のような気風を持つ武士がいまだ存在していたのが寛永期で、そうした気風は、しばしば主従対立をもたらし御家騒動に至ることがあった。しかし、御家騒動の時期的段階差を示した福田千鶴氏によれば、寛永期の後半になると、幕府は主従制を絶対化する方針を打ち出すようになり、寛永十七年に決着した生駒《いこま》騒動・池田騒動を画期として、主従対立を原因とする騒動に対して主従双方を罰し、主従制への戒めとする対応をとるようになっていくという（福田千鶴『御家騒動』）。

「代々」の論理

このような寛永後期頃の上下の秩序をめぐる政治理念は、眼前の政治課題の解決のために導入されていく老中制や家老政治を軸とした政治機構の整備と相まって打ち出されたものである。そのことを忘れてはなるまいが、ここではひとまず、家光政権期の終わり頃から家綱政権期にかけてさらに顕著になる、上下の秩序をめぐる政治理念を論理化して説明する傾向について、近世武家社会の秩序形成の視点からみておきたい。

慶安二年（一六四九）三月、池田光政は江戸に向けて岡山を発つ直前、重臣たちに国を治める心構えを説く。それは、「光政の領国は光政の国ではなく、将軍から国を安穏に統治する奉行として任命されたのが大名であり、したがって、その国を役人としてよく統治するのが家臣たちの光政に対する奉公であり、それが光政の将軍に対する奉公につながるのだ」というものであった（『池田光政日記』）。また、承応三年（一六五四）八月、領内の洪水への対処をせまられるなかで、光政は家老たちに対し、家中の手本となることを求める。そこで語られる論理は、「光政を将軍に対する不忠者にしないように勤めるのが、代々久しく池田家に仕える家老たちの責務であり忠節だ」とするものであった（同前）。主従関係が代を経て続いたことを前提として、こうした論理は語られた。光政のこのような政治理念の形成においては、儒学あるいは「太平記読《たいへいきよ》み」の影響も想定することが必要である。しかし本章では、こうした理念が、近世初頭から数十年が経過して、主従ともに代を経た段階のものとして現出してきたことに、より注目しておきたい。武家諸法度発布の際に家光も語ったような、いわば「代々」の論理である。

「外聞」

光政が語るような政治理念は、他の大名家でも確認できる。例えば、津藩藤堂家《つはんとうどうけ》で、ほぼ同時期に語られた「殿様は当分の御国主、田畑は公儀の田畑」「御国は上様の御国にて、殿様は当分の御給人」（『宗国史《そうこくし》』）はよく知られている。しかしながら、主体的に政治理念を形成して家中・領民に教諭し、それにもとづいて政治機構を整えていった大名は、一部にとどまるように思われる。では、家光政権期から家綱政権期にかけて、幕政と通底し、全国的に共通性を有する均質的な政治秩序・政治機構が、諸大名家で導入されていった要因をどう考えるべきだろうか。

それは、「外聞《がいぶん》」を意識し、横並びを志向する同調的な行動であったろうと考える。徳島藩蜂須賀家《はちすかけ》で、寛永後期に家老仕置制を導入する理由として提示されたのは、「世上の聞こえ」＝外聞であった。近世前期の大名の行為を制約する規範として、「外聞」「恥」「取沙汰《とりざた》」などが重要であったことはすでに指摘されている（藤井讓治「近世前期の政治思想」）。それは戦国以来の武士の心性でもあったろうが、加えて、近世初頭の幕藩間の緊張関係のなかで大名側が他家の動向を過度に気にしつつ、強く意識されるようになったものであろう。とくに、キリシタン禁制・奢侈《しゃし》統制・領国統治重視といった公《こう》儀《ぎ》の意向を、全大名に一律に押し及ぼそうとする将軍家光の志向性が、それを促進したことは間違いない。諸大名は、政権に近い人物に指導を仰ぎ、大名同士で情報交換しながら対処するなかで、政治のあり方を横並びにしていき、その過程で政治理念をも共有していったのだろう（三宅正浩『近世大名家の政治秩序』）。

そして、そうしたことは幕府側もよく認識していた。例えば寛永二十一年（一六四四）六月、東照宮《とうしょうぐう》を岡山に勧請《かんじょう》したいという希望を伝えた池田光政に対して、幕閣の酒井忠勝《さかいただかつ》は「そうするのがよいと忠勝が述べたならば、全国の大名が残らず勧請することになるだろうから、勧請するのはよいが、なるべく簡素にして、幕府の指図によって勧請するわけではないということを心得ておくように」と返答している（『池田光政日記』）。

大名たちが「外聞」を気にして同調的な行動をとることを、幕府側が強制したり強く求めたりしていたわけではなかった。しかし、公儀の意向が一律に全国に及んでいくなかで、武家社会の均質化は着実に進展していく。

3　幕藩領主の世代交代と意識変化

武功への憧憬

家光政権期から家綱政権期に至る時代を、近世武家社会の歴史的展開のなかでどうとらえるかについて、当該時期を生きた武士の、世代の違いに着目して考えてみたい。まず、家光政権期の前半にあたる寛永後期は、天下統一期の戦乱を知る世代が生存していた最後の時代であるという（平野仁也『江戸幕府の歴史編纂事業と創業史』）。

小倉藩《こくらはん》小笠原《おがさわら》家の記録には、次のような出来事が記載されている。寛永十七年（一六四〇）、小笠原忠真《ただざね》の江戸屋敷に招かれた堀田正盛は、忠真が大坂の陣で着用した具足をみせてほしいと頼んだ。忠真は渋ったが、別の客が小笠原家の家臣に指示して具足を用意させてしまった。正盛は、忠真の具足を床の間に置き、拝礼したのちに小刀で具足に染みついていた忠真の血糊を削り、飲み込んだという（「御当家続史」）。忠真は、初陣であった大坂夏の陣において、兄忠脩《ただなが》が戦死し、父秀政《ひでまさ》が重傷を負う（のちに死去）という激戦のなか、自身も重傷を負いながら戦い続け、戦後に家康から「鬼孫」と激賞された経歴を持つ。正盛の行動は、こうした忠真の武功にあやかろうとしてのものだろう。この年、忠真は四五歳、一二歳年下の正盛には戦陣の経験はない。戦陣経験があり、しかも名高い武功をあげた武士で生き残っている者が少なくなったなか、戦陣を知らない世代には武功への憧れがあったのだろう。

将軍家光にも同様の志向があったと思われる。この頃、家光は江戸城の黒書院《くろしょいん》にて、御咄衆《おはなししゅう》と呼ばれる人びととしばしば会談していた。この御咄衆のメンバーは必ずしも固定されていたわけではなかったが、年齢順に主立った者をあげると、立花宗茂《たちばなむねしげ》・有馬豊氏《ありまとようじ》・丹羽長重《にわながしげ》・堀直寄《ほりなおより》・毛利秀元《もうりひでもと》・細川忠利・加藤明成《かとうあきなり》らとなる。いずれも戦乱の時代をくぐり抜けてきた歴戦の武将かその子であり、全員が戦陣経験を持つ。戦陣経験のない家光が彼らとどのような話をしたのかは推測するしかないが、御咄衆として武功を持つ大名らを遇していたことは興味深い。

家光の御咄衆として名前をあげた者のうち、毛利秀元・加藤明成以外は、すべて寛永十年代に死去する。寛永年間、とくにその後半は、かつての戦乱を知る世代が次々に世を去っていく時期で、戦陣経験のない世代が多数を占めるようになっていった時期なのである。この世代は、戦乱を生き抜いた祖父・父・家臣たちに囲まれて成長したが、自身に戦陣経験はない。そうした世代の武士たちは、武功に憧れ敬意を持つという心性を有したと思われる。こうした世代の一部が、殉死という行動に向かったと考えられるのかもしれない。堀田正盛もその一人であった。

武功とその価値

戦陣経験を持つ者が少なくなり、武功の稀少価値が高まっていたのは、大名家でも同様であった。寛永二十一年（一六四四）八月、池田光政は家臣に対し、先祖・本人の勲功を詳しく書いて提出することを命じた。同様の書き上げ提出は、のちの寛文年間（一六六一〜七三）にも実施され、家中の家譜としてまとめられる（「家中諸士家譜五音寄」）。記載が求められた勲功は武功に限るものではなかったが、この光政の命をきっかけに、池田家中では一つの争論が勃発した。大坂の陣で豊臣方の木村重成《きむらしげなり》の麾下《きか》で戦った斎藤加右衛門という武士が、同じく草加五郎右衛門と、当時の一番槍が誰であったかをめぐって、書き上げにどう記載するかで争ったのである。池田家では、両名と同じ戦場で戦った若松一郎兵衛や瀧並弥八郎らの証言も得て、両者の武功を判定しようとした（『池田光政日記』）。池田家中には、大坂の陣で戦った豊臣牢人が複数召し抱えられていたわけであり、この争論の経緯からみて、武功こそが彼らの重要な価値であったのだろう。大坂の陣から数十年の時が経ち、かつての戦陣を知る武士が少なくなってきた段階において、改めて過去の武功を再確認して記録することが重要視され、こうした争論につながったと考えられる。

一方、寛永十四年から翌年にかけての島原《しまばら》の乱は、大坂の陣のような全国的軍事動員がなされたわけではなかったが、牢人が仕官のための武功を立てる最後の機会であった。ただ、もはや武功のみで仕官できる時代ではなくなっていたともいう（木村直樹「島原の乱と牢人」）。寛永後期は、戦陣経験を有する武士が少なくなり消えつつあった時代であり、だからこそ武功への憧れが高まり、その価値が高まったといえる。しかし一方では、実際には群を抜いた武功を持つ武士はいなくなりつつあり、武功のみによって登用できる武士は、ほとんどいなくなっていた。

こうした時期に、幕府による「寛永諸家系図伝」が編纂され、諸大名の先祖以来の徳川将軍家への武功を含む忠勤が再確認された。この動きは、先述の池田光政による家中家譜など、一七世紀半ばから一八世紀初頭にかけての諸大名家における家臣団の系譜編纂開始の動きへと伝播し、展開していく。そこでは当然、自身の勲功よりもむしろ先祖の勲功、なかでも武功が再確認されることとなる。新たに武功を立てることができない以上、当然だろう。こうした動向が、近世武家社会の主従関係を、代を経たことを前提とした関係、言い換えれば属人的関係から家と家の永続的関係へと変化させた一つの重要な要因だったのではないだろうか。前項で述べたように、幕藩関係・主従関係の安定を説く際に、「代々」の関係を強調した論理が語られた。武功が先祖のものとなりつつあった寛永後期は、「代々」の関係への転換の起点となる時代だった。

江戸育ち世代へ

幕藩領主の世代の問題を考えるうえで、戦乱からの〝距離〟とともに注目すべきは育った環境である。寛永期の大名たちの多くは、のちの大名のように江戸育ちではなかった。たとえば、池田光政は、慶長十四年（一六〇九）に岡山城で生まれた。父は利隆《としたか》、母は譜代《ふだい》榊原康政《さかきばらやすまさ》の娘で、秀忠の養女として利隆に嫁いだ鶴《つる》であった。のち光政は父利隆の移動に伴い岡山から姫路《ひめじ》に移るが、いずれにしても国元育ちである。光政より二歳下の蜂須賀忠英《ただてる》の場合も、慶長十六年に国元徳島で生まれている。さて、この忠英の姉三保《みほ》は、元和二年（一六一六）に岡山城主池田忠雄《ただかつ》に嫁いだが、それは徳島から岡山への輿入れであった。忠英の妻繁は、譜代小笠原忠脩の娘で、家康の血を引く女性であったが、寛永六年（一六二九）、当時は播磨国明石城主であった叔父小笠原忠真の養女として、明石から徳島に嫁いでいる。翌年、忠英夫婦は揃って明石を訪問し、忠真もまた同年に徳島を訪れた。この頃までは、いまだ多くの大名妻子が国元で暮らしており、相互に訪問しあうこともあったのである。

全国の大名の妻子が江戸に居住するようになるのは寛永期以降である。一部の大名は、慶長五年の関ヶ原の戦い前後から、親族を人質として江戸に住まわせるようになるが、その傾向が強まるのは慶長後期から元和期にかけてである。諸大名が江戸に屋敷を与えられるようになり、慶長二十年に大坂夏の陣で豊臣家が滅びると、その動きは一気に加速した。ただし、それは幕府が全大名に対して一律に命じるような形ではなく、個々に内々のルートから妻子の江戸移住をうながすようなものであったという（山本博文『江戸城の宮廷政治』）。こうした幕府の方針をうけ、例えば細川忠利は元和七年に嫡子六丸《ろくまる》（のちの光尚《みつなお》）を、同九年に妻を江戸に移している（『大日本近世史料　細川家史料』）。一方、蜂須賀忠英は、寛永八年に妻子を江戸に移住させた。忠英の子光隆は、生まれこそ徳島であるものの、二歳で江戸に移住し、江戸で育つ。もはや江戸育ち世代といってよかろう。

寛永十一年八月には、上洛中の将軍家光が、譜代大名に対して妻子を江戸に移住させるように命じた。大名妻子の江戸移住は一度になされたものではなかったが、寛永年間（一六二四～四四）の半ばには、ほぼすべての大名家で実施されたようである。つまり、おおむね寛永年間生まれ以降の世代が、江戸育ちの世代ということになる。ちなみに、この世代は、多くが家光政権期に元服するので、国持大名などの場合には家光から偏諱《へんき》をもらい、「光」を諱《いみな》に含むことが多い。この「光」世代は、戦乱を生き抜き近世大名として生き残った初代の子として生まれて国元に育った「忠」世代を親に持つ。この家光政権期の終わり頃から家綱政権期にかけて、多くの大名家で「光」世代が当主になっていく。江戸育ち世代への入れ替わりはこの時期であり、おおむね家綱政権期以降が江戸育ち世代の時代なのである。

縁戚関係の広がりと江戸社会

江戸育ち世代に特徴的なのは、近世初頭から代を経た結果として、徳川の血を引く者が増え、加えて相互に縁戚関係を有する者も多くなることである。徳川家康と秀忠は、合わせて数十名にも及ぶ実娘・養女を、国持大名を中心とした全国の大名に嫁がせた。彼女らを母として誕生した世代が当主となっていくと、全国の多くの大名が何らかの形で徳川将軍家と縁戚関係にある、という時代が訪れる。

正保元年（一六四四）、蜂須賀忠英は、次男万之助《まんのすけ》（のち隆重《たかしげ》）を将軍世子竹千代《たけちよ》（のちの家綱）の小姓として奉公させることを願い出て許された。家光からは、「先代至鎮《よししげ》の大坂陣での軍功にもひとしい奉公である」との上意があったという。出仕に伴い、翌年、万之助は自身の親類書（続書）を幕府に提出した。そこに書かれた万之助の親類をみていこう。まず、祖母「阿波守母」は、小笠原秀政の娘で、家康の養女として祖父至鎮に嫁いだ敬台院《きょうだいいん》である。父は「阿波守」＝忠英、母「小笠原先信濃守娘」は先述した繁で、豊前中津《なかつ》の小笠原長次《ながつぐ》の姉にあたる。同腹の兄はのちの光隆《みつたか》で、ほかに別腹の弟二人・妹一人が記されている。次に、母方の伯父として、小笠原長次・同長安《ながやす》・同長宣《ながのぶ》とある。母方の祖母の円照院《えんしょういん》は、家康の曽孫で譜代本多《ほんだ》忠政《ただまさ》の娘であり、忠脩との間に長次を、忠脩の死により弟の忠真に再嫁して長安・長宣を産んだ。

同じく母方では、伯母としては忠真の娘二人が、父方の伯母としては、忠英の妹にあたる「水野《みずの》出雲守《いずものかみ》（成貞《なりさだ》）妻」が記される。先述したように、父忠英の姉三保が池田忠雄に嫁いだので、父方の従弟は、因幡鳥取の池田光仲《みつなか》とその弟仲政《なかまさ》、および水野成貞の男子三人・女子四人、母方の従弟は、小笠原長次の男子一人・女子二人とある（阿波徳島蜂須賀家文書）。以上のように、万之助の親類は、親類書に書き上げられた近い親類だけでも譜代の小笠原家・鳥取池田家、旗本の水野家と、当時の武家社会に広く存在したことがわかる。

そもそも蜂須賀家の場合、至鎮の妻であった敬台院は、家康の嫡男信康《のぶやす》の娘を母とし、家康の養女として嫁ぎ、忠英を産んだ。そして同じく信康の娘と譜代の本多忠政の間に生まれて、小笠原忠脩・弟忠真とに嫁いだのが円照院であり、その娘が忠英に嫁いで生まれたのが、光隆と万之助だったのである。この時代には、徳川の血が、とくに母系を通して広範に大名社会に広がっていた。

さて、家綱の小姓となった万之助は、成長したのち、幼少で光隆の跡を継いだ甥綱通《つなみち》を後見する。さらに、次代の同じく甥綱矩《つなのり》の後見もつとめた。徳川の血がさまざまな大名家に入り、代を経ながら互いに婚姻を繰り返した結果、近世初頭から数代を経た家綱政権期に至るころには、いずれの大名家でも、親類集団たる一門が江戸の武家社会のなかに形成されていた。隆重の場合は同姓だが、他姓も含めた一門による後見が、大名家の安定的相続に果たした役割は大きい。江戸に結集した近世武家社会の、こうした特質をおさえておくことが重要である。

4　幕藩政治の安定化と先例・記録

幼少将軍の政権

慶安四年（一六五一）、将軍家光が死去し、家綱がわずか一一歳で将軍となった。先述したように、寛永十二年（一六三五）の武家諸法度発布に際して家光は、跡継ぎ不在を懸念しつつも、将軍への忠誠を誓う誓紙は、三代にわたって徳川将軍に従ってきた大名たちであるから提出不要と述べた。「代々」の関係を強調して幕藩間の秩序の不動をアピールしたものだったといえるが、この発言は一方で、将軍家光にとって跡継ぎ問題が大問題であったことを示す。その後、幸いにも嫡子家綱が誕生したわけだが、その家綱が幼少で将軍を継がざるをえなかったことは、やはり大きな問題と周囲からも認識されていた。幕政に参与していた井伊《いい》直孝《なおたか》は、国元の重臣たちに送った書状において、キリシタン改めを「大猷院《たいゆういん》様（家光）御代」と変わることなく念を入れるように指示し、「御幼少の上様」であるからなおさらである」と述べている（『久昌公御書写』）。家綱が幼少であることは、幕藩領主たちに強く意識されていた。

こうした幼少将軍の家綱政権を支えたのは、家光期から幕政に携わっていた井伊直孝・酒井忠勝・松平信綱《まつだいらのぶつな》・阿部《あべ》忠秋《ただあき》に加え、家綱の叔父にあたる保科正之や尾張・紀伊・水戸の徳川御三家《ごさんけ》による後見であった。世子の時期から家綱付であった松平乗寿《のりなが》が老中《ろうじゅう》に加わったものの、家綱の小性《こしょう》あがりの出頭人《しゅっとうにん》たる者は、いまだ政権に加わっていなかった。出頭人不在の集団指導体制であったといえる。注目すべきは、その後、承応二年（一六五三）に、酒井忠清《ただきよ》が老中に抜擢されたことである。しかも、いきなり筆頭老中となり、年上の他の候補者をとばしての就任であった。これは、酒井家の家柄が考慮されたものといえ、前代とは登用のあり方が少なからず変化している。ここにも「代々」の論理の浸透をみてとることができる。

慶安事件など、代替わりに伴う動揺がまったく生じなかったわけではないが、危機といえるほどの危機はなく、幕府政治は揺らがなかった。将軍家綱が幼少であっても、安定した政権運営ができる段階に到達していたのである。このことにも留意しておくべきだろう。幼少政権の存立を可能たらしめたのは、老中制を軸とした機構支配、主従双方が代を経た幕藩関係の安定・恒常化、そして将軍を集団で後見できる御三家をはじめとした徳川一門の存在であった。

幼少当主の常態化

大名家の幼少相続の事例は、近世初頭から存在する。例えば、元和六年（一六二〇）に阿波徳島の蜂須賀至鎮が死去したのち、跡を継いだのは一〇歳の忠英であった。そこで、存命であった祖父の蓬庵《ほうあん》（家政《いえまさ》）が後見した。この場合は、幼少当主を後見できる人物が大名家内に存在したので、幼少でも家を保つことができた。

しかし、幼少当主で家中が不安定になり、御家騒動に至った事例も多い。また、幼少相続を理由として転封《てんぽう》となった事例も多い。例えば、元和二年、播磨姫路の池田利隆が死去し、嫡子光政は八歳で家督を相続したが、翌年には幼少を理由に因幡鳥取に減転封となった。寛永九年（一六三二）、備前岡山の池田忠雄が死去し、跡を継いだ光仲は三歳であったため、光政と入れ替わりで鳥取に国替えとなり、かわりに光政が岡山に移った。

このような状況を背景に、慶安二年（一六四九）に死去した肥後熊本の細川光尚は、跡継ぎが幼少であることを理由に遺言で領地返上を幕府に願い出たが、幕府は遺領相続を許可し、綱利《つなとし》が七歳でそのまま領地を継承した。将軍家光は、肥後へ国目付《くにめつけ》を派遣するとともに、綱利宛の黒印状を発給した。その黒印状は五ヵ条からなり、第一条では家中と国中の仕置を先代光尚のときの通りにすること、第二条では家老たちが相談して仕置をし、決め難いことは親類小笠原忠真の指図を受けるか、幕府に言上することが定められていた。この黒印状の内容は、ほぼ同文言で家綱政権期に幼少相続がなされた毛利家・上杉家《うえすぎけ》・有馬家・前田家などにも発給され、内容が踏襲されていく。

大名家の幼少相続時に、幕府が国目付を派遣して監察する制度が成立するのは、家光政権期初頭のことで、家光政権期末から家綱政権期にかけて、幼少相続への幕府の対応が確立する。その原則は、近世初頭から変わらず「先代の如く」という先例主義であったが、「代々」の論理が浸透しつつあった時代、「先代の如く」の文言は、より重いものとなっていただろう。この時期に幼少相続が安定的に実現できるようになったのは、こうした幕府権力のバックアップに加え、家老を中心とした藩政機構が成立していたこと、幼少当主を後見しうる親類大名集団（大名一門）が形成されていたことが大きい。家綱政権期頃から、幼少相続はもはや大きな危機ではなくなっていくのである。

先例主義と記録作成

幼少相続に際して将軍が新当主に発給した黒印状のうち、慶安四年（一六五一）の松平（毛利）千代熊《ちよくま》宛、承応二年（一六五三）の上杉喜平次《きへいじ》宛、明暦元年（一六五五）の有馬松千代《まつちよ》宛のものは、同時に出された国目付宛の文書とともに、近世中期に編纂された幕府法令集である「武家厳制録《ぶけげんせいろく》」に収録されるなど、武家諸法度をはじめとした幕府法令と同様の位置づけで先例化し、諸大名家に流布する。家綱政権の発給したこれらの文書が、文言・内容が定型化したものとして、幼少相続時の幕府法令の到達点として収録され、先例化したといえるだろう。実際、例えば天和二年（一六八二）、国目付派遣に際して出された保科正容《まさかた》宛の綱吉黒印状（『会津藩家政実紀』）は、これらを踏襲している。

寛永十九年（一六四二）に池田光政が家老政治を導入した際の、家老三名から提出させた先述の「御為」絶対の誓紙は、慶安四年（一六五一）・延宝八年（一六八〇）・元禄二年（一六八九）・同十年と、その後も同じ文言が踏襲されていった。また、万治二年（一六五九）に、蜂須賀光隆が江戸に向けて国元を出船する直前に、留守の政務を任せる仕置家老に発給した留守中法度は、その文言がその後も踏襲されていった（三宅正浩『近世大名家の政治秩序』）。大名家でも、やはり家光政権期終わり頃から家綱政権期にかけて、法度や規定の文言が定型化して踏襲されるようになる。この時期に定められ形成されたあり方が、のちの時代の規範となるのである。

つまり、家綱政権期頃から、幕藩政治における先例主義的傾向が格段に強まるわけで、政治秩序の伝統化とでも呼ぶことができるだろう。これは、先例として参考とすべき記録を整備する動きにつながっていく。

例えば、萩藩《はぎはん》毛利家では、明暦～寛文期頃（一六五五～七三）に諸事の記録を担う役職が設置されたという。弘前藩《ひろさきはん》津軽《つがる》家《け》では、寛文元年（一六六一）に日記役が設置され、国日記の作成が開始された。米沢藩《よねざわはん》上杉家でも、寛文年間（一六六一～七三）に年譜の編纂が開始され、諸事の記録を担う記録方も同時期に成立した（国文学研究資料館編『幕藩政アーカイブズの総合的研究』)。諸大名家における諸記録の継続的作成開始というこうした現象は、この時期に政治機構の整備が進んだことで、それまでの役職担当者による私的な記録が、役所で作成され書き継がれる公的な記録に置き換わったととらえることができる。つまり、藩政機構が整備されたことによって、記録の恒常的・体系的作成が始まったわけだが、「代々」の関係が継続したことを背景に、政治秩序が伝統化し、先例主義的傾向が強まったことが、それを促進した側面を見逃すべきではなかろう。

5 武家社会の秩序形成と幕藩政治

家柄・序列・格式

家光政権期の寛永二十年(一六四三)に完成した「寛永諸家系図伝」は、その序文に「諸大小名・御譜代・御近習・御《ご》番衆《ばんしゅう》等およそ恩録をかうむるもの、大小となくみな其系譜をささぐる」とあるように、武家が徳川将軍との関係に応じて区分けされ、すべてが将軍から「恩録」をいただく存在として位置づけられたものである。将軍を上位とする上下の関係が、属人的なものではなく、代を経た家筋として明示されたことは、武士たちに自らの家の由緒・家柄を強く意識させるようになっただろう。

参勤交代制が定着し、江戸育ちの世代が多く当主になっていった家綱政権期には、将軍のもとに編成され、江戸の武家社会で暮らし、定期的に江戸城に登城する大名・旗本たちの間では、序列や格式がより重視されるようになる。江戸城中の殿席《でんせき》(大名が控える部屋で、家格・官位・役職などで序列化された)は、それが可視化された最たるものだろう。殿席制の形成過程については不明瞭な部分が多く、その解明は今後の課題である。ただ、万治二年(一六五九)、元服した家綱がそれまで居住していた江戸城西丸から本丸に移徙《いし》し、それにあわせて江戸城に詰める諸役人の城中での座席が定められたことは一つの画期とみてよいだろう。また、これに先立ち、同年には入番制も定められる。大番《おおばん》などの番士や遠国役人・目付らの子弟を「筋目」によって定められた番に自動的に入番させるもので、家柄が重視され、家格の形成につながるものである。先述した酒井忠清の老中登用もそうであったように、この時期から家柄による登用が目立つようになる。これを出頭人政治に対する「門閥譜代の台頭とまき返し」とするとらえ方もあるが（朝尾直弘「将軍政治の権力構造」）、近世中後期につながる家柄認識、譜代という意識自体が、この時期から形成されたと考えるべきだろう。そして、寛文三年（一六六三）の家綱による諸士法度では、最終条が、前代の「上意に背かないこと」から、「家業を油断なく勤めること」に変わる。

武家の家柄を重視する動きと同時期、幕府機構の整備もさらに進む。寛文二年二月には、若年寄《わかどしより》が成立し、老中との支配分掌が定められた。寛文四年には、評定所《ひょうじょうしょ》の制と老中奉書制が定められ、翌年・翌々年には各役職の役料が支給されるようになる（藤井讓治「家綱政権論」）。

寛文四年四月の寛文印知《かんぶんいんち》は、一万石以上の大名と公家・寺社に対して一斉に領知宛行状《あてがいじょう》を発給したものである。これは、日光《にっこう》社参・武家諸法度発布を終えた家綱政権が、全国の諸大名との主従関係を再確認するものであったが、石高による序列を前代よりもいっそう明確に示した点において、諸大名が将軍の臣下として一律化されるとともに、その集団内部での序列を意識させる方向にうながすものでもあった。また、家柄の重視は、いわゆる譜代・外様《とざま》区分の成立にもつながる。武家集団が将軍のもとに一律に編成されつつ、その内部での序列・格式が強く意識されるという、近世武家社会の秩序形成が急速に進んだのが、同時に機構整備が進められたこの時期であった。

松江藩松平家の寛文・延宝期

近世を通して、全国の大名家では、分限帳《ぶげんちょう》・侍帳《さむらいちょう》などと呼ばれる家臣団名簿が作成されることが一般的であった。これは、本来は軍事動員のための名簿といえ、当該大名家の軍事編成を示すものである。ここで、その一例である松江《まつえ》藩《はん》松平家の給帳《きゅうちょう》の記載方式の変化に着目しよう。

松江藩では、おおむね歴代藩主ごとに給帳が作成された。最初に作成されたのは寛永十六年（一六三九）である。この寛永給帳では、大番六組をはじめとして、番頭《ばんがしら》を筆頭に組ごとに家臣名が列記され、役職就任者は氏名の右肩にその職名が注記された。これは、組編成という軍事編成を基礎とした記載であり、家臣団はあくまでも軍団として把握されていたことを示している。それに対して明暦年間（一六五五〜五八）に作成された明暦給帳では、寛永給帳では後ろに記載されていた家老ら重臣が冒頭に記載され、番頭も組ごとではなく冒頭にまとめて記載されるように変化した。家臣団の序列をより明確に示すようになったといえる。そして、延宝二年（一六七四）作成の延宝給帳では、藩政機構を担う役職就任者は軍事編成の組から外され、家老・番頭と同様に部分けして記載され、その後ろに、組編成された家臣が組ごとに記載されるようになる。つまり、ほぼすべての家臣団が軍事編成（組編成）され、組に所属しながら藩政機構の役職も兼帯していたあり方から、役職に就任している者と組編成されるものに区分けされて家臣団が把握されるように変化したわけである。家臣団編成において、軍事よりも政治が優先されるようになったのであり、いわゆる役方《やくかた》と番方《ばんかた》という区分観念が生まれる前提が用意されたのが、延宝給帳の時期であったといえるだろう（『松江市史 通史編三近世一』）。

この延宝給帳が作成されたのは二代藩主綱隆《つなたか》の時代である。綱隆は寛文六年（一六六六）の代替わり直後、家中に対して五ヵ条の「条々」を示し、それがのちに松江藩の法令集に収録され、家中統制の基本法として受け継がれる。この「条々」は「忠孝を励まし、礼法を正し、公儀より仰せ出さる御法度の趣および先規の諸条目、堅くあい守るべき事」という第一条から始まる。幕府の諸士法度と同じく「忠孝」「礼法」がうたわれ、幕府法令と先代以来の法令を守ることを求めた。また、その翌年には、「寛永諸家系図伝」編纂にも関わっていた松江藩の儒者黒沢石斎《くろさわせきさい》に、「諸士先祖書」の編纂を命じた。家中の由緒・家柄が、藩主への奉公の経歴として記録され、固定化していくのがこの時期なのである。こうした綱隆期を経て、次代の綱近《つなちか》期の延宝五年には、松江藩で初と思われる知行宛行状の一斉発給がなされる。おそらく幕府の寛文印知を意識してなされたもので、高禄家臣に対しては判物、そのほかは黒印状が用いられ、主従関係と家中の序列が再確認された（同前）。

中村藩相馬家の藩政確立

中村藩相馬《なかむらはんそうま》家《け》では、明暦年間（一六五五〜五八）に検地と知行制改革が実施され、検地によって領内の高を確定し、家臣の知行地の割り替えが行われた。家臣団の知行地設定は、くじで決められ、一〇〇石以下の小録の家臣の知行地は、城下に近い地域にまとめられた。地方《じかた》支配の画一化を図りつつ、家中の再生産維持の実現がめざされたといえるだろう。そして、明暦四年（一六五八）に初の知行宛行状の一斉発給（家中二五三人・在郷給人三〇一人・寺社七七）が実施され、主従関係が再確認されたのである。こうした動きは、政治機構の整備と連動していた。遅くとも明暦二年以降には、中村城下の大《おお》手前《てまえ》に設置された会所《かいしょ》で、毎月七・十七・二十七日の月三回の評定が開かれた。評定の構成員は、老中（家老）・郡代《ぐんだい》を中心として、組頭・物頭・町奉行などが加わっていたようで、領国支配と家中統制に関わる案件が、同時に処理されていたことがわかる（『原町市史　第一巻通史編一』）。

これらを推し進めたのは、相馬忠胤《ただたね》である。忠胤は、慶安四年（一六五一）に死去した相馬義胤《よしたね》の末期養子として譜代の土屋《つちや》家《け》から相馬家に入った。この忠胤の政治理念を示すものとして、明暦二、三年頃に郡代二名に宛てた書状がある（『相馬市史　五』）。忠胤は、自身が不自由になったとしても百姓がくつろぐことができればそれでよく、「我等領分の六万石は全く我一人の六万石に非す、六万石の六万石」と述べる。領知・領民を私物と考えない点で、先述した池田光政の政治理念と共通性を持つ理念だろう。また、寛文二年（一六六二）四月には、参勤交代で江戸に向けて出発する前日、忠胤は家老たちに自筆の書付を示している。そこでは、寄合すなわち合議を基本として忌憚なく話し合うことが何よりの「忠孝」であり、偽りを語るのは「不忠」とする。この書付は、のちに掛け物に仕立てられ、毎年正月、会所での初政務の際に掲げられることになった。やはり相馬家でも、幕府や他大名家と同じく「忠孝」という理念がこの時期に掲げられ、その規範が先例としてのちに受け継がれていくのである。

おわりに

寛文五年（一六六五）七月十三日、諸大名に証人制廃止が告げられた。廃止の理由は、まず、先代家光のときから、重臣の子弟が証人として江戸に詰めていたが、家綱に代替わりし、将軍は大名たちを心やすく思っているからということであり、加えて家康の五十回忌がつつがなく終わったこともあるから、というものであった。

家光政権期に上から表明され半ば強制された「御為」「忠孝」「礼法」「義理」などの武家の規範は、「代々」の関係を経るなかで、「外聞」を意識した同調的動向により促進されつつ、上下が共有するものとして定着していったと思われる。また、徳川将軍家を軸とした近世武家社会における縁戚関係の広がりは、幕藩領主の共通の「祖」としての徳川家康（東照大権現）の存在を意識させるようになったのではないだろうか。

戦乱が絶えて久しくなった時代、武士の本業は軍事から政治に転換していき、武功は先祖のものとして語られ、主従関係をはじめとした先祖たちの諸関係を引き継いで、永続的なものとする武家社会の秩序が固定化し、内部での序列化・格式化が、摩擦を生みつつも進んでいった。それが先例の重視、記録の作成へとつながる。こうした武家社会の秩序は、江戸で生まれ育つ大名・旗本、参勤交代で江戸に詰める藩士たちを通して、江戸から全国に広がり、均質的な秩序となっていく。幕政・藩政のあり方は、隣国よりも、江戸での見聞を通して共通化した側面が大きいだろう。

家綱政権期は、これまで述べてきたように、幕藩領主層が、近世初頭から数代の代替わりを経た時代である。そして、近世武家社会のあり方、それに強く規定されて展開する幕藩政治の、近世中後期につながる特質（言い換えれば規範・先例）がかたちづくられた時代として位置づけることができると考える。

本章では幕藩政治の担い手たる武家の意識や規範を主に論じてきたが、本来、それをふまえて幕藩政治の内実にふみこんでいくことがより重要だろう。厳密な実証も含め、今後の課題としたいが、最後にもう一点、指摘しておく。

寛文七年、津藩藤堂家では、「御国は上様の御国にて殿様は当分の御給人」という預国の思想が語られ、百姓が困窮しないように「御憐愍《ごれんびん》」の政治をすべきことが奉行たちに指示された（『宗国史』）。こうした理念は、領民に対する仁政として理解できるかもしれないが、同時に、百姓に「御憐愍」を加えているのに耕作を怠る百姓がいれば、村役人も連帯で処罰すべきとされていることも見逃せない。ここからみて、少なくともこの時代の政治を「行政」と呼ぶのは適切ではあるまい。あくまでも武家による支配であり、それが近世の本来的な政治ではないかと思うのである。

〔参考文献〕

朝尾直弘「将軍政治の権力構造」『岩波講座日本歴史10　近世2』岩波書店、一九七五年
兼平賢治『近世武家社会の形成と展開』吉川弘文館、二〇二〇年
木村直樹「島原の乱と牢人」木村直樹・牧原成征編『十七世紀日本の秩序形成』吉川弘文館、二〇一八年
倉地克直『池田光政』ミネルヴァ書房、二〇一二年
栗田元次『綜合日本史大系9　江戸時代上』内外書籍、一九二七年
小池　進『保科正之』吉川弘文館、二〇一七年
国文学研究資料館編『幕藩政アーカイブズの総合的研究』思文閣出版、二〇一五年
高埜利彦『日本の歴史13　元禄・享保の時代』集英社、一九九二年
高埜利彦「元禄の社会と文化」『日本の時代史15　元禄の社会と文化』吉川弘文館、二〇〇三年
高木昭作『日本近世国家史の研究』岩波書店、一九九〇年

平野仁也『江戸幕府の歴史編纂事業と創業史』清文堂出版、二〇二〇年
福田千鶴『幕藩制的秩序と御家騒動』校倉書房、一九九九年
福田千鶴『御家騒動』中央公論新社、二〇〇五年
藤井讓治「近世前期の政治思想」宮地正人ほか編『新体系日本史4 政治社会思想史』山川出版社、二〇一〇年
藤井讓治「家綱政権論」同『幕藩領主の権力構造』岩波書店、二〇〇二年、初出一九八〇年
三宅正浩「江戸幕府の政治構造」『岩波講座日本歴史11 近世2』岩波書店、二〇一四年
三宅正浩『近世大名家の政治秩序』校倉書房、二〇一四年
三宅正浩「武家諸法度と諸士法度―末期養子の禁緩和の再検討を手がかりに―」『史林』一〇五―一、二〇二二年
山本博文『江戸城の宮廷政治』読売新聞社、一九九三年
山本博文『殉死の構造』弘文堂、一九九四年
『原町市史 第一巻通史編一』南相馬市、二〇一六年
『松江市史 通史編三近世一』松江市、二〇一九年

※本章はJSPS科研費21K00850の助成を受けています。

column Ⅱ

明暦の大火

岩本　馨

大火の経緯

木造都市にとって、大火は宿命である。とりわけ日本最大の都市であった江戸は、町を丸焼けにするほどの大火に何度も見舞われた。なかでもとくに凄惨な被害をもたらしたのは、明暦三年正月十八～二十日（一六五七年三月二～四日）にかけて発生した連続火災、いわゆる明暦の大火である。

関東地方の冬から春先にかけては晴天が続いて空気が乾燥し、強い北西風が吹く。この気象条件が失火を大火にした。発端は正月十八日の未《ひつじ》の刻（午後二時頃）、本郷《ほんごう》の日蓮宗《にちれんしゅう》寺院の本妙寺《ほんみょうじ》から上がった火の手であった。火は強風に煽られて南東に燃え拡がり、本郷から湯島《ゆしま》・神田《かんだ》・八丁堀《はっちょうぼり》・木挽町《こびきちょう》までを焼いた。猛火は隅田川《すみだがわ》をも飛び越えて対岸にまで達したという。この火災は翌日未明には鎮火したとみられるが、これで終わりではなかった。

十九日の午《うま》の上刻（午前十一時過ぎ）、今度は小石川《こいしかわ》の新鷹《しんたか》匠町《じょうまち》から火災が発生する。火は小石川の水戸《みと》屋敷から飯田町《いいだまち》へと拡がり、さらには江戸城をも襲った。これにより江戸城の本丸と二丸、さらには寛永十五年（一六三八）再建の三代目天守までもが焼け落ちてしまった。

地獄はさらに続く。同じ日の申《さる》の刻（午後四時頃）、麴町《こうじまち》七丁目から第三の火災が発生した。この火は半蔵門《はんぞうもん》外から外《そと》桜田《さくらだ》・愛宕下《あたごした》へと拡がり、大名屋敷群を焼き払った。このように三つの火災は、火元を少しずつ西にずらしながら立て続けに発生し、それが被害を拡大させたのである。

大火の被害

以上は「江戸幕府日記」（国立公文書館内閣文庫所蔵）に記された大火の概要であるが、この情報だけでは実際に江戸のどの範囲が焼けたのかを復元するには十分ではない。詳細な過程については前著（岩本馨『明暦の大火』吉川弘文館、二〇二一年）に譲るが、大火に関する信頼できる史料をもとに大

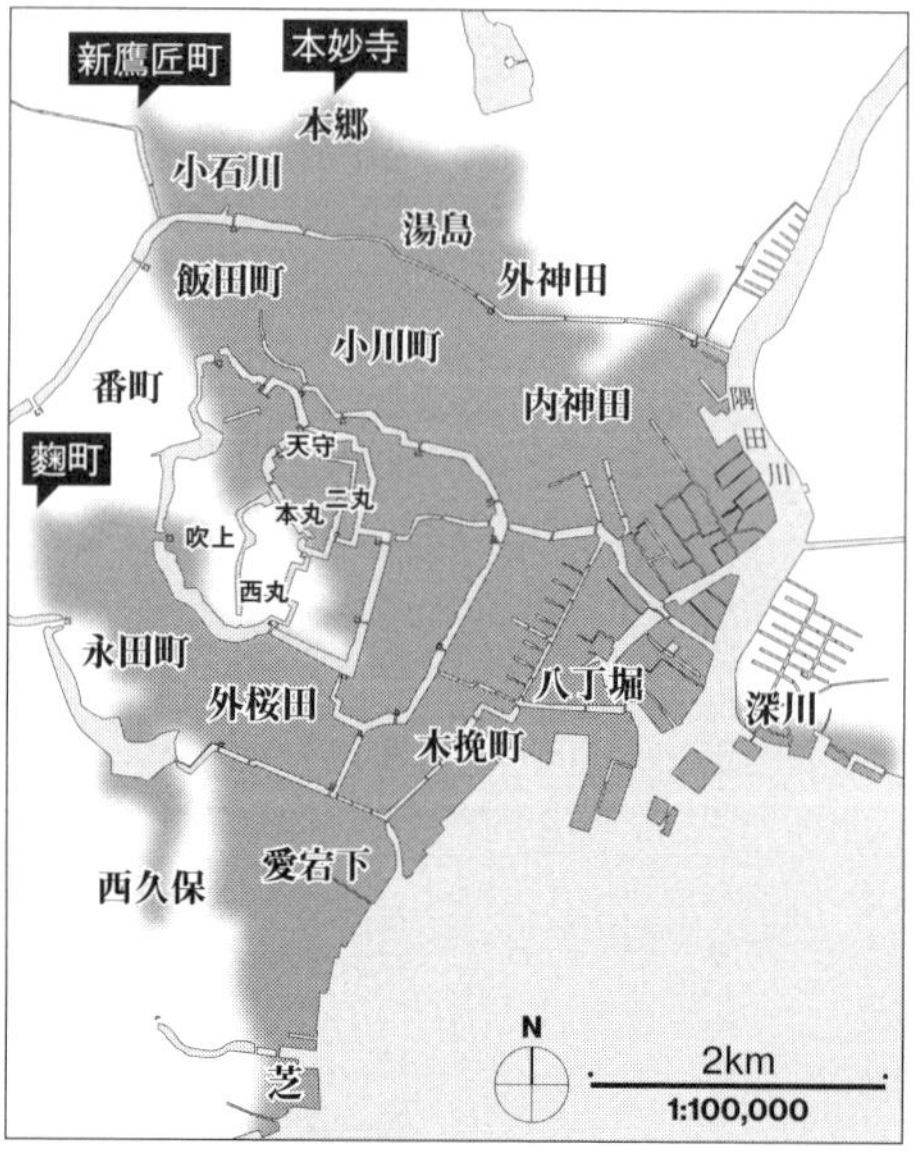

延焼範囲地図（2023年修正）

火での焼失範囲を復元すると図のようになる。これをみると、北は本郷・小石川、東は隅田川から深川、南は芝《しば》、西は麹町・永田町《ながたちょう》と西久保《にしくぼ》の一部まで、当時の江戸の中心市街地の大部分が潰滅したことがわかる。江戸城付近で焼け残ったのは西丸および西丸下の南部・吹上《ふきあげ》・番町《ばんちょう》などで、これらの地域は風向きが幸いしたと考えられる。

地理情報システム（GIS）を用いると、この焼失範囲の面積はおよそ一五・五平方キロと概算できる。人的被害も甚大であり、とりわけ隅田川と海に逃げ道を塞がれる形となった町人層の犠牲が多かったと考えられる。明暦の大火を主題とした仮名草子『むさしあぶみ』は死者を「をよそ十万二千百余人」としており、この数字が現在に至るまで一人歩きしているが、これは当時の人口規模からみて明らかに過大である。編纂史料ではあるが、「正慶承明記《しょうけいじょうめいき》」（国立公文書館内閣文庫所蔵）には「今度類焼之覚」と題する、幕府の調査と推定される記録が転載されており、ここには「焼死者三万七千余、此外《このほか》数不知《しれず》」とある。このあたりが妥当な数字であろうか。

「都市改造」の実態

このように大火は江戸の町を潰滅させた。ではその後はどうなったか。内藤昌『江戸と江戸城』（鹿島出版会、一九六六年）、黒木喬『明暦の大火』（講談社、一九七七年）をはじめとする従来の研究では、大火を契機として幕府は江戸の「都市改造」を行い、それにより江戸は巨大都市へと生まれ変わったとされてきた。例えば内藤はそれを①御三家の城外転出、②大名屋敷の移転、③社寺地の郭（ママ）外転出、④火除地《ひよけち》の新設、⑤市区改正、⑥市街地の造成の六点に整理している。こうした評価は果たして妥当であろうか。これも詳しい検証は前著に譲ることとして、ここでは結論のみを記したい。

まず①と②について。通説では、御三家《ごさんけ》の屋敷をはじめとして、江戸中心部の大名屋敷が大火後に周辺部に移されたとされてきた。しかし大火前後の大名家の屋敷地を悉皆的に調べると、大火後に上屋敷《かみやしき》（本邸）を移した大名家はごく一部に過ぎず、大半の大名家は従前の屋敷地での復旧を選んだことが明らかになった。また御三家も大火前から広い屋敷地を求めて動いており、移転はそもそもの既定路線であった。

③については確かに大火後に郊外の浅草《あさくさ》や駒込《こまごめ》などに新たな寺町《てらまち》が形成され、中心部から寺社が移転させられている。ただし郊外寺町への寺社移転は大火前から確認でき、寛永年間（一六二四～四四）から顕著になった江戸の拡大に伴う動きとして理解されるべきであろう。

④の火除地とは延焼防止のために都市内に設けた空地のことである。この火除地設置は江戸の防災力強化策として、比較的幕府による主導性の高い事業といえる。これは実際に延焼の防止あるいは速度の低減に一定の効果があったが、可視化されづらい効果であるがゆえにその後は絶えず開発への圧力にさらされることになる。

⑤についてはまず、大火後に庇《ひさし》の後退による道路幅の確保を求める町触が発令されている（「正宝事録」国立国会図書館所蔵）。しかし内藤自身が指摘しているように、その後も町触の発令が繰り返されていることから判断すると、その実効性は疑わしい。また道路網や街区といった基本的な骨格も大火前後で大きな変化は見出せない。

⑥はかつて大きく評価されていた点で、大火後に大規模な市街地開発が行われたことで江戸の範囲が大きく拡大したとされてきた。確かに低湿地の埋め立てによって大火後新たに「築地《つきじ》」と呼ばれる造成地や隅田川東岸の本庄《ほんじょ》（本所）が開発されたが、これらは大火後の復興というよりは大火前から顕在化していた武家屋敷地の不足への対応策と考えられ、とくに「築地」については大火前の承応二年（一六五三）からすでに工事が始まっていた（「公儀日記」国立公文書館内閣文庫所蔵）。郊外では大名下屋敷《しもやしき》の増加が指摘されるが、これも大火前から進んでいた動きであり、また幕府は大名側の競合する希望を調整していたに過ぎず、全体を統御するような計画性は稀薄であった（金行信輔「寛文期江戸における大名下屋敷拝領過程」『日本建築学会計画系論文集』五一六、一九九九年）。

以上のように、従来大火後の「都市改造」の成果とされてきた江戸の巨大化は、実際には寛永年間頃から徐々に進んできたものであり、大火後に行われた諸政策の多くは大火前の延長線上に位置づけられること、また新規施策と解せるものについても限定的な手直しにとどまったことが明らかになったのである。

二つの大火

このような実態と評価の乖離は、万治四年（一六六一）に刊行された仮名草子『むさしあぶみ』をはじめとしたメディアによるところが大きかったと考えられる。先述した過大な犠牲者の数字にみられるように、これらは大火の被害を実際以上に強調し、それは見事に復興を遂げた江戸（そしてそれを主導した幕府）の栄光を陰画的に輝かせることになった。

実はこの言説は海外にも伝わっている。オランダ商館長ワーヘナールはちょうど江戸参府中に明暦の大火に遭遇し、死線をくぐり抜けた。彼はこのときの体験を日記に記していたが、それをのちにオランダの作家モンターヌスが入手し、『東インド会社遣日使節紀行』としてまとめている。同書は一六六九年にオランダで出版されたが、このなかで明暦の大火をロンドン大火と比較してはるかに甚大な災害であったとしている（フレデリック・クレインス著、磯田道史解説『オランダ商館長が見た江戸の災害』講談社、二〇一九年）。

ロンドン大火が起きたのは一六六六年九月で、明暦の大火とはわずか九年半を隔てるのみであり、東西二つの都を大きく変えた災害として両大火を比較する論考はとりわけ日本でしばしばみられる（大橋竜太『ロンドン大火』原書房、二〇一七年など）。しかしロンドン大火の罹災面積は一・七六平方キロと、明暦の大火の九分の一強に過ぎず、死者数もごく少数であったとみられるなど、実はその災害規模は大きく異なっている。また大火後のロンドンも改造というよりは再建とみるべきで、物理的な都市構造が大きく変えられたとは言い難い。

この東西二つの大火をあえて比較し、共通点を見出すならば、それは都市空間に向けられた視線の変化であろう。東辻賢治郎によれば、ロンドンでは再建の過程で都市内の大規模な土地調査が行われ、測量にもとづく都市図が作成されたという（「大火というリスク」『危機の都市史』吉川弘文館、二〇一九年）。江戸においても大火直後の明暦三年（一六五七）正月二十七日、幕府によって江戸の都市図の作製が命じられており、その成果は江戸のはじめての高精度実測図「万治年間江戸測量図」（三井文庫所蔵）として結実することになった。それは都市の絵画的描写とはおよそ異質な計量的都市把握であり、大火が真に何かを変えたとするならば、このような都市認識のありようだったのかもしれない。

第4章

近世朝廷と統一政権

村　和明

はじめに

近世における天皇・朝廷の地位について、幕末には、幕府の支配を相対化しようとする志向のなかで、本源的には、天皇は日本の正当な君主であるとの見方が強調された。戦前まではこの系譜をひきつぐ歴史観のもと、武家が天皇から実権を奪い去り、抑圧を続けたものと理解された。戦後、こうした見解は近世の実情にそぐわないものとして否定されることになった。まずはほとんど無意味なものとみなされた段階があり、ついで近世朝廷は幕府の全国統治のなかで一定の役割を与えられ、その機能を果たす存在であったと理解されるようになった。近世初期における幕府・朝廷の「衝突」「軋轢《あつれき》」といわれた紫衣《しえ》事件や、後水尾《ごみずのお》天皇の突然の譲位も、現在では朝廷と幕府の対抗関係を示すものとはとらえられていない。「近世朝廷」は、統一政権が役と知行によって編成し、近世的な集団として再建したものであり、「両者の間に基本矛盾はなかった」との理解（山口和夫『近世日本政治史と朝廷』）が、おおむね現時点での到達点を示すといってよいだろう。

こうした近世的な集団としての朝廷をめぐる研究は、現在盛況を迎えているといってよい。同時代的にみても稀有《けう》な量の史料が、デジタル化により利用しやすくなっている環境を活かして、実態の理解を深める成果が積み重ねられている。

そのなかで、近年飛躍的に前進しつつあるのが、朝廷の女性をめぐる領域の研究である。制度的な概観は戦前からなされていたが、女性たちが書いた史料の乏しさという女性史につきものの課題、したがって公家たちが書いた膨大な史料から情報を拾い集めねばならないこと、また昇進などにともない名をしばしば変えたため人物比定でさえ非常に難しいこと、さらに研究者のバイアスなどもあって、研究があまり進まなかった。近年、こうした課題を正面から突破した仕事が、久保貴子・高橋博・石田俊らによって積み重ねられ、見え方が一新されつつあるといってよい。史料が乏しいといっても、幕府・藩などの奥向に比べれば明らかにしうることも多く、女性史・ジェンダー史からも意義深い領域とみなされている。近世初期の武家社会では、高位の女性が政治的に大きな役割を果たし、その後そうした地位は低下もしくは限定化されていくことが見通されているが、朝廷における女性たちは、少なくとも一八世紀前半まではかなり存在感が大きく、かつ武家と公家の奥は婚姻関係によって結びついていたと論じられていて、必ずしも朝廷の内側のみにとどまる問題ではない（福田千鶴『近世武家社会の奥向構造』、石田俊『近世公武の奥向構造』）。

本章では、こうしてかなり実態が解明されつつある朝廷の女性、とくに女中が統一政権から与えられた知行に注目し、統一政権が朝廷をどうみ、どう編成したか、制度化がいかに進行したか、という観点から検討を加えてみたい。構成としては、まず第一節で、知行と役からみた近世初期・前期朝廷の理解について、先行研究に若干の実例をまじえて概観する。第二節では、従来の研究蓄積が少ない家綱《いえつな》政権頃（霊元《れいげん》天皇頃）までの女中の知行について検討する。これまでの研究ではやや周縁的であったが、近世初期に統一政権が朝廷を再構成してゆく過程では、むしろ核ともいいうる存在であった可能性を探ってみたい。第三節では、この時期の朝廷を代表する女性であった東福門院和子《とうふくもんいんまさこ》の御所について、第一・二節と関連づけ、また非蔵人《ひくろうど》という存在を中心にふれる。

1　公家と天下人

近世的な公家身分の設定

かつて朝廷が幕府に抑圧され屈服する過程としてみられた近世初期の一連の政治過程は、現在では近世的な「朝廷」が、統一権力により組み立てられたという観点でとらえられている。天皇あるいは公家が果たすべき役割が定められ、そのかわりに知行が設定・保障されたことが、身分制の観点から重視される（橋本政宣『近世公家社会の研究』、山口和夫「近世の公家身分」『近世日本政治史と朝廷』）。天正十三年（一五八五）に秀吉《ひでよし》は公家に知行を宛行《あてが》い、「朝役」を要求した。天正十六年の聚楽第行幸《じゅらくだいぎょうこう》では、対象に五摂家（近衛《このえ》家・一条家・九条家・鷹司《たかつかさ》家・二条家）が含められ、設定された知行を侵さないことが諸大名により誓約された。この段階では京都市中への権益を天皇らに認めたが、天正十九年には京都を直轄化し、天皇や公家の領地は山城周辺の農村のみとされた。また公家たちの分について、後陽成《ごようぜい》天皇に再配分の権限を認めた点は、江戸幕府と異なっている。文禄四年（一五九五）には「御掟追加」において、公家・門跡は「家々道」をたしなんで「公儀御奉公」に励むよう明示した。

徳川家康《とくがわいえやす》は、紫衣勅許の基準など、寺社関係の法度を出してゆくなかで、慶長十八年（一六一三）に「公家衆法度」を定め、「家々の学問」と、御所で「昼夜御番」（御所で輪番で詰める、いわゆる小番のこと）に励むよう命じた。慶長二十年の「禁中《きんちゅう》并《ならびに》公家中諸法度《くげちゅうしょはっと》」では、右を前提に、勤学する者、そのほか奉公の労を蓄積した者は、家の先例を超えた昇進を認めるものとした。また、天皇は天皇家の伝統にもとづく統治の学問を修めることを要求し、官位において公家と武家を明確に区別したことは、周知に属するであろう。

これらの前提としては、戦国・織豊期には、いわゆる公家と武家との境界がかなりあいまいになっていたことがある。

領地へ移住し戦国大名化した土佐一条家、大坂で戦死した持明院基久《じみよういんもとひさ》父子、家康を頼って出奔《しゆつぽん》し出頭人となり、子孫が旗本となった日野唯心《ひのゆいしん》などが知られる（橋本政宣『近世公家社会の研究』ほか）。そのため、近世初期、いわゆる「朝廷」の中核というべき公家の身分の設定は、武士との切り分けとして行われた。これらの法度により、近世の公家身分が、ひいては近世朝廷の中核といえる集団が成立したとみなされる。

ただし、このような規定により、人びとが即座に整然と編成されたのではなかった。かつては近世社会全般について、豊臣《とよとみ》政権の全国統治の原則といわれるものがただちに社会を変えたかのようにイメージされたこともあったが、一律にすぐに施行されるわけではなく、理念通りの「近世」的な社会編成がただちに成立するわけではないことが、具体的に明らかになりつつある。いわゆる「朝廷」についても、同様のことがいえるであろう。

内実のあいまいな「家業」

右にみたように、豊臣秀吉・徳川家康によって、知行の反対給付として公家たちに要請された役のうち、まず家業については、実は理念先行ともいうべき面があったことが指摘されている。文禄二年（一五九三）に関白秀次《かんぱくひでつぐ》より命じられた、公家諸家についての家業の一覧が網羅的なものだが、この一覧をよくみると、飛鳥井家《あすかいけ》・冷泉家《れいぜいけ》の和歌、四辻家《よつつじけ》の楽、菅原《すがわら》氏の儒学など、中世以来の伝統をひき、近世にも本所として活動したことが知られる具体的な家業を持つ家は約半数にとどまる。その他の家については、一見家業にみえる区分は、実は家格によるものである（橋本政宣『近世公家社会の研究』）。つまりこれらの家については、個別具体的に家にそくする「家職」は設定されていなかった。

関ヶ原以降では、家康に『源氏物語《げんじものがたり》』を講釈したことで加増をうけた中院通村《なかのいんみちむら》や、江戸での儀礼に定期的に動員された衣紋の高倉家《たかくらけ》・陰陽道の土御門家《つちみかどけ》などが知られる。こうした代々伝わる個別具体的な学問・芸能を持ち、それを家業として要求された家は確かに存在し、そうした家では役として（あるいはのちには特権の源泉として）機能した。しかしこれは公家すべてに当てはまるものではなく、公家身分の役としての家業は他身分との区別を示す、多分に理念的な枠組みであった。

小番と知行の対応原則

次に、もう一つの役として知られる御所への参仕、いわゆる小番について、みてみよう。こちらは室町《むろまち》時代以来の制度が踏襲され、輪番で禁裏《きんり》御所に詰める役務であるから、実質的に役を果たしているか否かが把握されやすかった。

江戸幕府が確かにこれを基準として、公家に宛行う領地について判断を下している例を一つみよう。戦国以前に、公家たちが京都市中に持っていた権益は、秀吉が京都を直轄化して以来なくなっており、山城周辺の農村に設定された知行地が、公家たちの基本的な収入源であり、役に対する基本的な恩典であった。寛永十五年（一六三八）三月十九日に、「禁裏」が「公方様」に申し入れたことについての返答が、江戸で土井利勝《どいとしかつ》・酒井忠勝《さかいただかつ》・吉良義弥《きらよしみつ》から、参府していた武家《ぶけ》伝《てん》奏《そう》の三条西実条《さんじょうにしさねえだ》・日野資勝《ひのすけかつ》に伝えられている。この場合の「禁裏」とは明正《めいしょう》天皇（実質的には後水尾上皇の意思であろう）、「公方様」は家光《いえみつ》である。「吉良家日記」「江戸幕府日記（姫路家酒井家本）」「大内《おおうち》日記」などに記事があり、それぞれに記される事情などを加えて、以下にみてみよう。

まず、それまで高一〇〇石であった「新家」の殿上人《てんじょうびと》一一名について、知行が少ないので小番などが勤められないと「禁裏」が申し入れたため、各五〇石を加増した。ただし西大路《にしおおじ》隆平《たかひら》のみは久しく患っていて小番が勤められないため、本復次第加増する、と伝えられている。ここからは、領地は天下人家光が個々の公家に与えるもので、その対となるべき役は小番をつとめることだったことが、双方の共通認識だったとわかる。家業についての言及がないことに注意したい。

同様の論理が、同時に伝達されている、東園家《ひがしぞのけ》についての家光の決定からもみてとれる。初代の基教《もとのり》が子のないまま没したが、甥の基賢《もとかた》が小番を「ご奉公」しているので、（東園家を潰さずに）家領一八〇石を相続することを許すという。

小番と知行のずれ

しかし、こうした基準が、ある種のずれや曖昧さを残す部分があったことも、同時に伝えられている、西洞院家《にしのとういんけ》の例からみてとることができる。「家領」一七〇石余があり、この時点では隠居の松庵《しょうあん》（時慶《ときよし》、八七歳）が「所務」、つまり支配し年貢をとっていた。子息の時直《ときなお》が先に没したため、家光は、家領を時良《ときよし》（時直の子、時慶の孫、三〇歳）に渡し、時良に支給してきた「方領」八〇石を松庵の隠居領とする、と決定している。また、時直にも「方領」八〇石が支給されていたが、これは「召上」られている。ここでいう西洞院家の「家領」は、元和三年（一六一七）九月に、当時の天下人秀忠《ひでただ》が時慶に宛行ったものであり、それを変更するには、現在の天下人家光の決定が必要だった。

「方領」は当主以外で参番する者に支給されるもので、これによって調整はされているのだが、寛永期（一六二四〜四四）の時慶は、日記をみる限り、天皇の禁裏御所・上皇のいる仙洞《せんとう》御所にはそれほど出かけていない。子息たちの小番については、「今日は当番であった由」などのように記しているから、記載漏れではなかろう。時慶は金銀の両替や年貢の納入・督促、人足の動員や催促のこともこまめに日記に記し、金銀や年貢の帳面は自らつけていたようで（『時慶記』寛永十四年九月五・三十日条など）、高齢ながら実務能力がないわけではないが、禁裏御所への小番参仕と領地宛行が本来対となるという理念は、ここでは実態とかなりずれていたことがわかるだろう。

天下人の方を向く公家

このような領地が家のなかの誰に与えられるかという決定が、実態の後追いではなく、実際に変化をもたらしたことは、西洞院時慶の日記に明らかである。寛永十四年（一六三七）まで、御所内村《ごしょうちむら》・今里村《いまざとむら》（知行高の大きな、鳥羽《とば》方面にある二ヵ村）の年貢を、百姓が数石ずつ運んできた記事、未進を督促する使いを出した記事、人足数名を出させた記事などが散見され、時慶が実際に領有していたことがわかる。また、右の幕府の伝達があって約三ヵ月後になって、時良から時慶に、従来時良の「方領」だった朱雀村《すじゃくむら》・一乗寺村《いちじょうじむら》の人足を用があれば呼んでよい、との連絡が来ており（『時慶記』寛永十五年六月十三日条）、その後一〇日ほどのちからは、実際にこれらの村の人足が出てくるようになっていて、江戸での幕府の決定をふまえて、実際に知行する村が変わっている。また西洞院家として家領をまとめて管理しているというのではなく、あくまで宛行われた人物がそれぞれに支配していた。

さて、知行主が変更される直接のきっかけとなった、西洞院時直の死は、寛永十三年十月のことであるから（東園基教も同月に没している）、実際に変更が伝えられるまでに、じつに一年半が経過していた。西洞院時慶はこの約半年後に、従来の知行のリストを所司代《しょしだい》の板倉重宗《いたくらしげむね》に提出している（『時慶記』寛永十四年四月二日条）。結局相続を認められた西洞院時良は、家督継承のあいさつのために江戸に向かったが、家光の回復などを祝うために江戸に向かう公家たちと同道していて（『吉良家日記』）、これだけ時間がかかったのは家光の体調によった面があったと思われる。このように、結局は江戸にいる天下人の意向で、公家たちの処遇が個別的に、かつしばしば検討に長時間かかって変動していた段階では、近世の朝廷は自律的な集団とはみなしづらい。

西洞院時慶は、平野社《ひらのしや》を再興しつつあり、社領や社家をめぐる軋轢をかかえていたが、その働きかけ先は、所司代板倉重宗や、東福門院付の女中らであった（林晃弘「寛永四年の「平野社縁起」制作について」）。近年、朝廷内部の法令の発掘が進み、後水尾上皇が公家たちを統制し、和歌や小番に励ませるべく、しきりに法令を発したことが詳しくわかっているが、御所の侍である北面《ほくめん》に監視させるなど、厳しい統制を試みつつも、なかなか効果があがらなかったようである（田中暁龍『近世朝廷の法制と秩序』、橋本政宣『近世公家社会の研究』ほか）。知行や家の存続を左右できない天皇・院は、公家たちの編成に決め手を欠くところがあったのだろう。

また、西洞院時良とともに江戸に下った公家たちは、当然この間は禁裏小番を勤められないわけだが、彼らへは滞在中の用途として幕府が扶持米《ふちまい》を支給していて（『吉良家日記』）、幕府としても天下人への奉仕をより重視している面もあった。

院御所に参仕するものは「公家」か

後水尾上皇の御所への参仕をめぐっても、小番参仕の実態と理念をめぐる、幕府・朝廷の認識のずれが確認される。生前譲位の復活に伴って、上皇の御所にも番衆が必要となり、近臣である一部の公家を禁裏御所から割いて連れていったほか、その子弟などを取り立てることが続き、のちに「新家」と呼ばれる家ができていった（山口和夫『近世日本政治史と朝廷』）。朝廷では、各御所で小番を勤める公家の人数を確保することが実質的に必要だったわけである。ところが、こうして院御所に参仕していた公家阿野実顕《あのさねあき》・高倉嗣孝《たかくらつぐたか》について、寛永十一年（一六三四）に所司代板倉重宗は「禁裏の役も務めないのに官位ばかり引き上げられている」との批判を、武家伝奏に対して述べている。幕府は後水尾上皇の譲位が容認されたさい、院御所に番衆を置くことは後陽成に準拠するとして指示しているのだが、彼らを公家としての役を果たしているものと評価はしなかったのである。寛永期（一六二四〜四四）、幕府がいわゆる公家を、とくに徳川将軍家に近しい「昵《じっ》近衆《こんしゅう》」、公家一般、そして上皇御所に参仕する「院中衆」に三分している例がある（村和明「近世朝廷の制度化と幕府」）。院御所に参仕するために建てられた新家は、幕府から知行が与えられず、継承もなされず絶家となる場合も多かった。

こうした状況は、しだいに家ごとに知行が固定され解消されてゆく。寛文五年（一六六五）に、家綱がすべての公家に、人ではなく家を単位として一律に知行を宛行った、いわゆる「寛文印知」が象徴的である。これ以降は公家の加増自体が稀となってゆく。上皇たちも没してゆき、その番衆たちは霊元天皇の禁裏御所の小番衆として統合され（山口和夫『近世日本政治史と天皇』）、ある程度安定した公家としての扱いをうけることになってゆく。霊元上皇の院参衆からは、原則的にすべて幕府から知行地あるいは家禄（土地ではなく米で支給される）を設定された公家たちとなるが、なおいくつかの家は、幕末まで小番を勤めるものの、朝廷から内分で蔵米《くらまい》を支給されるだけで幕府からは知行・家禄を与えられないままにとどまり（村和明『近世の朝廷制度と朝幕関係』）、小番と幕府からの加恩の対応関係が完全に徹底することはなかった。

2　女中への知行宛行

統一政権による女中への宛行

前節では、従来の知見に若干の実例をくわえて、公家たちの知行と編成についてみてきた。今節ではそれを踏まえて、女中たちの知行について検討してみる。なお、朝廷に仕える女性たちは、史料上または研究上、女中・女官・女房・御局などといわれ、それぞれ微妙に範囲や含意を異にするが、本章では「女中」に統一する。また彼女たちが属する御所の機構・空間については、史料用語にそくして「奥」と呼称する。

豊臣秀吉は天正十六年（一五八八）四月十五日、聚楽第行幸において、後陽成天皇・正親町《おおぎまち》上皇はじめ公家たちの領地を定めたが（奥野高廣『皇室御経済史の研究』）、翌十六日に「女中へも知行をこぞって」宛行ったことが、禁裏御所の女中たちが記した公記録「御湯殿上日記《おゆどののうえのにっき》」に記されている。とくに大典侍《おおすけ》・長橋局《ながはしのつぼね》・大御乳人《おおおちのひと》の三名に一〇〇石ずつ、そのほかの女中たちに五〇石とあって（久保貴子「禁裏女房の人事と職務」）、記されている情報はここまでである。

近世の禁裏御所の女中は、出身身分などから、大きく典侍・内侍《ないし》・御下《おしも》の三階層に分かれており、秀吉から他に倍する知行を与えられた三者は、この三階層それぞれの代表的な女中で、のちの禁裏御所で実務を主導する職の女中であったといわれる。例えば「長橋局」といった場合、その職そのものを指すことも、その職にある女性を指すこともある。これは公家たちの知行と同様、この職についていた人物に対しての知行だったのか、それとも職に対する知行だったのかは、よくわからない。

徳川家康は、関ヶ原合戦勝利後の慶長六年（一六〇一）、天皇家や公家の知行を定めた。もともと家康の判のあった一覧五冊が写本として残され、うち一冊は「御局方」に当てられている（橋本政宣『近世公家社会の研究』）。ここでも右にみた三つの職位は、やはり他の女中よりも大きい知行を与えられており、女中たちを必要な存在として公式に認定したことがわかる。この段階からは知行の内訳が飛び石的ながらわかるので、以下でこれらの職を中心に追跡してみよう。

史料としては、右にみた家康による宛行（「諸知行方」東京大学史料編纂所蔵謄写本、原本は醍醐《だいご》寺理性院《りしょういん》所蔵）の次は、元和三年（一六一七）八月段階、両武家伝奏連署による知行の書き上げをみる（「親王摂家諸家領」宮内庁書陵部所蔵）。おそらく秀忠が上洛して知行を宛行うための事前調査で、家康段階の集成といえよう。続いては、網羅的ではないが、慶安四年

（一六五一）二月段階のものがある（「諸家元和三年以来新領知之帳」東京大学史料編纂所蔵写真帳、原本は東北大狩野《かのう》文庫・壬生家《みぶけ》記録）。諸家からの申告書類により元和三年以来の変更のみを記したもので、秀忠・家光による宛行を示すものである。続いて、延宝三年（一六七五）八月段階のものをみる（「禁中院中御領」国立公文書館所蔵）。江戸に下る京都代官の五味藤九郎《ごみとうくろう》の求めに応じて諸家の書付をまとめたもので、家綱までの集成といえよう。本書の対象時期からすれば、ここまでみればよいが、念のため享保十四年（一七二九）段階（「山城国各村領主別石高表」『史料京都の歴史』三）と、最幕末段階（『旧高旧領取調帳』）をも参照することにする。

このうち慶安四年のものは、一部の知行地について宛行われた（あるいは宛行状で確定された）年を注記するので、まず簡単に検討しておこう。具体的には慶長十七年、元和五年、同九年、寛永十一年（一六三四）、正保二年（一六四五）で、天下人が上洛した年が多く、こうした際に知行をまとめて宛行うなかで、女中も対象となっていた。

このうち慶長十七年～元和九年の注記がある知行地は、慶安四年段階ではすべて後水尾法皇御所の女中の知行である。おそらく、宛行われた時点では後水尾天皇の女中に対するもので、寛永七年の譲位に際し、女中たちは後水尾とともに院御所に移ったが知行地は変わらず、つまりそれは個々の女中その人に宛行われたものとみなされており、その後は院御所の女中の知行として継承されたということであろう。新たに即位した明正天皇の女中の知行については、東福門院和子付の旗本天野《あまの》長信《ながのぶ》が、「女帝ご即位の時女中方に新知行下され候衆」一〇名をメモしていて（「大内日記」国立公文書館所蔵）、新たに宛行われたことがわかる。さて、慶安四年は、さらに寛永二十年にもう一度譲位があって後光明天皇の代となっているが、この代替わりのちの宛行は、正保二年、明正上皇付の女中わずか一名（もと大御乳人である按察使《あぜち》）についてしか記されていない。また寛永十一年と付記された知行はすべて、慶安四年時点での禁裏御所の女中のものとして書き上げられている。つまり、明正から後光明《ごこうみょう》への代替わりに際しては、前回と異なり、女中の顔ぶれやその知行の大きな変更はなされず、その後も禁裏御所の女中の知行というくくりで継承されていたと考えられ、一つの変化を認めることができよう。

次に項を改めて、秀吉・家康が重んじた三つの職について、その知行地を詳しく追跡してみよう。なお全体として、以下でみてゆく女中たちの知行が設定される村は、生家の知行地とは無関係のようである。

長橋局の役知の成立

階層ではなく知行高の順によって、まずは長橋局からみよう。長橋局は別名を勾当《こうとう》内侍ともいい、内侍層のみならず、近世の禁裏御所における女性官僚の代表格といってよい職である。

慶長六年（一六〇一）および元和三年（一六一七）段階では、持明院孝子《たかこ》が勤めており、知行は愛宕《あたご》郡松ヶ崎村《まつがさきむら》・乙訓《おとくに》郡久我村《こがむら》に一〇〇石ずつで計二〇〇石であった。秀吉が聚楽第行幸に際して宛行った知行より倍増しており、また慶長・元和に他の女中の知行はだいたい一二〇石以下であるから、秀吉のときから一貫して、職によって高い知行を設定されていたといえる。慶安四年（一六五一）の書上は長橋局にふれておらず、つまり元和三年から変更はなかったらしい。延宝三年（一六七五）八月段階では姉小路《あねがこうじ》氏と推測され（十一月に典侍に昇進する）、同じく松ヶ崎村と、紀伊《きい》郡塔森村《とうのもりむら》に一〇〇石ずつで計二〇〇石と、高は同じで、一ヵ所は継承され、一ヵ所は別の村になっている（塔森村は慶安四年では別の女中の知行であった）。この延宝段階の二ヵ所は、享保・幕末も長橋局領であり続けていた。つまり家綱の時代、女中個人によらず、長橋局という職に固有の知行地（「役知」）が、高に加えて村レベルでも成立したといえる。

これについて注目すべき幕府の指示が、寛永七年（一六三〇）にあった。後水尾天皇の突発的な譲位後、態度を明確にしていなかった幕府が、明正天皇への譲位を承認したものとして知られる、同年七月十三日付で帰京する板倉重宗に下された指示である（朝幕研究会編『近世朝廷関係法令史料集』）。このうちのあまり注目されない箇条で、長橋局の交代に伴う処理についても指示がなされている。明正の即位に関するこの指示で、女中に言及しているのはここだけである。その内容であるが、それまで長橋局を勤め、後水尾に随って院御所に移ることになった櫛笥《くしげ》隆子《たかこ》について、「知行は院御所の女中なみの知行ほどを渡すように」と指示されている。右にみたように、長橋局櫛笥隆子にも幕府から宛行われた知行があったはずだが、これは長橋局を辞すれば彼女の知行ではなくなったのである。これは前節でみた後水尾天皇の女中一般とは明らかに異なる処理であり、寛永七年の段階で幕府は、長橋局という職に対する知行と考えていたことがわかる。

あわせて、新任の長橋局（冷泉氏と推定されている）についての所司代板倉への指示は、「知行は米をお渡しになる由であるから、請け取って、長橋局に渡せ」というものであった。やや難解だが、今後は長橋局へ長橋局領からとりたてた年貢米を渡すので、米の授受を板倉がせよ、ということであろう。つまり名目としては知行を宛行うのだが、その領地の支配は幕府が行い、支給は現米によるとの趣旨であろう（禁裏領などと同様の方式であるが、禁裏領と違い、イエで継承されるのではない）。これが右にみた「長橋局という職位固有の知行の成立」という事態の前提にあったのではないかと思われる。

なお、こうした変更は、幕府の判断によるのではないように読める。長橋局の収入確保と小さな知行地の支配を合理化したといえるこの判断は、後水尾や東福門院によるものであったのかもしれない。

大御乳人・伊予の役知の成立

次に大御乳人である。大典侍・長橋局は堂上《とうしょう》公家の家から出るのに対し、この職は地下官人や社家から出る、「御下」といわれる下層の女中である（このため現在でも初期・前期は人物比定も進んでいない）。しかしその権限は大きく、長橋局を補佐して奥の運営にあたったといわれる。

慶長六年（一六〇一）の知行は、愛宕郡松ヶ崎村・乙訓郡久我村・紀伊郡下三栖《しもみすむら》村・紀伊郡深草村《ふかくさむら》で、計二〇〇石である。長橋局と同様、秀吉が宛行った知行高から倍増しており、他の女中たちをしのいでいて、職による知行高であった。元和三年（一六一七）には葛野《かどの》郡木辻村《きつじむら》に二〇〇石と、一ヵ所にまとめられる。慶安四年（一六五一）には、同じ知行地が、「寛永十二」と付記して載せられていて、「大御乳人」の職に対する知行地も固定傾向がみられる。同じ知行地であるのに特記しているのは、おそらく宛行われた大御乳人が別人だったからであり、要するに、なお女中個人にそくして理解していたのだろう。延宝三年（一六七五）には、同じ木辻村にやや減って一六七石余、加えて新たに松ヶ崎村に三五石余の計二〇三石余となる。この延宝段階の二ヵ所はやはり享保も幕末も大御乳人領であり、長橋局の場合と同様に、職に固有の知行地が家綱期に成立したといえる。

ここでもう一つ、家康以降に重視された職として、御下層の首席である伊予についてもみておきたい。慶長六年の知行は、乙訓郡久我村と愛宕郡松ヶ崎村・下鴨村《しもがもむら》で計一〇〇石である。秀吉のときは他の女中一般と同じ五〇石だったとみられるから、倍増している。元和三年には、紀伊郡塔森村で一〇〇石と一ヵ所にまとめられ、以降幕末まで伊予の知行として固定される。御下層の女中としては大きい知行だが、席次では伊予の次である大御乳人よりは小さく、そもそも全体に大御乳人に比べて影が薄いともいわれるのだが（久保貴子「禁裏女房の人事と職務」）、少なくとも職に固有の知行が設定されるようになっている。後代では地下官人を代表する壬生《みぶ》官務家《かんむけ》から多く出る女中であることと考え合わせ、やはり女中のうちで固有の役割を持つ、重要な職として評価されていたといえるのではないか。

さて、こうした変化を、公家と見比べてみよう。第一節でみたように、統一政権が公家身分を理念的に設定したものの、実態とのずれがなかなか整序されなかったことに比べると、いまみてきた女中の職の役知はきわめて明快であるといえよう。戦国期の朝廷における実態がふまえられたものであり、統一政権が知行を宛行って朝廷を再構築していった際、その運営を担うべき職としては、まず女中たちのそれが考えられていたのであった。

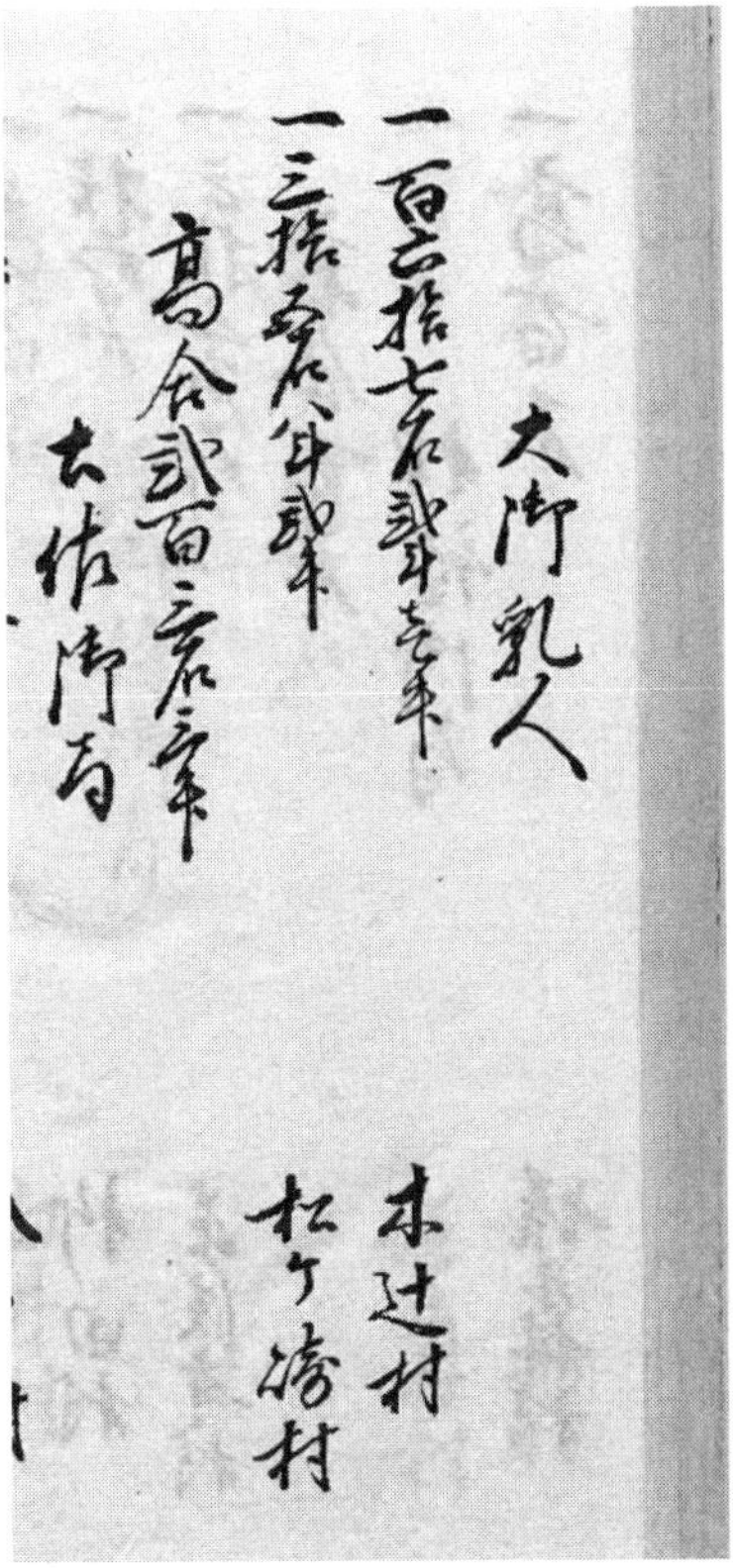
大御乳人
木辻村
松ケ崎村

図4–1　大御乳人の知行（「禁中院中御領」国立公文書館所蔵）

こうした職にあたる、慶長・元和期（一五九六～一六二四）の公家としては武家伝奏が考えられるが、この時期に在職した勧修寺光豊《かじゅうじみつとよ》・広橋兼勝《ひろはしかねかつ》・三条西実条《さんじょうにしさねえだ》は、やはり家格のわりに高い知行を宛行われたが、それらは各家の家領として継承された（先にあげた知行書上類による）。武家伝奏の職位に伴う給付は、承応二年（一六五三）に合力米（のち役料）の設定として始まる（村和明『近世の朝廷制度と朝幕関係』）。同じく家綱政権期の延宝七年（一六七九）には議奏《ぎそう》・神祇伯《じんぎはく》への役料も設定された。こうみると、家綱政権が画期でありそうな点は共通するが、女中たちの重職の場合は、慶長段階から知行高は職位に付随するもので、知行地も秀忠・家光の頃にある程度固定され始めていた。近世前期まで、朝廷における制度化という点では、奥が表に先行していた面があったのである。ただし役知の高は、慶長以来すえ置きであった。

役知のない大典侍、そのほかの女中の知行

次に大典侍についてみよう。典侍という階層の首座で、近世前期より上層の女中（尚侍《ないしのかみ》や上臈《じょうろう》）が消滅していくのに伴い、この大典侍がしだいに禁裏女中の筆頭となり、「奥向の総取締」りにあたるようになった（久保貴子「禁裏女房の人事と職務」）。慶長期（一五九六～一六一五）段階では不在であり、知行はみえない。元和三年（一六一七）段階の大典侍は四《よつ》辻《つじ》氏で、知行は乙訓郡石見《いわみ》上里村《かみざとむら》・紀伊郡塔森村に計一二〇石であった。典侍層であるから右にみた長橋局（内侍層）・大御乳人（御下層）より上層であるが、知行は彼女らより少なかった。秀吉が宛行ったよりは多いが、典侍層一般と同じ水準の知行高であった。慶安四年（一六五一）段階の大典侍は小倉公根の娘で、知行は乙訓郡奥海印寺村《おくかいじむら》・今里村で計一二〇石である。延宝三年（一六七五）段階の大典侍は同じ人物と推定されるが、知行は葛野郡鳴滝村《なるたきむら》・乙訓郡長法寺村《ちょうほうじむら》で計一二〇石に変わる。享保十四年（一七二九）では園光子《そのみつこ》で、知行は紀伊郡深草村・東九条村・東福寺《とうふくじ》門前と葛野郡朱雀村で計一二〇石である。このように、高だけが同じで村はまったく一定しない傾向は幕末まで同じであって、大典侍の職に固有の知行地は、近世を通じて成立しなかったことがわかる。

これらの知行地は女中個人に対応したと思しく、延宝三年段階の大典侍小倉氏の知行地は、享保十四年段階では大夫典侍

の知行地と一致し、また享保十四年の大典侍である園光子の知行地は、延宝三年段階では藤大典侍坊城房子《ぼうじょうふさこ》（翌年没）の知行地と一致している。大典侍の知行は、職ではなく典侍層の一人としての知行であり、別の典侍へと継承されたことがわかる。ただしこれらの知行地は、慶長・元和や幕末段階では領主が別々であるので、こうした知行地の組み合わせが近世を通じて固定されていたわけではないらしい。

右にふれたように近世初期には、女中の筆頭であり、禁裏御所の奥を総括するような大典侍の地位は、なお未確立であったことが、知行のあり方にも反映しているとみてよいだろう。

女中知行の加増・転用

長橋局・大御乳人・伊予は知行が固定されたが、大典侍は（高は同じだが）人ごとに別の知行地を宛行われていた。他の女中たちはどうであったか。

まず加増がなされ、それが政治的な色彩を帯びたらしい例をみよう。寛文十一年（一六七一）四月に、後水尾法皇の女中で皇子女を産んでいる新中納言局（園国子《くにこ》）・御匣殿《みくしげどの》（櫛笥隆子）の二人が、従来の一二〇石から加増された（『後水尾天皇実録』所引「无上法院殿御日記」「禁裏御領付」）。延宝三年（一六七五）段階ではそれぞれ三一〇石余になっており、大幅な加増である。この時期は後水尾院政から霊元親政への移行をにらみ、とくに禁裏御所の奥の統制について、後水尾や幕府が苦慮していたことがよく知られている。霊元生母である新中納言局は、従来彼らが期待してきた人物であり、武家伝奏の中院通茂《みちしげ》が江戸で「女中加増の事」を老中《ろうじゅう》らに諮っているから（石田俊『近世公武の奥向構造』）、政治的な効果を期待した加増とみるのが自然であろう。新中納言局の親族である園基福《もとよし》・東園基賢が語るところでは、天皇ではなく法皇から、梅小路《うめこうじ》定矩《さだのり》（のちの院伝奏にあたる院御所の重臣）を使者として加増が伝えられたという（東京大学史料編纂所蔵「中院通茂日記」寛文十一年四月十三日条）。あわせてもう一人が加増されているのは、おそらく法皇がセットで幕府に要望したものであろう。右の二人の加増分は、慶安三年（一六五〇）までに他の女中の知行地となっている。この時で知行主がいなかった分をおそらく充当したのだろう。

既存の知行を分割することもあった。寛文三年、後西《ごさい》天皇から霊元天皇への譲位に伴い、新たに内侍となる田村局《たむらのつぼね》（中御門氏）・新内侍局（水無瀬氏《みなせし》）に配当すべき知行がなかったため、議奏の葉室頼業《はむろよりなり》（もともと後水尾が霊元につけた）が、後水尾法皇にうかがったところ、空席である上臈の知行二〇〇石を、一〇〇石ずつ配分するよう指示されたという（石田俊『近世公武の奥向構造』）。上臈は典侍層の上に位置するが、安定しては存在せず慶長・元和ともに知行はみえないが、存在する場合は知行二〇〇石という慣習はあったらしく（久保貴子「禁裏女房の人事と職務」）、それを下の階層へ転用しようというのである。

この法皇の指示ののちの延宝三年段階では、この二人はともに築山村《つきやまむら》五一石余・長法寺村三三石余・竹田村《たけだむら》一五石と、確かにそれぞれ計一〇〇石を知行しており、またこれらはかつて上臈局（詳細不明）へ寛永十一年（一六三四）に宛行われた知行地を等分したものであった。享保十四年（一七二九）段階でこれらの知行地をそれぞれ探すと、三名の女中の知行の一部となっている。つまり、延宝三年段階の女中の知行は、享保期にもやはり女中の知行ではあったが、組み替えられて宛行われている場合があった。

こうしてみると、いくつかの職位に対する知行が固定されただけでなく、家綱政権頃には、ひろく女中の知行にあてられる場所は固まりつつあった。公家の知行が寛文五年の一斉宛行（寛文印知）以降、おおむね固定されたことと似るが、女中の知行の場合は、別の階層の女中への転用や、異なる村を組み合せることがありえたのであり、後水尾がその枠内で再配分を考えた例といえる。

知行の転用を主張する霊元天皇

次に、右と同時期に、霊元天皇もやはり知行の再配分を考えていた例を、武家伝奏の中院通茂に宛てた書状から検討する。年代はなく、霊元の花押から寛文末年頃とみられている（『宸翰英華《しんかんえいが》』）。内容をみると、長橋局が典侍への昇進を望み、江戸にいる「母儀」が後押ししている、というくだりがある。延宝二年（一六七四）頃から、酒井忠清《ただきよ》の継室と同じ姉小路氏の長橋局が典侍昇進を望み、霊元が寵愛する他の女中と争っており（石田俊『近世公武の奥向構造』）、この頃のものであろう。おそらく延宝二年六月六日に霊元と両武家伝奏がかわした相談（「中院通茂日記」）をうけたものではないかと思われる。大変わかりづらい内容なので、少しずつみてゆこう。

六日に霊元が両武家伝奏へ、争っている長橋局と別の女中二人を、同時に典侍へ昇進させたい、と相談したところ、武家伝奏の日野弘資《ひろすけ》が「典侍知行分一人ばかりなり」と述べ、長橋局を宥めるよう勧めた。新たな典侍に宛行える知行は一人分だけ、という趣旨で、これでは霊元が考えた二名同時昇進は果たせないことになる。

おそらくこれをうけた書状で、霊元天皇が述べるところでは、「昨日のことについて大典侍に尋ねた」ところ、大典侍は「一〇〇石の知行で典侍、というのは記憶がない」と答えた。では「一二〇石の知行の空きはないか」と聞くと、大典侍は「田奈井《たない》（田内）小路の知行が一二〇石で、この分は「上」にある」と答えたので、霊元によれば「元来典侍五人分なのだ」という。大変わかりにくいが、まず霊元は、典侍一人分についてはやむをえず内侍相当の知行一〇〇石のままで典侍に昇進させる可能性、あるいは典侍の標準である一二〇石を別に調達する可能性を、奥の総括者である大典侍に尋ねた。すると田内小路分が現在「上にある」、つまり空いているということなので、霊元はそれを合わせれば典侍の知行は五人分ある（二人昇進が可能だ）、と主張している、とみられる。右で大典侍があげた田内小路局（西洞院氏）は、東福門院が禁裏御所に送り込んだ特別な女中で、典侍にも内侍にもならなかったといわれる（石田俊『近世公武の奥向構造』）。慶安四年（一六五一）段階では、確かに少なくとも五人の女中が各一二〇石を知行していて、田内小路局の知行は、霊元の理解通りこのうち一人分で本来は典侍用だったのかもしれないが、武家伝奏と大典侍はそう認識していない。霊元のいう、「元来典侍五人分」があるはずだ、という発想じたいが、この時期に出てきたとらえ方なのではなかろうか。

ついで霊元は、「一〇〇石の知行」（内侍の標準である）については、「上臈の二〇〇石を二分して新内侍と田村へ遣わしである」と、右にみた寛文三年（一六六三）の後水尾法皇による分割・転用にふれたうえで、「田村の分は今「上」であるから、典侍も内侍も五人ずつということになり、一段とよい」と述べている。元和三年（一六一七）段階で幕府は内侍二名に、ついで同九年にもう一名へ知行を宛行っていたから、これに上臈分を二名に分割したのを加えて計五人分となり、このうち田村局の分は空いているはず、という主張であろう。（一部省略して）書状の末尾では、とにかく一二〇石の知行で典侍をもう一人（武家伝奏の日野がいう一人分に加えて計二人、ということだろう）召したい念願であり、ついでに可能ならば、内侍も一〇〇石の知行で召し置きたいので、「分別を頼む」と述べている。

固まる幕府の宛行、やりくりを考える天皇・上皇

右の手紙にみえた、知行が「上」にある、という言い方であるが、話題の田村局の知行については、延宝三年（一六七五）八月の書上に注記があって、「これは「上り」で、ただいまは禁裏御所の御蔵に納め、物成（年貢米）のうちから現米三〇石に三人扶持を、御きよ御料人（詳細不明）へ下されている」と説明されている。つまり女中には宛行われず、年貢は禁裏御所に収納されている状態で、年貢の一部は別の女中の禄米に回されている、という。享保十四年（一七二九）段階では、「〇〇局明知」とされている知行地が数ヵ所あり、いずれも慶安四年（一六五一。注記は寛永十一年〈一六三四〉）・延宝三年・幕末には、別の女中に宛行われている。つまり遅くとも寛文・延宝期には、女中に宛行うために幕府が設定した知行地は、女中が隠退などしても完全に幕府が回収するのではなく、潜在的には将来の女中の知行用として確保される、という慣行になっていたらしい。

右にみた書状で霊元天皇は、自らが望む女中の昇進・補充を実現するうえで、このような幕府が設定した知行のやりくりを検討し、武家伝奏、おそらくはさらに幕府を説得しようとしているのだろう。

なお公家の場合、議奏の役料については定員五人分と明記した老中奉書が延宝八年に出され、これをふまえて所司代は定員を充足するよう要求しており、一方霊元天皇は、これを自身の譲位後に近臣たちへいかに割り当てるかに頭を悩ませ

ていた（村和明『近世の朝廷制度と江戸幕府』）。つまり家綱政権期には、全体的に公家・女中への幕府の給付は固まりつつあったが、天皇・上皇は、公家の家の知行は左右できなかったのに対し、公家の役職に対して設定された役料と、女中の知行については、幕府による設定が全体としては固定されつつあるのを所与の前提として受け入れたうえで、それを朝廷内でいかに配分するかを、天皇・上皇が考える余地があったらしい（少なくとも彼らはそう理解していた）。朝廷内での天皇・上皇の主従制的な支配・求心力の、従来あまり認識されていない一端が、ここからみえてくる可能性があるだろう。

3　東福門院和子の御所

多様な関係性の軸

近世初期・前期の朝廷をめぐる女性として、圧倒的に著名なのは徳川和子（東福門院）であろう。彼女とその御所は、第一節でみた公家たちと天下人の関係、また第二節でみた御所の女中たちの編成にも、大きな関わりを持っていた。禁裏御所の女中たちと和子は深い関係にあり、寛文頃まで、自身の御所で吟味した女中を、自身の判断で禁裏御所に送り込み、禁裏の奥の統制を担っていたことがわかっている（石田俊『近世公武の奥向構造』）。

彼女の御所（中宮御所、のちに女院御所）には、小番を勤める公家たちは配属されなかった。しかし和子は、公家たちの婚姻や経済的な援助、家の設立などについて、江戸の天下人に掛け合っており、こうした彼女が持つ太いパイプを求める公家たちがその御所へ顔を出し、さまざまな用をつとめていた（村和明「近世朝廷の制度化と幕府」）。西洞院時慶は、寛永期（一六二四〜四四）にはあまり禁裏御所や院御所に顔を出さず、東福門院付の女中らに知行の変更の交渉を続けていたことを第二節で述べたが、これに限らず彼は東福門院の御所にはよく顔を出し、そこを守る旗本である天野長信・大岡忠吉《おおおかただよし》をも、しばしば訪問している。西洞院家は、寛永後半に東福門院御所の女中を代表した宣旨局《せんじのつぼね》・綾小路局《あやのこうじのつぼね》を出していた

（久保貴子「禁裏女房の人事と職務」）。それ以前に和子付女房の首座であった権大納言局を出した橋本家の公家たちも、同様によく和子御所に参仕していた。和子御所に勤めた女中たちは、知行の書上類にみえないので、知行地ではなく蔵米を支給されていたと思しい。寛文三年（一六六三）時点で、和子御所には幕府から「召し仕わる衆」のため切米年三七〇〇石が支給されていた（久保貴子『徳川和子』）。ただし女中への配当は和子の自由だったわけではないようである。和子御所の構成員個々への処遇について江戸から下された指示（「大内日記」寛永七年十二月一日）をみると、例えば「左京と申す内侍殿」（詳細不明）について、幼かったので切米三〇石を下されていたが、大人になり「中﨟頭」となったので、かつて同じ地位にあった式部殿（詳細不明）の例によって、五〇石に加増する、との和子御所側の要望を許可している。おたまという女中へは、一一石のところ七石を加増されるなど、かなり細かいところまで、いちいち江戸での最終的な裁可が必要であった。

秀忠の娘である和子の御所は幕府の一部としての性格が強く、男性では二名の旗本が率いる幕臣たちで構成されていたが、ほかにも多くの有力な幕臣が顔を出した。「八人衆」といわれた所司代の板倉重宗、淀城《よどじょう》主の永井尚政《ながいなおまさ》、伏見《ふしみ》奉行・京都町奉行らや、京都を通る目付《めつけ》たちなどの名が、御所付の旗本である天野長信の記録に頻出している（「大内日記」）。

また和子の御所での儀礼・贈答は、武家と公家の婚姻・交際が集約的に表現される場でもあった。例えば和子の御所には高松宮幸仁《たかまつのみやゆきひと》親王（有栖川宮《ありすがわのみや》初代）や九条幸家《ゆきいえ》・道房《みちふさ》らが頻繁に来訪している。幸仁親王妻の亀姫《かめひめ》（寧子、宝珠院）は、秀忠三女勝姫《かつひめ》と松平忠直《まつだいらただなお》との娘で、自身も秀忠の養女として寛永七年（一六三〇）に嫁いだ。九条道房妻の鶴姫《つるひめ》（長子、廉貞院《れんていいん》、九条政所）は、右の亀姫の妹で、寛永九年に家光の養女として嫁いでいる。道房の母である豊臣完子《さだこ》は、秀忠正妻の江《ごう》と豊臣秀勝《ひでかつ》の娘で将軍一族として扱われたとされる。この鶴姫には、慶安四年（一六五一）時点で一〇〇〇石の知行が近江に与えられていた（「諸家元和三年以来新領知之帳」）。注記によると、幼少の頃「大御台様」（秀忠の妻江）から一五〇〇石が与えられたが、江の没後五〇〇石が削られた。宛行文書はなく年月は不明だという。近世初期には、このように女性間と理解された知行宛行も行われていた。なおこうした摂家の妻や天皇の娘の知行地は、女中たちの知行地とはまったく重なっておらず、別扱いだったようである。

世代を重ねると、こうした婚姻にもとづく血縁関係もさらに重層してくる。九条道房と鶴姫との娘である愛姫は、祖母勝姫の養女として、万治元年（一六五八）に浅野綱晟《あさのつなあきら》（安芸広島）に嫁いでいる。他方の浅野綱晟も、秀忠の女系子孫であった（母方の祖母が秀忠次女）。ほかにもこの時期は、将軍家および越前家と、親王家・摂家の間で婚姻が結ばれ、大名家の家格編成において徳川家の地位を強化していた。江戸にいる縁戚たちからの進物も、和子の御所には頻繁に届けられていた。

このように和子の御所では、天皇家・公家たち、徳川家・幕臣たち、女性たちの関係が重なり合っていた。彼女が没すると、とくに江戸の将軍家と公家たちの距離は遠くなり、これが近世朝廷の自律化の前提となった（村和明「近世朝廷の制度化と幕府」）。

和子御所の非蔵人

近世の御所に勤めた者の中核は、江戸からきた幕臣と、京都の公家出身の女中たちであった。そのほかで、いまだ性格が十分明らかになっていない非蔵人という存在について、最後に少しふれよう。非蔵人は公家らを補助して給仕などの雑用などをつとめたとされる者たちで、主に京都の大社の社家、一部は武家の家からから出て、幕末までに三七家、分家を数えると一三〇家に達したという（西村慎太郎「近世非蔵人の成立と展開」）。この非蔵人は、奥の女中たちとも無縁ではなかった。第二節でふれたように、女中のうち御下層は地下官人・社家の出身で、この層の大御乳人の伊予は、統一政権からも重視された存在であった。近世初期・前期の御下層については、人物比定も進んでいないが、出自のわかる寛文七年（一六六七）段階で、少なくとも三名、社家の出身者がいる（石田俊『近世公武の奥向構造』）。非蔵人たちと御下たちはつながった存在であり、下層あるいは周縁的にみえる人びとであるが、ともに朝廷において実質的な運営の一角を担っていたとみられる。

このうち数家には幕府が知行を宛行っていて、公家や女中と同様、幕府から必要とみなされた存在であった。元和三年（一六一七）段階ではみえず、延宝三年（一六七五）段階では八名で、幕末も同数である。元和五年十月に知行を宛行われた非蔵人が知られていて（西村慎太郎「近世非蔵人の成立と展開」）、おそらく上洛していた秀忠が、後水尾天皇が召し使っていた禁裏御所の非蔵人たちに対して知行を宛行ったものであろう。貞享四年（一六八七）に霊元天皇が、自身の譲位後の院御所と禁裏御所の人員について、公家や女中の人分けをした際、「奥」に配置すべき非蔵人の顔ぶれについても具体的に指名しているから少なくともこの段階では、単なる雑用係ではなかった。幕末のことであるが、「奥詰」と称される特に選ばれた非蔵人たちが、議奏らの執務室近くに詰め、その業務文書を扱っていた（村和明「復古記原史料中の近世朝廷文書について」）。

彼らと東福門院の御所におかれた非蔵人たちは、重なり合いつつ、異質な点もあった。和子が高仁《すけひと》親王を生み、後水尾からの皇位継承の準備が進められていた頃、寛永四年（一六二七）九月一日付の永井尚政・井上正就《いのうえまさなり》・土井《どい》利勝《としかつ》連署の奉書で、和子付旗本の天野長信らに対し、非蔵人に支給する切米の額について、禁裏で三〇石ならば、和子の御所では装束などを支給したうえで二〇石ほどとすること、またその居屋敷については板倉重宗と相談するようにと指示が下っている（「大内日記」）。後水尾の譲位後に、和子が女院になることが予測され、あわせて非蔵人を置くことが江戸で決定されたのであろう（中宮時代になぜ置かなかったのかは不詳である）。実際には女院宣下をうける直前から、非蔵人を四名置いたらしく、出自はおのおの上賀茂《かみがも》・下鴨・稲荷社《いなりしゃ》の社家、北野松梅院《きたのしょうばいいん》のようである（史料編纂所蔵写真帳、松尾家記録「慶長以来非蔵人座次惣次第」）。元和九年、和子がはじめて出産した際（のちの明正天皇）、訪れる公家たちの応接には、所司代の板倉重宗や高家大沢基宿《もといえ》ら幕府の武士があたった（久保貴子『徳川和子』）。これに対し、例えば寛永十年九月六日、東福門院御所での歌の会に訪れた公家たちへの対応には、非蔵人たちがあたっている。ほかにみえる職務は、掃除、御幸の供などである

を担ったものといえよう。（「大内日記」）。こうした出自や職務は、非蔵人の職掌として知られるものと同じで、和子御所が御所らしく機能する一翼

しかし、右の奉書では、幕府が扶持米を直接支給し、また江戸からきた台所役人や同心らとともに居屋鋪を確保するとあるから、和子の御所の非蔵人は、身分的には幕府の人員ということになるであろう。和子の御所の男子構成員はほとんどが幕臣であり、その給付は大坂城の幕府金蔵からなされたようで（村和明「近世朝廷の制度化と幕府」）、女中も同様だったとみられる。非蔵人はこうした組織にも収まりうる存在であった。和子御所の非蔵人は、のちの非蔵人たちによる名鑑でも出仕した年が不明とされている場合が多く、把握することが難しい存在であったようだが、一家のみは後まで非蔵人として続いたと推測できる家があって、他の非蔵人集団と枝分かれしたわけでもなさそうである（「慶長以来非蔵人座次惣次第」）。非蔵人全般の研究の深化が今後の課題であるが、和子の御所の非蔵人には少なくとも、禁裏の表・奥、幕府にまたがる和子の御所の（あるいはそれらの境界が明瞭でない段階の）特質がよく表れているといえよう。

おわりに

近世初期・前期までの「朝廷」は、必ずしも天皇・院を軸として編成しきれてはおらず、のちの朝廷とはやや異なるところがあった。むしろ個々の存在を束ねている軸は天下人であって、大名家のように武士間の個々の主従関係の束というのとも異なっていた。古くはこの時期について、朝廷という集団が幕府に圧伏される段階で、のちには次第に反抗してゆくとみなされた。こうしたあらすじは現在も広く、根強くみられる。しかしそうではなく、家綱政権期に、上洛しない将軍と「朝廷」個々の構成員との距離が遠くなり、その代替という面もあった和子も死ぬことで、天皇・院を軸とした集団である近世朝廷としての輪郭が明瞭になっていった、とみるべきであろう。「第一の変容」（高埜利彦『近世の朝廷と宗教』）

とか、「朝廷の自律化」(山口和夫『近世日本政治史と朝廷』)と評される、家綱・霊元頃の変化の内実を、改めてこのように理解したい。

本章では、知行の検討のみからであるが、こうした朝廷の運営を担う存在として、統一政権は当初女中たちに期待していた可能性を考えてみた。役知の対象となる職や高が増えていないらしい点は重要であり、こうした幕府の姿勢は、近世前期までにとどまったかもしれない。政治課題としての御所の表と奥の関係は、朝廷では寛文期に問題となり、その後も御所の財政などにおいて、長橋局など奥の女中たちは一定の存在感を保ち続けたことが知られている。幕府の支配に適合する形で組織化を進めた点、あるいは女性の地位が、表の領域と分離されるにつれ政治の領域において近世初期から次第に重みを失っていった点は、朝廷も武家社会と同じであったろう。だが男性の公家たちは、集団としての実力を戦乱で試され勝ち残ったわけではなく、表の編成は近世前期を通じて進展した。これに対して女中の制度化はより先行し、御所の運営を長く担っていたことが前提にあったのではないか。女性たち、また社家出の非蔵人や御所の侍など、従来下層・周縁的とイメージされた存在からの検討により、近世朝廷像のさらなる刷新が期待される。

〔参考文献〕

石田　俊『近世公武の奥向構造』吉川弘文館、二〇二一年
奥野高広『皇室御経済史の研究』中央公論社、一九四四年
久保貴子『徳川和子』吉川弘文館、二〇〇八年
久保貴子「禁裏女房の人事と職務」総合女性史学会編『女性官僚の歴史』吉川弘文館、二〇一三年
熊倉功夫『後水尾天皇』中央公論社、二〇一〇年、初出一九八二年
高橋　博『近世の朝廷と女官制度』吉川弘文館、二〇〇九年

高埜利彦『近世の朝廷と宗教』吉川弘文館、二〇一四年
田中暁龍『近世朝廷の法制と秩序』山川出版社、二〇一二年
西村慎太郎「近世非蔵人の成立と展開」朝幕研究会編『論集近世の天皇と朝廷』岩田書院、二〇一九年
橋本政宣『近世公家社会の研究』吉川弘文館、二〇〇二年
林　晃弘「寛永四年の「平野社縁起」制作について―西洞院時慶の平野社再興と海北友雪最初期の画業」『東京大学史料編纂所附属画像史料解析センター通信』七八、二〇一七年
福田千鶴『近世武家社会の奥向構造』吉川弘文館、二〇一八年
松澤克行「近世の公家社会」大津透ほか編『岩波講座日本歴史　近世3』岩波書店、二〇一四年
村　和明『近世の朝廷制度と朝幕関係』東京大学出版会、二〇一三年
村　和明「近世朝廷の制度化と幕府」『日本史研究』六一八、二〇一四年
村　和明「史料紹介　復古記原史料中の近世朝廷文書について」『東京大学史料編纂所研究成果報告書二〇二二―七　明治太政官文書を対象とした分散所在史料群の復元的考察に基づく幕末維新史料学の構築』史料編纂所、二〇二三年
山口和夫「近世の公家身分」深谷克己・堀新編『〈江戸〉の人と身分3権威と上昇願望』、吉川弘文館、二〇一〇年
山口和夫『近世日本政治史と朝廷』吉川弘文館、二〇一七年

第5章

島原の乱と禁教政策の転換

木村直樹

はじめに

本章では、日本近世史上、大事件の一つであった島原《しまばら》の乱を切り口に、その後の日本におけるキリシタン禁制政策の展開を概観してみたい。

島原の乱は、キリシタンによる幕府・大名への異議申立という特質のみならず、当時の日本社会の置かれた状況や環境条件と大きく関わる。そのため本章の前半では島原の乱について、多様な角度から検討する。とくにキリシタン禁制と飢饉の問題に注目しつつ、以後一七世紀のキリシタン禁制政策の展開を述べる。そして最後に、一七世紀末に完成したキリシタン禁制のシステムは、近世中後期にどのように内実を変質させていったのかふれたい。

一七世紀前半は、中世から続く領主階級間の長い抗争の時代が、大坂夏の陣やいくつかの武力行使を伴う御家騒動を経て、終焉を迎える時代であった。次の時代は、領主による農民支配を基軸とした体制へと変わっていくとされる（山口啓二『幕藩制社会の構造』）。島原の乱はその転換点にあたり、島原の乱以後、民衆統制の一つの柱としてキリシタン禁制が位置づけられていく。キリシタン禁制政策は、一六世紀末の豊臣秀吉《とよとみひでよし》のバテレン追放から続く政策ではあるが、島原の乱によって大きくその位置づけが変わったという立場から、本章では、島原の乱以後のキリシタン禁制政策を扱っていく。

なお、島原の乱は、近年学校教科書などでも「島原・天草《あまくさ》一揆」と表記することも増えている。参加した民衆側の視点に重点をおいた記し方であるが、本章では、そもそもこの事件に関する当時の史料のほとんどが、抑圧した側の武士の史料であり、また武士側の論点についてもふれていくことから、あえて「島原の乱」と表記する。同時に民衆側として参加した側については一揆勢などと表記することとする。

1　島原の乱

島原の乱とは

島原の乱は、寛永十四年（一六三七）十月下旬に、肥前有馬《ありま》地方と肥後天草地方で相次いで百姓が一揆を起こしたことから始まった。すでに同年夏には天草周辺で、さまざまな奇蹟を起こすとされる益田《ますだ》（天草）四郎時貞《しろうときさだ》を前面に立てて百姓たちを扇動する動きが起こっていたともいわれる。有馬地方（高来郡《たかきぐん》）では、領主松倉氏《まつくらし》の支配に対する一揆が起こり、代官などを討ち果たし領主の城である島原城に迫った。唐津《からつ》寺沢氏《てらさわし》の飛び地である島原半島対岸の肥後天草で発生した一揆も、同様に当初寺沢氏の天草の支配拠点富岡城《とみおかじょう》を攻めた。しかし、島原城も富岡城もかろうじて持ちこたえ、その後、二つの一揆勢は合流し、同年十二月初頭、慶長十九年（一六一四）以来廃城となっていた島原半島の原城《はらじょう》に立て籠もった。なお原城は、当時「はるじょう」「春城」などとも記されている。

幕府は、一揆を領主が自分たちの手で収拾できないと判断すると、武家諸法度の規定上、藩領を越えて出兵できずに藩領境目付近に展開していた近隣の九州諸藩に対して、島原・天草への援兵を命じた。諸藩は、世子などを指揮官として軍勢を動員し、幕府も総指揮官として板倉重昌《いたくらしげまさ》らを派遣した。しかし、幕府軍は同年十二月に城を包囲したうえで、二度大掛かりな攻撃を行ったが、うまくいかなかった。

旧主有馬氏によって建設された原城は、近世城郭としての堅牢な石垣や複雑な城の構えを有していた。また、城は三方を海に突き出した崖の上にあり、陸側部分はぬかるみの多い田が城の前に広がっていて、きわめて攻めにくい城だった。元和四年（一六一八）から始まる新領主松倉氏の島原城築城に際し、原城の構造物は大方移築されたとされるが、近年の発掘調査によれば、一揆籠城の頃も本丸などに一部建物が残っていた可能性がある。また、天草地方から参加した一揆勢は、海を渡るときに利用した船を分解し、即席の板塀として城をおおっていた。

しかも寛永十五年元旦に行われた総攻撃で、幕府軍司令官板倉重昌まで戦死してしまった。正月四日に、新たに江戸から幕府年寄《としより》の松平信綱《まつだいらのぶつな》が到着した。本来は鎮圧後の処理のために派遣されてきたが、結果的に新司令官となった。さらには江戸に留められていた戦争経験のある藩主クラスも出立を命じられ、同月中旬に相次いで自藩の軍勢と合流した。ようやく諸藩の軍隊が指揮官の命令のもと、有機的な活動ができる状況が整った。そして新司令官の松平は、これまでの強硬策を転換し、食料の乏しいと想定される一揆勢を、包囲する干殺し戦術を採用した。二月二十二日未明に、一揆勢は夜襲をしかけたが、退けられ、一揆勢の組織的作戦遂行能力は大幅に消耗してしまった。この状況下で、幕府軍の総攻撃の準備が始まったが、天候悪化のため延期し、二十八日に総攻撃を行うこととなった。

ところが、総攻撃前日の二月二十七日昼頃、佐賀藩と一揆勢との間で散発的に戦闘が発生し、これが拡大してしまい、なし崩し的に総攻撃が始まってしまった。同日夜までに三の丸・二の丸が相次いで占領され、深夜には本丸の端に熊本藩勢が到達した。二十八日早朝、一揆勢総大将の益田四郎も熊本藩士の陣佐左衛門《じんすけざえもん》に討たれ、また残存していた周辺出丸《でまる》も相次いで陥落し、一揆勢は文字通り全滅し、ここに島原の乱は終焉を迎えた。翌三月一日より数日にわたり、幕府軍は城の破却（城割《しろわり》）と残兵の掃討戦を進めた。現在、本丸の発掘が終わり、二の丸など周辺の調査が計画されている原城遺跡は、まさに破却直後の姿を、私たちに伝えてくれる。

一揆勢参加者は、三万七〇〇〇人程度とされる。幕府軍は当時の各藩の軍役規定などに従うと公称一二万四〇〇〇人余とされるが、実際には一五万人以上が動員されている。さらに、周辺の島原城や富岡城の在番《ざいばん》に五万石程度の九州の小藩が動員され、一揆へ呼応しないよう長崎市中へは大村藩《おおむらはん》兵が進駐した。原城周辺の東西・南北それぞれ二キロ程度の狭い地域だけでも、双方合わせて二〇万人ほどの人びとが、三ヵ月近く対峙した特異な戦場であった。

一揆の特質

このような一揆はなぜ起きたのだろうか。研究のうえでは、①厳しいキリシタン弾圧への抵抗、②領主による苛政への反抗という二つの原因をめぐって議論がなされてきた。近年では、一揆の運動形態に着目し、中世以来の要求を貫徹するための土一揆の視点からとらえ直す必要性も指摘されている（神田千里『島原の乱』）。

この点については、筆者は、キリスト教弾圧と重税への抵抗が複合的に重なり、状況の変化によって、籠城したキリシタンの殉教《じゅんきょう》という最終段階へと向かっていったと考えている。

まずは一揆の背景を考えてみよう。島原の乱終息後まもなく、一七世紀日本では最大の飢饉である寛永飢饉が、寛永十九・二十年（一六四二・四三）にピークを迎える。世界的にみて、一七世紀前半は小氷河期ともいえる天候不順な時期であり、欧州でも社会が混乱し、戦乱が続いていた（中塚武監修『気候変動から近世をみなおす』）。

日本の場合、西日本の干ばつと東日本の冷害が複合的に派生

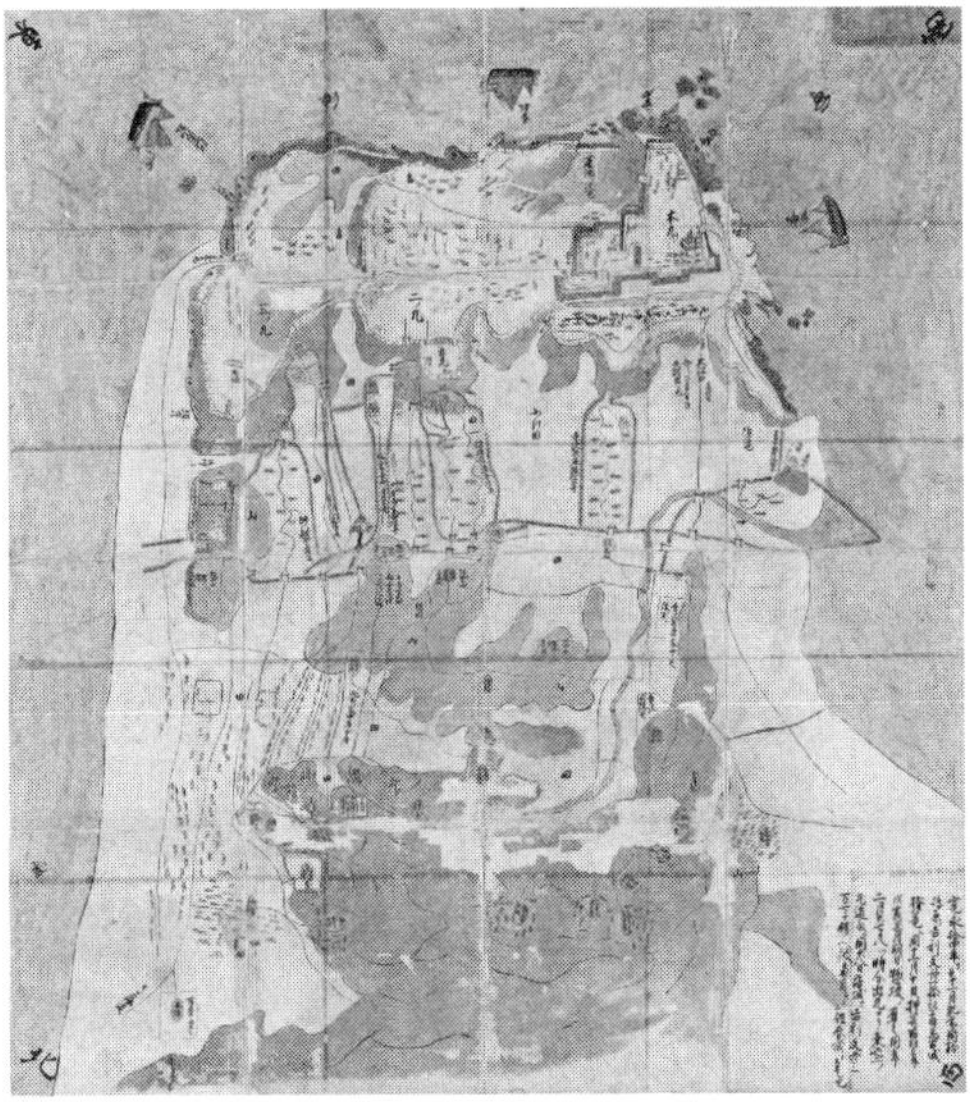

図5–1　「肥前国原城攻図」（佐賀県立図書館所蔵）

した。島原の乱が勃発する直前、村や町が困窮するなかで、重税が課され、一揆が起きる素地がつくられていった。そして一揆が起きると、もともとキリシタンだった者同士の紐帯《ちゅうたい》が、組織をまとめあげる主要なつながりとなったのである。

複合的な要因によることは、当時から藩や幕府に認識されていた。一揆の報に接した周辺諸藩は、最初から「きりしたん一揆」と認識はしていた。しかし同時に、鎮圧後に領主だった松倉・寺沢両氏が幕府によって処罰された際の理由は失政とされており、単なる厳しいキリシタンへの弾圧だけではないこともわかる。一方で、長崎の出島《でじま》に隔離され、一揆勢が同じキリスト教徒として援軍を期待したポルトガル人たちは、「農民一揆」と考え、具体的な反応はしていない。同時代の人びとたちからしても、一揆の性格を単一に理解していない。

自然条件が厳しさを増すなか、苛政に対する反抗として始まりながら、一揆はやがてキリスト教殉教路線へと収斂《しゅうれん》していった。四ヵ月に及ぶ一揆のなかで、性格も変わっていったと理解すべきなのではないだろうか。一揆の構成員に目を向けると、発生当初は多様であったことからも、一揆の複合的性格が見出される。

キリスト教という点では、一揆が始まる数年前の寛永十年頃まで、島原や天草では潜伏していた宣教師がみつかるなどしていることから、信者組織が存在していたことが確認でき、彼らの多くが原城に籠もったとみられる。しかし、それでも、天草では参加しなかったキリシタンたちもいた。彼らは潜伏キリシタンとして、それ以後も集団を維持し、一九世紀になって異宗問題として政治レベルに浮上する。あるいは島原半島でも、南部の村々は参加しているが、北部はほとんど参加しておらず、そのなかにはもともとキリシタンだった人びともいたはずである。一口にキリシタンといっても一枚岩ではなかった（五野井隆史『島原の乱とキリシタン』）。

その背景には、日本布教をめぐって、ポルトガルの支援をうけて最初に日本で活動したイエズス会に対して、一六世紀末にスペインの支援をうけて新たにドミニコ会やアウグスチノ会など托鉢《たくはつ》系修道会が参入し、内部ではさまざまな対立も生じていたことがあげられる。また、籠城後、城から脱出したり偶発的に捕虜となったりする者もいたが、彼らの供述書には、一揆が始まってキリスト教徒になることを強制された、という事例もいくつもある。

兵農未分離と戦場に集う人びと

一揆勢が三ヵ月に及ぶ長期間の籠城戦を戦い抜いた背景には、攻めるに難しい原城の地理的条件と同時に、最後まで統制のとれた一揆勢の組織力があった。一揆勢の組織を考えると、武士に対抗する百姓という単純な身分対立という構図ではとらえきれない。

一揆勢は村単位で参加することが多く、島原半島南部と天草諸島の村々が参加した。各村の指導者たちは、中世末には、参加した村や周辺を治めていた中小規模の武士の系譜を持つ元領主とみられる。島原半島では、キリシタン大名で有名な有馬氏が、慶長十九年（一六一四）に日向延岡《のべおか》に転封《てんぽう》すると、家臣たちの一部は島原に残り、庄屋《しょうや》など村の指導層を形成していた。彼らのなかには戦国時代を戦い抜き、朝鮮への出兵に従軍し、異国での厳しい戦争を体験した者もいる。さらに天草側では、肥後の旧領主小西行長《こにしゆきなが》の旧臣たちも参加していた（『原史料で綴る天草島原の乱』）。小西もキリシタン大名であり、肥後にはキリシタンが多かった。

また、村人は、一七世紀後半に全国で展開する自立して互いが平等な立場にある小農というよりは、中世からの大家族的な経営に包摂された隷属民のような性格も強かったと推定できる。そして、戦場経験の豊富な元武士が、そのような一揆軍を統率した。兵農分離がまだ完全にできていない地域状況があったと考えられる。発掘調査から、あれだけの人数が長期に滞在したにもかかわらず、炊事場が集中的に運用され、配給型の食事であったことがわかっており、このことは、一揆勢の内部統制が非常に強かったことを示している（服部英雄ほか編『原城と島原の乱』）。

そして女性や子どもも、家族全員で籠城し、戦闘員として活動していることも特徴としてあげられる。城は崖の上にあることから、石を投下したり、煮えたぎった湯や糞尿を浴びせたりする戦術が有効であり、十分に女性や子どもも戦闘員たりえたのである。実際に、幕府軍側の死傷者で一番多かったのは、「石疵」すなわち投石によるものだった。

一方、一揆勢に対して四倍以上の兵員を動員した幕府軍は、どうであっただろうか。寛永十五年（一六三八）正月までは、出兵した九州の各大名家は、戦場経験のない世継ぎなどの若い世代クラスが、経験を積むために指揮を執っていた。歴戦の戦士に指揮され、統制のとれた一揆勢に苦戦を強いられたのは、当然の結果といえる。

幕府軍陣地や周辺には、各大名家の藩士だけではなく、さまざまな人びとがやってきていた。まず、後方支援のために各大名家の領民から、物資を運搬するための百姓や水主《かこ》、現地での攻城道具の製作・陣地構築のために大工などの諸職人が動員されていた。あげくには、原城内の井戸の水抜きや心理的圧迫を加えようと、城の地下部分へ横穴をうがつための鉱山技術者や坑夫など、実にさまざまな職能集団が現地に派遣されている。

さらには、仕官のために戦功をあげようとする全国からの牢人《ろうにん》、陣中見舞と称し派兵しなかった大名が派遣して現地に残留し戦闘に加わる使者たち、長崎代官末次平蔵《すえつぐへいぞう》が率いる元武士の長崎町人（大砲打ちまでいた）、短期間ではあったが松平信綱の要請によって海上からの砲撃に参加したオランダ人など、本来動員されていない兵力も存在した。籠城戦の長期化に伴い、近隣には仮小屋を連ねた町ができ、武具や食料を売る諸商人、遊女までいた。

一揆勢・幕府軍双方で、少なくとも二〇万人以上のさまざまな身分の人びとが一ヵ所に集まっていた。当時の日本の人口が推定で二〇〇〇万人台であったことを考えると、人口の一％近くの人びとが存在する一時的な大都市が突如として出現したともいえる。

2　禁制強化と広域的キリシタンネットワークの分断

内政・外交への影響

ようやくこの一揆を鎮圧することに成功した幕府は、この結果、内政と外交政策で大きな変更を行ったことが知られている。本節では、まず幕府の内政・外交への影響を、①武家諸法度、②ポルトガル船追放と沿岸警備体制、③飢饉対策、④九州への幕府権力の浸透の四点から概観し、そのうえで新たに寛永十五年（一六三八）以後に展開していくキリシタン禁制について考えてみたい。

まずはキリシタン禁制政策以外の側面をみてみよう。

①の武家諸法度について、寛永十五年五月二日、武家諸法度の解釈を修正し、周辺地域が騒乱状態となった場合、大名が幕府の許可を得る前に藩境を越えて出兵することを認めた。出兵制限の規定が島原の乱の長期化を招いたという認識により、領主階級として結束することが重視された（『姫路《ひめじ》酒井家《さかいけ》本江戸幕府日記』）。

次に②について、外交政策における喫緊の課題は、寛永十三年に長崎に出島を築造したときから、そこに隔離して貿易を続けていたポルトガルとの関係であった。失敗に終わったものの、一揆勢がポルトガルの援軍を期待し、使者を長崎へ派遣したことは大きな意味を持った。ポルトガル人が日本へ来航する限り、キリシタンたちが援軍を期待して蜂起する可能性があった。ところが、当時の貿易の中核である生糸の輸入は、長崎とポルトガルの根拠地マカオとの間が最大規模で安定しており、ポルトガルを追放すれば、調達は可能かどうかが課題であった。

しかし、オランダ東インド会社との交渉のなかで、幕府は代替可能と判断し、寛永十六年にポルトガル人の日本への来航を禁じた。実際に以後、生糸の輸入は、台湾などで出会い貿易を行う唐船と、オランダ船によって可能となった。ただ、両者は中国大陸で直接仕入れることができないため、長崎では量的確保はできたが、質的に上質な生糸は、近世を通じて中国との朝貢《ちょうこう》貿易を行う朝鮮や琉球王国を経由して日本国内へもたらされている。また空き家となった出島には、寛永十八年に平戸《ひらど》からオランダ商館が移され、幕府は長崎で、オランダ東インド会社の船と東南アジアの華僑《かきょう》を含めた唐人たちが乗り組む唐船を長崎に集約し、貿易管理を行った。

さらに、追放した翌寛永十七年、マカオから貿易再考を求めて来航した使者を幕府が殺害したため、その報復への警戒と相次ぐ宣教師団の密入国対策として、西日本を中心に諸大名に命じ沿岸警備体制を構築した。具体的には各藩の沿岸部に遠見番所《とおみばんしょ》が設けられ、また非常時には長崎などへ諸藩の軍勢が集結する体制がとられるようになった。実際に、正保四年（一六四七）のポルトガル使節来航に際しては、戦闘には至らなかったものの、九州諸藩の軍勢が長崎湾を埋め尽くした。長崎の警備も福岡藩と佐賀藩による隔年の長崎湾警備だけではなく、非常時には長崎市中に大村藩兵が展開した（松尾晋一『江戸幕府の対外政策と沿岸警備』）。

また、島原の乱についての経過やそれに伴うキリシタン禁制の強化は、周辺諸国や来航する船舶に対しても強く通告された。オランダ船と唐船に対して通知されたのはもちろんだが、さらに対馬藩《つしまはん》を通じて国交のある朝鮮へも通告された。とくに宣教師の潜入が相次ぐと詳細に通知している（山本博文『鎖国と海禁の時代』）。

さらに琉球に対しては、キリシタン禁制と異国船に対する沿岸警備体制も島津氏《しまづし》を通じて強制し、琉球では異国船警備体制が敷かれるなど、日本の沿岸警備体制の一環に組み込んでいった。

③の飢饉政策としては、すでに述べたように一揆の一因に不作が続いたことがあり、乱後にさらに深刻化して寛永飢饉は頂点を迎えることから、幕府は、飢饉の対策に腐心し、その後は慶安改革ともいうべき、百姓の経営が安定した社会をめざした政策へと転換していく。

④の幕府権力の九州への浸透については、島原の乱終了後、幕府は長崎奉行をそれまで夏の貿易シーズンに派遣していた制度を改め、二名の奉行のうち常に一名が長崎に常駐し都市支配を強化した。そこには貿易統制やキリシタン禁制政策も含まれた。さらに、島原には譜代《ふだい》大名高力氏《こうりきし》を入部させ、やがて慶安二年（一六四九）には唐津へ譜代大名大久保氏《おおくぼし》を入部させる。彼らは長崎警備の参与的立場をとる。それまで九州東側の豊前・豊後に展開した小笠原氏《おがさわらし》一門以外にも幕府は譜代大名を配置し、長崎や天草・日田《ひた》とともに九州における幕府の存在感を高めることとなる。

キリシタン禁制政策の転換

島原の乱以後、幕府はキリシタン政策を徹底した。幕府は慶長十七年（一六一二）以来、キリシタン禁制政策を実施し始めていたが、貿易問題との兼ね合いから徹底できなかったり、大名の領内での対応には差があったりしており、統一的な展開はできていなかった。しかし寛永十五年（一六三八）以後、全国に徹底化されていく。法の支配からみると、二つの注目すべき点がある。

第一は、禁制の主たる対象が、宣教師などから信者全体へと拡大していることである。

三代将軍家光《いえみつ》の親政が始まる寛永九年以後、長崎奉行が赴任するときに将軍から与えられた指示（従来第一〜四次鎖国令と称される法令）には、バテレン（宣教師）を密告したときの具体的な報奨金の額が示されていたが、その他の宣教を補佐する役割や一般信者は「その忠にしたかひ」と密告内容によるとされ、主たる対象が宣教師にあった（『徳川禁令考《とくがわきんれいこう》』）。

ところが、寛永十五年に全国の村々に高札《こうさつ》として掲げることになった禁制では、対象がバテレン・イルマン（布教の補助者）・キリシタン（一般信者）と分類され、一般のキリシタンについても報奨金の額が定められた。一般の信者から宣教師に至るすべてのキリスト教関係者が処罰対象となった。対象の変化は各種の法令の文言にも見出される。対象が「伴天《バテ》連《レン》」ではなく「切支丹《キリシタン》」の文言が飛躍的に増えてくるのである（清水紘一『キリシタン禁制史』）。

第二に、寛永十五年九月に発出された法令は、「御国中ニ御高札」を立てるようにと指示が出され、大名の支配領域を超えて、全国の村や都市に対して高札などの形で掲げることが要請されている（毛利《もうり》家《け》文庫『公儀《こうぎ》所日乗《しょにちじょう》』寛永十五年九月二十日条）。幕府の法が藩などの支配を超えて全国の村にまで直接達したことを意味し、幕府法の適用を考えると画期的な法令であった。幕府は、国内の根幹となる法として寛永十五年のキリシタン令を位置づけた（服藤弘司『幕府法と藩法』）。

飢饉と移動するキリシタン

すでに述べたように、島原の乱の遠因には不作が続いていたことがあるが、乱が鎮まった寛永十五年（一六三八）夏以後、状況はさらに深刻化していく。九州に目を向けると、同年、牛や馬が疫病で大量死するという現象がみられる。当時の耕作は、効率的な肥料があまりなく、田畑を深く掘り返すことで養分のある土を確保していたが、牛がいなくなると深耕ができなくなり、翌年以降の作況が大幅に悪化することとなった。熊本藩主細川忠利《ほそかわただとし》は、牛の代わりに馬を投入しても、掘り返しは弱く翌年の収穫に影響し、また馬の動員によって、山から切り出す材木の運搬量が大幅に減じ、城下町では燃料の薪《まき》が不足し都市生活も困難になると、負の連鎖を嘆いている（寛永十五年十月十三日付細川忠利書状『大日本近世史料細川家史料』）。寛永十七年になると牛疫病は全国に拡大し、寛永十九・二十年になると飢饉はいよいよ深刻化する。

寛永十九・二十年は、東日本では冷害、西日本では干ばつとなり、寛永十年代の連続的な不作傾向もあいまって、全国的に飢饉となり、ピークを迎えて五万とも一〇万ともいわれる犠牲者がでた（『榎本弥左衛門覚書《えのもとやざえもんおぼえがき》』）。幕府始まって以来の大規模な飢饉に対し、幕府は、幕閣や各奉行らを二つに分け、東国と西国とに分担して全国的な対応にあたらせたことが知られている（菊池勇夫『近世の飢饉』、藤田覚『近世史料論の世界』）。

社会不安が続くなか、幕府はキリシタン禁制政策も同時並行で推し進める必要があった。とくに注目されたのが、飢饉で流民が多数出るなかで、移動するキリシタンたちの存在であった。そもそも本格的にキリシタン禁制が展開する寛永十五年、日本の布教組織のなかで重要な地位にある宣教師たちが、九州ではなく東北地方で相次いで摘発されたことも、幕府に広域的なキリシタンの摘発が必要であると認識させることになったとみられる。

寛永飢饉の最中、十九年五月、幕府が国元へ帰国する諸大名へ申し渡した四ヵ条では、①キリシタン宗門摘発の領内での徹底、②宗門改《しゅうもんあらため》という名目で交通往来を妨げないこと、③昨年からの全国的不作で民衆が苦しんでいるので撫育《ぶいく》するよう、④各自の帰国を順番に行うこと、が命じられている（『姫路酒井家本江戸幕府日記』）。飢饉とキリシタンがこの段階では重要であり、両立した対応を幕府が注視していたことがわかる。また、飢饉によって流民となった人びとにまぎれて移動するキリシタンの存在が、想定されていたことも理解される。

実際、藩レベルでは、移動するキリシタンはどのように理解されていたのだろうか。幕府の重要政策の決定に関与していた譜代大名筆頭の彦根《ひこね》藩《はん》主井伊《いい》直孝《なおたか》は、国元の家臣への覚書で、地域ごとにキリシタン改めをすると、地域間の実施の時期の違いを利用して、個々のキリシタンは移動しながら詮索を逃れている、そのことに留意するよう命じている（寛永二十一年二月三日付『久昌公御書写《きゅうしょうこうごしょうつし》』）。前年二十年にも井伊は、キリシタンが全国を「徘徊」（移動）していると認識していた。幕府も、帰国する大名へ、逃げ散ったキリシタンが諸国に移動することはありうると警告している（『公儀所日乗』寛永二十年二月十一日条）。

飢饉により人の移動が活発化し、それに乗じて移動するキリシタンの存在を幕府や藩は警戒していたことがわかる。

禁教政策による広域的ネットワークの切断

それでは、幕府は寛永十五年（一六三八）のキリシタン禁制の強化によって、諸国に拡散して逃亡すると認識する宣教師やキリシタンたちを、どのようにして追い詰めていったのか、幕府大目付《おおめつけ》の井上政重《いのうえまさしげ》に注目して考えてみたい。

井上政重は寛永九年に大目付に任じられ、島原の乱以後に幕府が禁制政策を強化するなか、やがて政策の実施のうえで中核的な役割を担うようになる。寛永十六年に東北で捕縛されたバテレンたちが、江戸で尋問をされた際に、町奉行などが苦労し、結果的には井上が担当して自白に成功したことを皮切りに、江戸へ集められたキリシタンの尋問や預かりを行うようになったとみられる。井上自身、後任者である北条氏長《ほうじょううじなが》に、自分はキリシタン宗門改については、とくに将軍に対して任務遂行を誓う誓詞《せいし》を提出したことはないと述懐しており、組織的立ち上げではなく、なかば、なし崩し的に始まったことがわかる。

寛永十九年になると、井上から直接各藩へ、領内にいるキリシタンを捕縛するよう指示が送られるようになっている。井上を軸として展開した幕府のキリシタンの探索の網は、領主の支配を超えて広域的に行われていた。

例えば、岡山藩の事例をみてみよう（池田文庫《いけだぶんこ》「備前国吉利支丹帳」、村井早苗『キリシタン禁制の地域的展開』）。寛永二十年、井上政重から、同藩領内にいる菓子屋《かしや》佑右衛門《ゆうえもん》と家中の又者《またもの》（藩士の家来）の船橋徳左衛門《ふなばしとくざえもん》がキリシタンであることから、拘束して江戸の井上のもとへ送るよう指示がきている。彼らをキリシタンとして訴えたのは、出羽庄内藩《しょうないはん》主酒井忠勝《ただかつ》の家中の又者の庄右衛門《しょうえもん》という者であった。さらに船橋徳左衛門や妻の自白から、新たに岡山藩内のキリシタン数名が拘束されるが、これも江戸での船橋夫婦の自白の結果をうけた、井上の指示による。また、寛永二十一年、摂津高槻藩《たかつきはん》主永井《ながい》直清《なおきよ》の足軽《あしがる》の仁右衛門《にうえもん》の訴えによって、岡山藩士塩川八右衛門《しおかわはちえもん》が江戸へ送られている。

岡山藩内にはいくつかのキリシタンのつながりもあるが、藩の記録のうえでは、岡山藩とは関係のない地域で捕縛されたキリシタンたちの情報が井上のもとに集約され、そこから新たなキリシタンを捕縛している事例が多い。

また、キリシタンであると訴えられた者を捕縛した際、その家族の対処については、江戸に送られることは少なく、牢《ろう》舎《しゃ》を命じられる者もいれば、預置となっている者、また取調べ後は藩内に居住するようにとの指示に留まる者など、個別の状況に応じて対処されていたとみられる。後述する一七世紀後半に制度化するキリシタン類族のように、血縁にもとづいて一律に取り締まったわけでもない。供述内容などにもとづき、主として広域的なキリシタン同士の線的なつながりを一つずつ解体する方向が見出され、分断を通じて組織的解体をめざしていたと考えることができる。

捕縛したキリシタンに関する史料には、井上家家老《かろう》である惣山市之丞《そうやまいちのじょう》・井上右馬允《いのうえうまのじょう》などという人物らが、引き渡しの場に現れたり、各大名家から江戸に送られた際の引き取り手として登場したりする。とくに他地域のキリシタンたちの情報を持っていると思われるような重要人物は、江戸へ送られ、井上の管理する屋敷に収容されている。一七世紀後半以後、小日向《こひなた》のキリシタン屋敷として幕府が管理するこの土地は、もともと幕府代官の野村彦太夫《のむらひこだゆう》の支配地を、井上が借りうけて設備を整えた（『契利斯督記《きりしとき》』）。

キリシタンが多かった九州の場合、のちの延宝元年（一六七三）に長崎奉行所立山《たてやま》役所となる場所（現在の長崎歴史文化博物館）に、井上政重が預かる屋敷が存在していた。多くの情報を持っていたり組織内で地位が高かったりする九州のキリシタンたちはそこへ収容されている。井上家家臣のなかで、九州の大名との諸連絡やオランダ関係の案件を仕切っていた家老井上右馬允が、長崎に時折やってきて尋問を行ったり、あるいは江戸への護送を行ったりしていることが確認できる（『オランダ商館長日記』）。

このように、寛永年間末頃から三代将軍家光の死去（慶安四年〈一六五一〉）の頃までは、全国に散らばったキリシタンたちのネットワークに焦点を絞り、広域的なキリシタンのつながりを断つような捕縛が行われていたこと、また大名である大目付の井上政重が、その家臣団を動員してキリシタンの摘発や捕縛したキリシタンを管理していたことが特徴といえる。

井上は、一〇人分のキリシタンの訴えがあると、三〜五人程度を取り調べ、どうしても全員を捕縛の対象とする場合は、老中《ろうじゅう》や将軍などに指示を仰いでいたと、大目付を引退する明暦四年（万治元・一六五八）頃、後任となる北条氏長に申し継ぎをする際に述べている。すべてのキリシタンを摘発の対象とはしていなかったのである（『契利斯督記』）。この背景には、後述するように国中に元キリシタンや、潜伏するキリシタンが、なお多くいるという認識があった。

また、すべてのキリシタンを厳罰に処すと、持続できなくなる地域社会が存在することも確かだった。島原半島南部の状況をみてみよう。この地域のキリシタンは島原の乱の鎮圧で壊滅した。同時に、この地域の多くの村々は無人となってしまった。百姓がいなければ、生産もできず年貢もとれない。そこで幕府は、西国諸藩に命じて、領地の石高に応じた人数の百姓を島原半島へ強制的に移住させ、村を再建しようとした。各地から百姓が集められ、幕府側は農民の次男三男などが新たに家を起こす契機となることを期待したが、生産性があまりよくない土地柄のため、実際には、若夫婦に当主の座を渡し地元に残させ、年老いた両親が島原へ赴く事例なども発生した。一七世紀半ばまでは、人集めが難しい状況が続いた。そのため、寛永十六年に新たに島原に入部した高力氏は、積極的に近隣の藩領から離脱した「走り者」を受け入れたため、幕府が仲裁に入るほどの問題となることもあった（『大村見聞集』）。それでもなお、そうした対策により、ある程度の地域社会の復活がなされた。それは、現在の島原半島南部が、方言学的にみて系統的に異なる言葉が集落ごとに話されている特異な地域であることからもわかる。

このようにして、キリシタンの主だった人物たちは、井上政重とその家臣団によって、ネットワークの結節点をたどられた末、全国的に捕縛されていった。おおむね慶安年間（一六四八〜五二）までこの傾向は続いた。

3 禁制の形式的全面展開

相次ぐ「崩」

幕府の広域的なキリシタンの結びつきを断っていく摘発の進め方は、三代将軍家光の死後、大きく変わってくる。慶安四年（一六五一）、四代将軍徳川家綱《とくがわいえつな》は、わずか一〇歳で将軍となった。そのため、幕政は、寛文年間（一六六一〜七三）初頭までの一〇年余は家光の遺臣たち、すなわち老中松平信綱・阿部忠秋《あべただあき》、大老《たいろう》酒井忠勝らが中心とならざるをえず、彼らは家光時代の方針を維持することで、幕政の正統化と安定化をめざしていた（木村直樹『幕藩制国家と東アジア世界』）。

一方、キリシタン禁制では、どうであったのか。家綱が将軍となったとき、家光時代に中心となって担っていた井上政重も六五歳を超えており、井上の個人的資質やその家臣団に依存するしくみも限界を迎えつつあった。また、井上の活動は、家光との個別な主従関係による信頼と委任を前提としたものであり、固定的な職制ではなかった。

そして、この時期、相次いで「崩《くずれ》」と称される、数百人規模のキリシタンが一定の地域からまとまって露見し、弾圧される事件が発生する。大村郡崩《おおむらこおりくずれ》・豊後崩・濃尾崩《のうびくずれ》の三つの大規模なキリシタン露見である（チースリク監修『キリシタン』）。

まず、明暦三年（一六五七）、長崎の町人から、縁者の大村藩領郡村の者が依然としてキリシタンであることが長崎奉行に報告され、そこから大村藩領の郡村を中心に六〇八名のキリシタンが二ヵ月前後で発覚した。

同じ九州では、キリシタン大名だった大友宗麟《おおともそうりん》の旧領でもともとキリシタンが多かった豊後で、万治三年（一六六〇）

に熊本藩飛地で七〇人のキリシタンがみつかったことを皮切りに、豊後内の岡藩《おかはん》・臼杵藩《うすきはん》・熊本藩・府内藩《ふないはん》・幕領で、以後二〇年間ほどで、少なくとも一〇〇〇人以上のキリシタンが捕縛されている。

同時期、寛文元年（一六六一）には、尾張藩領に接する旗本領からキリシタン二〇名余がみつかり、尾張藩領や美濃へ捜査が拡大し、同七年までに一〇〇〇人以上のキリシタンが斬罪となっている。

このように一六六〇年前後から大規模な、集落や家族単位でのキリシタン露見が続いた。島原の乱からすでに二〇年は経とうとしていたが、依然として日本各地にキリシタンの集団が存在していたことが明らかとなったのである。

万治元年に井上が大目付を退任したのち、九州のキリシタン捕縛の司令塔となった長崎奉行は、この事態を比較的冷静に受け止め、多数のキリシタンがみつかることは十分にありえると認識していた。

長崎奉行の黒川正直が寛文四年と推定される臼杵藩士に語った覚書によれば、かつての壱岐《いき》におけるキリシタンを例にあげて次のように述べている（臼杵市所蔵稲葉文書「一二月一七日覚書」）。現代語訳をすると、このようになる。

以前、壱岐の者は残らずキリシタンであると将軍家光の耳に達した。将軍はご存知ではなかったが、なかでも深くキリスト教を思う主要な者だけをご成敗された。そのほかの軽い者たちはそのままにされ、キリスト教であまり深く信仰せず当面邪宗に引き入れられた者は自ずと棄教し、今はキリシタンが一人もいない。

崩れが発生する以前は、主要な者さえ取り締まれば、自ずと信仰組織は解体すると幕府の中枢もみていたことになる。しかし現実には、村落共同体レベルでの末端組織は、地域によっては残っていたことが発覚したのである。

井上政重の引退

このような集落単位でのまとまったキリシタンの露見は、意図的だったか偶発的であったかは、研究上議論が分かれるが、少なくとも井上政重が主導した時期からの転換点となったのは確かであった。

井上は万治元年（一六五八）に大目付を引退し、かわって明暦元年（一六五五）から大目付であった北条氏長が、キリシタン禁制の任を引き継いだ。北条が担当するようになると、幕府は与力《よりき》と同心《どうしん》を北条に付属させ、以後、幕府の一役所としてキリシタン宗門改役が機能することになる。北条氏長は石高二〇〇〇石あまりの大身の旗本ではあったが、一万三〇〇〇石の下総高岡藩《たかおかはん》の小大名であった井上とは違い、家臣だけで役務を遂行することは難しかった。

一般に幕府の役人がある役職に就く場合、その任務を遂行することを誓詞で提出した。ところが、北条がその誓詞の文言を問い合わせた際、井上は、自分としては大目付の就任にあたって誓詞は出したが、キリシタン改を担当することになった際は別途に提出をしていないと回答している（『契利斯督記』）。井上の段階では職掌もあいまいで、かつ役所の機構としても形になっていなかった。それゆえ、井上は自分へ与えられた知行からの収入をもとに、家臣団を動員してキリシタンの取締りを行い、また、牢屋を管理していたと思われる。そこは江戸だけではなく、長崎の屋敷も含まれていたのである。

北条氏長の時期になると、この体制も解消され、長崎奉行が九州の取締りの中心になっていく。なお、明暦三年には長崎の元井上屋敷にあった建物が解体され、幕府の天草代官など他の部署に転用されたとの記録があることから、井上家がこのときまでには直接的な九州での活動を撤収していたことがわかる（『寛宝日記』長崎歴史文化博物館収蔵）。

このように、井上のキリシタン禁制への関与が明暦年間（一六五五〜五八）に低下していくと、禁制政策は大目付や長崎奉行が役所の業務として担い、役人としての職務になっていったといえる。そのため、まず状況を確認し、統一的な法を提示する必要が生じた。万治元年、幕府は各藩に、それまでのキリシタンの捕縛の状況を確認するため、自藩に預けられている存命のキリシタンたちの書上を提出するよう命じた。また万治二年には、幕府は諸大名に対して、これまでのキリシタン禁制政策をまとめた書付を、新たな担当となった北条を通じて通達ないし手交している。

こうして新たな体制でのキリシタン禁制政策が始まったが、改編によって、役人が何年かおきに交代するなかでの政策実施となる。長期的に時間をかけて全国のキリシタンを追っていく、そのためのきめ細かい情報の集約、というそれまでのやり方は困難になったとみられる。このことは、一七世紀後半から一八世紀初頭までの老中と長崎奉行との書状のやりとりを記録した「長崎御役所留」（国立公文書館所蔵）に、いくつかの事例がみられるので紹介する。

明暦二年、大村領郡崩の事後処理について、長崎奉行は老中にうかがいをたてている。そこでは、例えば、束縛したキリシタンのうち、一割を牢に留め今後の情報収集に備え、一割を帰村させ監視、八割を斬罪するのはいかがか、と提案している。その後、彼らに対する処分は、ほぼこの割合で実行されている。つまり、数値的なキリシタンの把握はできても、個別のキリシタンを徹底的に調べることがなされていないのである。

さらにいえば、キリシタンを数字としてとらえ、その組織のなかにおけるキリシタンたちの役割までを見通した禁制政策を、必ずしも行っていないのである。全体の掌握ができないことが、長崎奉行がキリシタンに対して抱くイメージも、恐れや不安につながっていった。

明暦四年、長崎奉行へ宛てた老中の指示を示す覚書のなかで、長崎湾の警備体制に関するものがある。長崎奉行は、ポルトガル船やスペイン船が長崎へ入港したとき、港から遠ざけた沖合に停泊させることを提案している。その理由は「長崎の住民はもともと棄教した転《ころ》びキリシタンである」から、ポルトガル船などをみると興奮して不慮の事態が発生しかねないという危惧によるものである。

さらに寛文元年（一六六一）には、長崎奉行は老中に対して、キリシタンの詮索は「不案内」であるから、何か特段の指示がないか、と問い合わせており、率直にキリシタンを発見する経験やノウハウがないことを語っている。明暦以後、長崎奉行や大目付が役人の職務の一貫として、キリシタン禁制政策を遂行していくという時期になった。

このような特定の行政事項について、幕府の役所が職掌や機構を確立していくことは、決して禁制政策に限らない。一七世紀初頭に成立した江戸幕府は、当初、有能な家臣たちを抜擢し、その能力や資質が十二分に活用できるよう、能力に合わせて担当する職掌の範囲が決まっていった。一七世紀半ばになると、そのしくみが転換する時代となっている。例えば、幕府の財政を司る部門でも、当初は勘定頭《かんじょうがしら》が中心に運営していたが、機構が整備され、元禄年間（一六八八〜一七〇四）には勘定所《かんじょうしょ》となる。また幕府の老中にしても、一七世紀後半に、老中になるべき家の格式がおおよそ定まっていく。家格にもとづく任用と、各役所のなすべき職掌が確立し、それに適う人材を抜擢するようになっていく。キリシタン宗門改役も同様に官僚機構化していった（藤井譲治『江戸時代の官僚制』）。

画一化された宗門人別改帳

幕府のなかで禁制政策を遂行する役所が機構的に整えられると、連動して全国への禁制政策も変化することになる。すなわち、全国で同じ画一的な方法で禁制政策が実施され、すべての人が等しく対象となることである。

寛文三年（一六六三）、将軍家綱が成人し本格的に将軍としての治世を始めるに先立ち、幕府は武家諸法度の改定を行った。この改定で、キリシタン禁制がはじめて武家諸法度のなかに明文化され、国家的基本政策として位置づけることを、より明確化した（『御当家令条《ごとうけれいじょう》』国立公文書館所蔵）。

そのうえで、寛文四年に大名家や幕領の代官に対して、それぞれの支配地で宗門改を行う専任の役人を配置し、毎年宗門改を実施するように命じた。そこには、転びキリシタンの存命状況についても、幕府大目付へ報告することが含まれていた。さらに寛文七年に、全国へ巡見使《じゅんけんし》が派遣されるが、彼らの任務の一つには、各地における禁制政策の実施状況を確認することが含まれていた。

各藩や幕府代官の支配地、さらには寺社領まで、各領地レベルで組織だったキリシタンを取り締り、集約する体制が組まれたうえで、仕上げとしての政策が、すべての人びとを対象としてキリシタンでないことを確認する、全国的な宗門人別改とその登録台帳の作成であった。

キリシタンではないこと、あるいは棄教していることを確認する、いわゆる宗門人別改は、近世初期から九州などの地域で行われ、各人の信仰している宗門を調べている。しかし、調査する方法や記録の記載方法、宗門改を誰に対して実施するかなどは、幕閣からの勧告や相談があったとしても、原則的には各藩に任せられていた。現存する最古のものは、寛永十九年（一六四二）の長崎平戸町の人別帳であるとされる。

しかし、当然ながら、対象者や確認方法が地域ごとに異なっていると、さまざまな問題が生じた。対象が転びキリシタンとその子孫だけの場合もあった。また、人びとが属する寺院についても、村や町の側が本人に確認しただけであるとか、あるいは一町や一村落単位で帳簿が作成されているが、本百姓《ほんびゃくしょう》や一定年齢以上のみが記載され、その共同体の構成員全員を掌握していない場合もあった。こうして寛文四年に全国的に宗門改を行う役人が各地に配置されたうえで、翌寛文五年には宗門改帳の作成が各地で行われていたが、形式はまだかなり違ったとみられる。

そこで寛文十一年、幕府は、各藩が毎年宗門改を行い、実施したことを示す証文の提出を命じ、また宗門改帳の書式を定めた。幕領に出された指示では、村の場合、百姓一軒ごとに書き出し、村ごとに男女の集計を行った（『徳川禁令考』）。毎年作成するにあたり、生没や婚姻による移動、奉公による他への転出・転入などには留意し、年齢なども書くように命じられている。貞享三年（一六八六）に示された実施要領には、百姓やその家族だけではなく、召使いやその村に居住する被差別民までも網羅することとなっていた。すべての人民を掌握する体制がここに完成した。

とくに、転びキリシタンについては、幕府は常に監視対象としており、さらに形式的制度が整い、貞享四年には、男性の直系の場合は六代先までが、毎年動静の報告対象となり、類族帳が各地で作成された（『御当家令条』）。

絵踏みの定期化

日本でのキリシタン禁制を象徴するものとして、一七世紀から欧州でも有名になったのは、絵踏みである。キリシタンへの厳しい弾圧の特徴とみなされた。一八世紀になると、著名なスィフトの小説『ガリヴァー旅行記』のなかで、主人公ガリヴァーが絵踏みをさせられそうになった場面が描かれており、日本観としての定着を見出すことができる。

キリシタンであるかどうかを識別するために行われた絵踏みは、早くは寛永五年（一六二八）前後に長崎で、長崎奉行の水野守信《みずのもりのぶ》が始めた。最初は聖母マリアなどを描いた紙を用いたが、次の長崎奉行の竹中重義《たけなかしげよし》が同六年に、板にキリシタンから没収した銅製のメダイ（メダル）を埋め込んだものを利用し、当初は一〇枚作成されたとされる。寛文九年（一六六九）には、九州諸藩に貸し出す分も含め真鍮《しんちゅう》製の二〇枚が新たに製作され、合計三〇枚を、以後厳密に長崎奉行が管理した。かつての領主がキリシタンに寛容だった熊本藩や小倉藩《こくらはん》では、独自に実施を行っていた。それ以外の肥前・豊後のキリシタンが多かった地域や幕領の肥後天草や五箇荘《ごかのしょう》（八代市《やつしろ》）では、右の二〇枚の踏絵が寛文年間（一六六一～七三）以後、厳密な日程管理のもと、長崎から貸し出されて、絵踏みが実施された。九州諸藩での実施は、崩れが発生したのちに定期化しており、崩れの影響が大きかったことがわかる。

それ以外に絵踏みが行われたのは、長崎に来航する唐人と、海外から帰ってきた日本人漂流民であった。また、特殊な事情で会津藩《あいづはん》でもみられる。

絵踏みは、かつてキリシタンが多かった地域を中心に実施された。しかし、天草・平戸・五島《ごとう》・長崎周辺の幕領などでは、明治になってキリシタンであることがわかる事例が多く、結局その実効性については、どのような意味があったのか、検討が必要である。潜伏キリシタンたちは、もちろん良心の呵責《かしゃく》を持ちながら踏んでいたのだろう。

おわりに――形式化する禁制

本章では、幕府のキリシタン禁制政策が、一七世紀の後半までに、禁教政策の実施体制の変化と連動して、全国的に統一された基準で実施されていったことを確認した。最初に禁令が強化され、さらにはすべての民衆を把握する宗門人別改帳の作成へと深化していった。また、九州北部では絵踏みも定期的に実施された。

では、キリシタン禁制政策が完成した一八世紀の初頭、その体制はどのような特質を持ったのであろうか。それは、形式化あるいは、キリシタン禁制の意味の変化であったと考えられる。そこで最後に、いくつかキリシタン禁制政策の中身が変容していくことを確認し、本章を終えたい。

幕府によるキリシタン禁制政策が日本の津々浦々まで浸透したことを示すのは、領主の違いを超えて村や町に同じ文面の高札、一般にキリシタン札が立ったことに示される。近世の村落においてさまざまな高札が掲げられたが、高札場を「切支丹札場」などとも称す地域があるように、もっとも中心的な高札はキリシタン札であった。そして、キリシタン札を掲げることは、その地域において、それを掲げた集落こそが、一個の行政的な単位としての「村」として存在することを象徴した。キリシタン札は、一八世紀以後、ほとんどの町や村でキリシタンが露見することはなかったが、本来とは別の意義を持って掲げられていたのである（久留島浩「近世の村の高札」）。

あるいは、貞享四年（一六八七）に「キリシタン類族改《るいぞくあらため》」の制度はできたが、その後、帳簿が作成されている時代にキリシタンと認定されたものはおらず、摘発がなかった一八世紀において半ば形骸化している。寛政四年（一七九二）には、かつて井上政重が設置し、のち幕府役人が管理した江戸小石川《こいしかわ》のキリシタン屋敷も廃止となった。

住民のほとんどが元キリシタンであり、そのことを長崎奉行が一七世紀半ばにあっても危惧していた長崎の町はどうだろうか。長崎では、毎年正月に各町が順番に、町人らがみな踏絵を踏むことになっていた。ところが一八世紀になると、絵踏み会場の付近に、その時期にあわせて露天の店が登場し、あるいは女性が着飾って会場へ訪れるなど、あたかも祭礼空間のような場となった。とくに傾城《けいせい》町である丸山《まるやま》・寄合《よりあい》町《まち》では、絵踏みをするために一斉に集まる遊女見たさに見物人が押し寄せる事態が発生した。しばしば長崎奉行は、法令を通じて出店の制限や服装の簡素化などを命じている（『長崎歳時記』）。一大娯楽イベントと化しているのである。もちろん、都市長崎に隣接する幕府代官支配の浦上《うらかみ》地区では、依然として潜伏キリシタンたちがその信仰を一部変えながらも保持していた。

また、定期化した絵踏みは幕末まで続けられ、一八世紀初頭に長崎奉行所で厳密に管理された三〇枚の踏絵は、明治新政府に引き継がれ、一枚（長崎奉行所より藩に貸与中紛失）を除くすべてが東京国立博物館の所蔵となって現存することからも、幕府崩壊寸前まで、確実に実施を前提として管理されていた（安高啓明『踏絵を踏んだキリシタン』）。

キリシタン禁制と連動した沿岸警備システムも同様だった。宝永五年（一七〇八）、有名な宣教師シドッチは薩摩国屋久《や く》島《しま》に潜入し、ただちに捕縛された。宣教師の密入国を摘発するという点でシステムは機能したともいえる。しかし、その後、シドッチが何者であり、何のために入国したのか、誰もすぐにわからなかった。二ヵ月後、長崎へ送致され、オランダ商館員が通訳を手伝い、ようやく彼が宣教師であることを長崎奉行は理解した。異国船や異国人を警戒するシステムは、本来その根幹にあった宣教師を判別する意味を失っていたのである。この頃になると、実際にバテレンやキリシタンをみたことがない者が、社会の大多数を占めていることも、判断を遅らせることとなった。

また、一八世紀末から一九世紀初頭にかけて、都市長崎の郊外浦上村や天草で、多くの潜伏キリシタンたちがキリシタンの疑いをかけられ取り調べられたが、最終的には「異宗」を信じているので、やめるようにと申し渡すことで対応されている。浦上地区は幕末になってキリシタンと認定され、浦上四番崩が発生するが、半世紀以上にわたって、判定されず見逃されたわけである。

享和元年（一八〇一）、カトリック教徒であるポルトガル人を乗せた船が九州に漂流したが、長崎奉行は南方の島からの難破船と処理して、オランダ船で乗員を送り返してしまった（『長崎オランダ商館日記』）。同様に、フィリピンなどでカトリックが信仰された地域に漂流した日本人は、形式的には中国南部にたどり着いたと申し立てて帰国をしているが、それで問題なく受け入れられた。

このように、幕府や藩はキリシタン禁制政策を、形式的に全国画一で実行し、また潜伏していた側もそれを形式的に受け入れることで、キリシタンでないことが証明されたことになった。そのため、表向きはキリシタンが存在せず、また禁制をする権力側も深いキリスト教への理解がなくなっていったとみられる。

その結果、一八世紀になると、島原の乱が、歴史的な物語として作品に登場するようになる。島原の乱は、その直後から武士の軍功物語の題材であったが、文学作品の新たなテーマとしての価値が見出されたのである。そこでは、キリスト教は、まるで魔王のような何でも悪を実行できる、魔力を持った存在として描かれるようになる。実際に宣教師や信者をみたことがない人びとの、貧困な想像の産物となってしまったのである（大橋幸泰『近世潜伏宗教論』）。

幕末には浦上四番崩が発生し、多くのキリシタンが弾圧された。だが同時に、幕末に開港された長崎や横浜では、相次いで居留地《きょりゅうち》にカトリックやプロテスタントの教会が建設されている。

キリシタンの禁制は、幕藩体制の根幹的な政策であったとされるが、一八世紀以後幕末に至る時期まで、本当に幕藩体制にとって体制を揺るがす真の脅威と認識されていたのだろうか。今一度、キリシタン禁制の意味の変容を考える必要があるだろう。

〔参考文献〕

大橋幸泰『近世潜伏宗教論―キリシタンと隠し念仏―』校倉書房、二〇一七年
菊池勇夫『近世の飢饉』吉川弘文館、一九九七年
木村直樹『幕藩制国家と東アジア世界』吉川弘文館、二〇〇九年
神田千里『島原の乱』講談社、二〇一八年
久留島浩「近世の村の高札」永原慶二編『大名領国を歩く』吉川弘文館、一九九三年
五野井隆史『島原の乱とキリシタン』吉川弘文館、二〇一四年
清水紘一『キリシタン禁制史』教育社、一九八一年
フーベルト・チースリク監修『キリシタン』東京堂出版、一九九九年

中塚武監修『気候変動から読みなおす日本史5　気候変動から近世をみなおす』臨川書店、二〇二〇年
服部英雄・千田嘉博・宮武正登編『原城と島原の乱―有馬の城・外交・祈り―』新人物往来社、二〇〇八年
服藤弘司『幕府法と藩法』創文社、一九八〇年
藤井讓治『江戸時代の官僚制』青木書店、一九九九年
藤田　覚『近世史料論の世界』校倉書房、二〇一二年
松尾晋一『江戸幕府の対外政策と沿岸警備』校倉書房、二〇一〇年
宮崎賢太郎『カクレキリシタン』KADOKAWA、二〇一八年
村井早苗『幕藩制成立とキリシタン禁制』文献出版、一九八七年
村井早苗『キリシタン禁制の地域的展開』岩田書院、二〇〇七年
安高啓明『踏絵を踏んだキリシタン』吉川弘文館、二〇一八年
山口啓二『山口啓二著作集第三巻　幕藩制社会の構造』校倉書房、二〇〇九年
山本博文『鎖国と海禁の時代』校倉書房、一九九五年

第6章

琉球に及んだ海禁

木土博成

はじめに

野村元綱《のむらもとつな》。あまり有名とはいえないこの人物は、一六世紀末から一七世紀の前半を生きた薩摩藩の藩士である。薩摩藩士の人名や行跡を調べる際に、繰るべき『本藩人物誌』（天保期）には、「野村大学助《だいがくのすけ》元綱」の項目があり、「良綱《よしつな》子ナリ、御右筆《ごゆうひつ》・御使役、串木野地頭《くしきのじとう》」とだけある。父は島津《しまづ》義久《よしひさ》に仕えた野村良綱で、大名島津氏の側で仕え、「御右筆」「御使役」を勤めたこと、現在のいちき串木野市（鹿児島県西部）の「地頭」として、外城《とじょう》という行政区分を管轄したことが淡泊に記される。

実はこの人物、近世初期の琉球と深い関わりを持つ。琉球は慶長十四年（一六〇九）に、島津氏の軍事侵攻をうけ、その軍門に降った。島津軍が鹿児島に引き上げ、戦時から平時への切り替えが行われるなかで、薩摩藩は琉球に出先機関として琉球在番所《ざいばんしょ》を置いた（徳永和喜『薩摩藩対外交渉史の研究』、真栄平房昭『琉球海域史論 上・下』）。野村は寛永十三年（一六三六）の春頃から翌十四年の夏頃にかけて、琉球支配の最前線とでもいうべきこの役所において、長である在番奉行の任にあった。

在番奉行は琉球への法令伝達や監視にあたる要職で、家老《かろう》より一段下がるものの、上級武士の物頭《ものがしら》層が任命され、部下として付役四人、加えて筆者《ひっしゃ》・与力《よりき》らが付けられた。勤務地は那覇《なは》港《こう》の近くにある奉行所で、任期はおよそ二八ヵ月（二年四ヵ月）という。海流の関係で、春もしくは秋に琉球へ渡海し、翌々年の夏に鹿児島に戻るのが通例である。ただし任期は時期によって異動があり、野村元綱は一二ヵ月前後の滞在にとどまっている。

ここでは、実際に琉球に滞在した野村の動きを通して、近世日本と琉球の関係、とりわけ江戸幕府・薩摩藩・琉球の三者関係を跡づけていこう。対象とする寛永期は、徳川家光《とくがわいえみつ》政権がキリシタン禁制を強烈に推し進めるとともに、日本人の異国往来の禁止や、貿易統制を進めていった時期として知られる。また、朝鮮信使《ちょうせんしんし》（通信使《つうしんし》）が定例化するとともに、ポルトガル追放、オランダ商館の長崎出島《でじま》への移転といったように、外（異国）との関係を整理・確定させていった時期でもある。このような画期としての寛永期を対象に、琉球が置かれた地位の特徴や、日琉関係の特質を見通したい。まずは、琉球の歴史について概観する。

1　古琉球から近世琉球へ

古琉球

琉球は日本本土とは異なる歴史段階を歩んできた。通常、日本史では、古代→中世→近世→近現代と時代を区分するが、琉球・沖縄史の世界では、古琉球→近世琉球→近代沖縄・戦後沖縄と区分する。古琉球期（一二世紀～一六〇九年）に、琉球は明の冊封《さくほう》体制下に入るとともに、室町《むろまち》期には足利《あしかが》将軍に対しても使節を派遣するなど、日中の間にあって、独自の繁栄を遂げていった。

古琉球期の琉球国王尚氏《しょうし》と島津氏の関係は、ほぼ対等とみることができるが、一六世紀後半以降、島津氏が戦国大名として薩摩・大隅・日向の統一戦争を有利に進めていくなかで、琉球に対して高圧的に接するようになる。例えば、島津氏の許可を得ていない船による琉球往来の禁止や、島津家の慶事に際する「綾船《あやぶね》」（祝儀船）の派遣、といった要求を琉球に強硬に突きつけ、関係が緊迫していった（紙屋敦之『幕藩制国家の琉球支配』）。

島津の琉球入り

天正十五年（一五八七）に、島津氏は豊臣秀吉《とよとみひでよし》に降伏した。すると秀吉は島津氏を通じて琉球に対し、自らのもとへ「御礼」（挨拶）にくるように再三求めた。天正十七年には琉球から使節が上洛し、これにより少なくとも秀吉の主観において、琉球は日本に従う国とされ、島津氏の与力とみなされた。秀吉は文禄・慶長の役（朝鮮出兵）に際して、島津氏の与力としての琉球に対しても相応の軍役負担を求め、琉球側から島津氏に対し、兵糧米の提供がなされた。間接的にではあるが、琉球は朝鮮を攻める側に加担することを余儀なくされた。

秀吉の死後、日明講和および勘合《かんごう》の復活をもくろみ、徳川家康《とくがわいえやす》は琉球に明との仲介役を期待した。これに、領土拡張・琉球の中国に対する朝貢《ちょうこう》貿易の利益を狙った薩摩藩島津氏の思惑が絡まる形で、慶長十四年（一六〇九）、島津の琉球侵略が挙行され、一五〇〇人（一説に三〇〇〇人）の島津軍の前に首里城《しゅりじょう》は落ち、尚寧《しょうねい》王は捕らわれの身となり薩摩に送られた。ここに古琉球は終焉をむかえ、近世琉球の幕が開いた。

翌慶長十五年、薩摩藩は尚寧の不在中に琉球検地を断行した。また、薩摩藩主島津家久《いえひさ》は尚寧を引率し、駿府《すんぷ》の徳川家康、ついで江戸の徳川秀忠《ひでただ》のもとへ御目見得を果たした。こうして島津氏による琉球属国化が徳川政権に公認された。とはいえ、王は帰国を許されて尚家は存続し、中国に朝貢し皇帝から冊封を受けるという王権のあり方や、国王のもとで三《さん》司官《しかん》（宰相）が政務を執り行う政治体制に変化はなかった。

興味深いことに、家康が当初望んだ日明の国交回復は、民間の唐船《とうせん》がしきりに来日してくるとともに、慶長末年に豊臣家が滅び徳川の覇権が揺るぎないものになるなかで、希求されなくなっていく。これは、明からの正式な承認や、公認の貿易にこだわらなくてもよいほど、徳川政権が安定していったことを意味しよう。

「附庸」と「異国」の確定

寛永期に入ると、近世琉球の地位を決定づける動きがみられた。寛永十一年（一六三四）、三代将軍徳川家光は三〇万もの軍勢を引き連れて京都に上洛し、諸大名や寺社に対して領知宛行状《あてがいじょう》を発給した。二年前に大御所《おおごしょ》の秀忠を亡くした家光にとっては、はじめての大がかりな宛行状の発給であった。

島津家久に宛てたものには、「薩摩・大隅両国ならびに日向国諸県郡《もろかたぐん》、都合六〇万五〇〇〇石余目録別紙に在り、此外《このほか》琉球国一二万三七〇〇石の事、全く領知有るべくの状件《くだん》の如《ごと》し」とあり、琉球高一二万石余が薩摩などの六〇万石余と並んではじめて記されていた。ただし、「此外」とあるので、琉球高は本領の六〇万石余とは同列でなく、そこには琉球高分は幕府からの軍役を課さないという含意がある。もちろんそれは、琉球が「異国」であることによる。

慶長十五年（一六一〇）の琉球検地によって、薩摩藩は八万九〇〇〇石余の琉球高（一二万石余との差は奄美諸島分）を打ち出していたが、これまで将軍にこの具体的な数字（高）を披露していなかった。したがって、徳川秀忠が発給した宛行状に琉球高は記されず、琉球高の扱いは曖昧さを残したままであった。そのため寛永十一年は、将軍が島津氏に対し、琉球が薩摩藩の属国であることを宛行状によって公的に認めた画期といえる。この属国という関係性は、しばしば「附庸《ふよう》」という史料用語で表現される。

その後の画期は、寛永二十一年の琉球使節の成立にみることができる。琉球使節は琉球国王が江戸の将軍のもとに派遣した使節で、二種類ある。将軍家の代替わりなどの際に派遣されたのが賀慶《がけい》（慶賀《けいが》）使《し》で、尚家の代替わりの際には恩謝《おんしゃ》（謝恩《しゃおん》）使《し》が派遣された。琉球使節は江戸時代に計一七回派遣され、幕府・薩摩藩・琉球の三者関係を象徴するものとして定着していった。

その初回が寛永二十一年時で、このときには家綱《いえつな》生誕に対する賀慶使と、尚賢王即位に対する恩謝使が同時に派遣され、

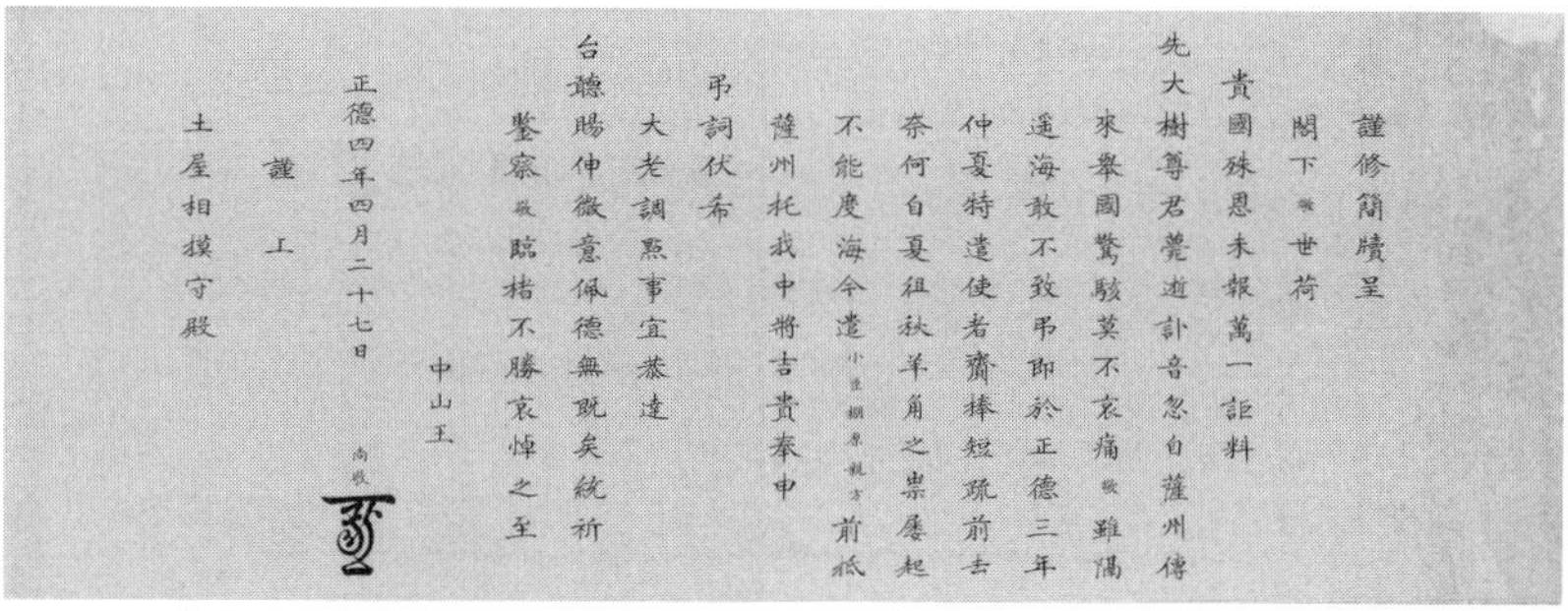
謹修簡牘呈
閣下伏世荷
貴國殊恩未報萬一詎料
先大樹尊君薨逝訃音忽自薩州傳
來舉國驚駭莫不哀痛敬雖隅
遠海敢不致弔即於正德三年
仲夏特遣使者齎捧短疏前去
奈何自夏徂秋羊角之祟屢起
不能度海今遣小唐綱寿親方前抵
薩州耗我中將吉貴奉中
予詞伏希
大老調燮事宜恭達
台聽賜伸微意佩德無既矣統祈
鑒察敬臨楮不勝哀悼之至
中山王
正德四年四月二十七日
尚敬
謹上
土屋相摸守殿

図 6-1　琉球国王尚敬書翰（京都大学総合博物館所蔵）
正徳4年（1714）に琉球国王尚敬が老中土屋直政に宛てた書翰．日本のことを「貴国」と称している．

尚賢から江戸幕府老中《ろうじゅう》に宛てた二通の書翰を持参した。朝鮮信使と同様に、幕府が関係を持つ国の王からの使節として琉球使節が成立することで、朝鮮と同じような範疇の「異国」としての琉球の地位が確定した。寛永十一年に確定した「附庸」とあわせて考えると、寛永二十一年にこそ、「附庸」と「異国」の二要素からなる近世琉球の地位が最終的に確定したとみなせよう（木土博成「琉球使節の成立」）。

ただし、朝鮮への扱いと比較してみると、幕府の琉球への扱いは一段と下がる。というのも、琉球国王が老中と同格であったのに対し（図6-1）、朝鮮国王は老中ではなく将軍と対等な形式で書を交わした。また、信使には道中で七五三の膳《ぜん》などの馳走がなされ、これは琉球使節にはみられない。このように、朝鮮を琉球の相対的上位に置く形で、のちに「通信国」と呼ばれるような二ヵ国との関係は固まった。

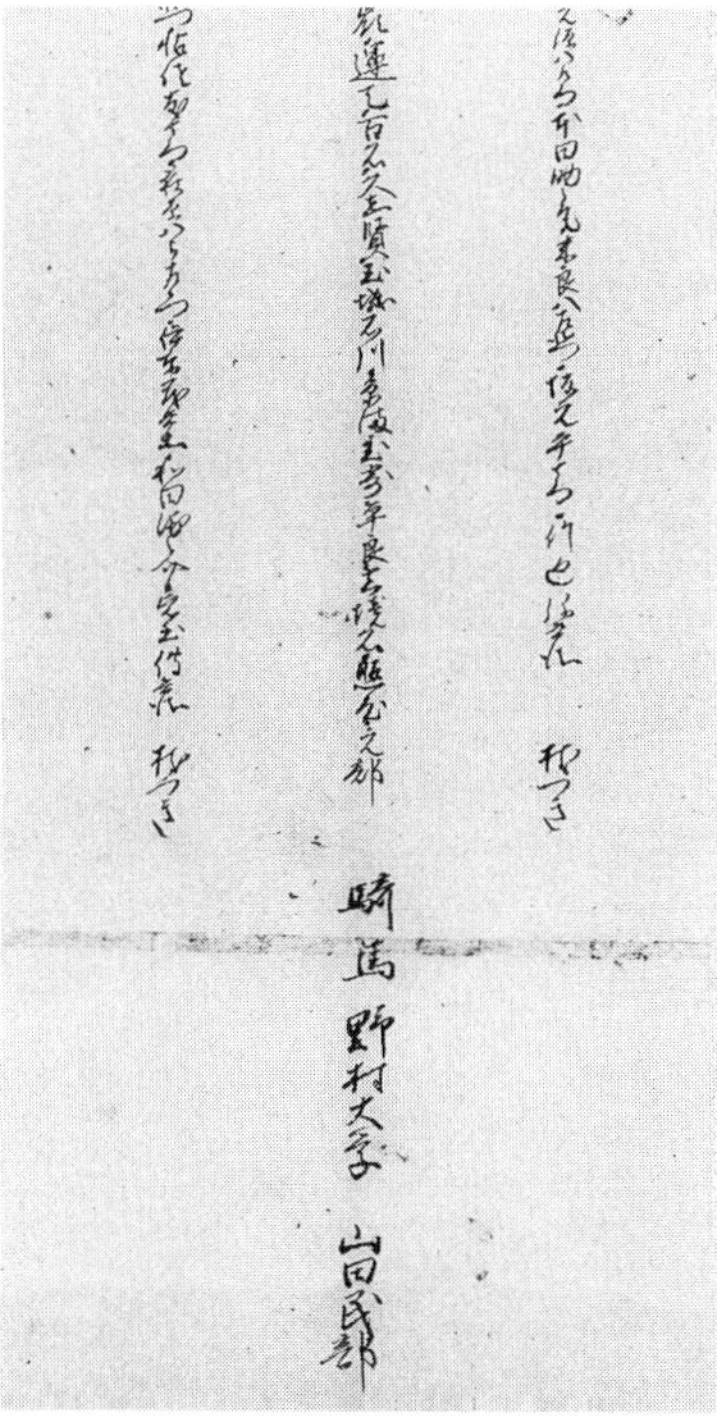

図 6-2　「琉球人参府之時行列之次第」
（「島津家文書」東京大学史料編纂所所蔵）
寛永21年（1644）の琉球使節が江戸城に登る際，「野村大学」（元綱）は騎馬として行列の警護・引率を担った．

琉球使節は正使の王子《おーじ》（役職名、必ずしも王の子であることを意味せず）、副使の親方《うえーかた》（役職名）をはじめ、一〇〇名前後からなり、音楽隊の楽童子《がくどうじ》らも同行した。鹿児島から江戸城までの引率は、藩主以下、琉球人の何倍もの人数の薩摩藩士によって担われ、寛永二十一年の使節の場合、江戸城に登る際に野村元綱も同道した（図6–2）。

2 寛永期の海禁政策

海禁政策

一方で寛永期は、家光政権がキリシタン禁制を主軸としながら、日本人の往来統制や輸出入の統制を進めていく時期にもあたる。厄介なことに、これらの政策をどう呼ぶか自体、議論が分かれるところで、鎖国・寛永鎖国・海禁など、研究者によって呼び名はさまざまである。（寛永）鎖国という語の最大の弱点は、現実には近世日本が完全に鎖国（国を鎖す）をしておらず、朝鮮などと国交を持っていた点にある。一方、海禁の最大の弱点は、もともと中国の明王朝が採用したこの名前の政策を、文脈の異なる近世日本に持ってくることへの違和感にある。そもそもこれらの政策を、何らかの特定の名称で呼ぶ必要があるのか、という疑問も成立するかもしれない。

ただ、人や物の往来統制は、まさしく一連の流れのなかで出されており、その体系性を重視すれば、何らかの名称をあてようとする試みは続けてよいだろう。鎖国・海禁どちらの用語をとるにせよ、双方に限界があることを自覚しながら、議論を展開していく必要がある。じつは海禁の概念は、自国を中心に国際関係を秩序だてようとする日本型華夷《かい》秩序の概念と対になって提起されたものであり、両概念はそれぞれ近世日本の閉ざされた面と開かれた面を説明するものであった（荒野泰典『近世日本と東アジア』）。この両概念は、これまた「附庸」と「異国」という両方の性格を持つ琉球の立ち位置を見通すうえで、示唆的である。そこで、海禁という語の最大の弱点を、割り切って文脈を限定して薄めたうえで、この語

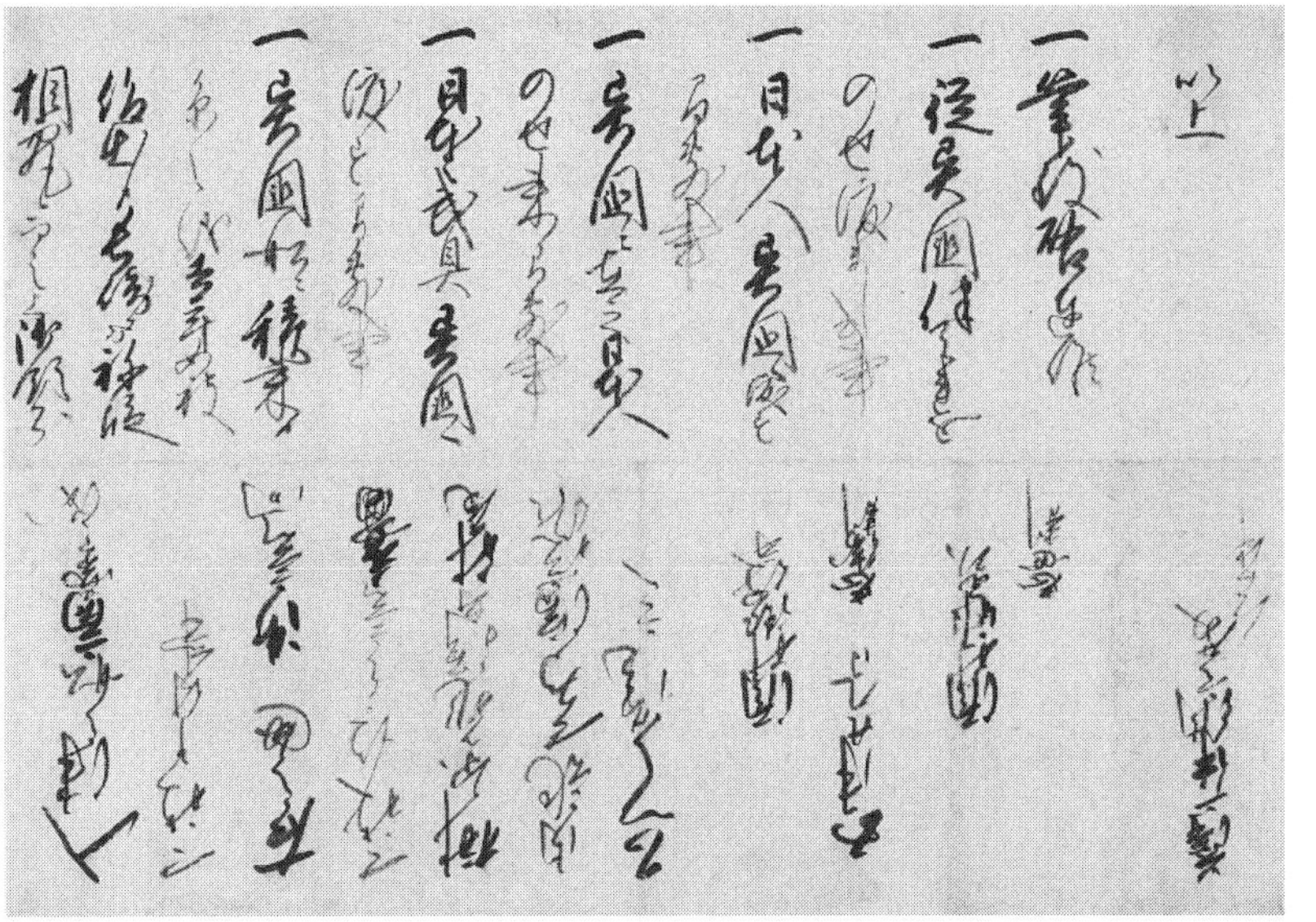

図 6‒3　酒井忠世・酒井忠勝連署奉書写（「島津家文書」東京大学史料編纂所所蔵）
寛永 11 年 5 月 29 日付で，島津家久に命じられた 5 ヵ条.

を採用したい。すなわち、明などとは異なり、あくまでキリシタン禁制を国是とした近世日本が、このキリシタンの排斥を激烈に推し進めるなかで、人の往来や、物の出入りを統制していった政策体系を、日本版の海禁政策と理解しておく。

五ヵ条の通達

海禁政策と琉球の関係を具体的にみていく前に、前提となる史料を一点だけあげよう。これは、寛永十一年（一六三四）五月二十九日付で、江戸幕府老中が島津家久に宛てた老中奉《ほう》書《しょ》と呼ばれる通達書で、次の五ヵ条からなる（図6‒3。史料は『鹿児島県史料　旧記雑録』、以下同様。また、①②③……は著者による）。

①異国から伴天連《バテレン》を乗せ渡してはいけない
②日本人を異国へ渡してはいけない
③異国にいる日本人を乗せてきてはいけない
④日本の武具を異国へ渡してはいけない
⑤異国船に積んできた糸は、去年命じたように、長崎で値段が決まるまでは、薩摩藩領に入津した船と商売してはいけない

バテレンを渡航させることや、異国との往来、武具の持ち

出しの禁止を命じるとともに、薩摩での生糸の貿易を、一部制限（長崎での糸割符《いとわっぷ》価格の決定前の取引禁止）する内容である。ここであげたのは島津氏宛のものであるが、若干文言は異なるものの、同趣旨のものが大村藩《おおむらはん》の大村氏にも宛てられている。また①〜④については、寛永十一年以降も歴代の長崎奉行の職掌として取り締まられており、いわば近世日本の国禁として定着していく。

海禁政策はどのように琉球に及んだか

薩摩藩の「附庸」としての面を持つ琉球にも、こういった政策の影響が及んだことは想像に難くない。ただし、幕府がこの通達を薩摩藩に出した段階で、どこまで琉球の存在を意識していたかは、実は自明でない。また、こうした政策が、実際にど、の、よ、う、に琉球に及んでいったのか。その内実は慎重に考える必要がある。例えば④のような「異国」への武具の持ち出し禁止政策が、琉球にまで及んだ、と一口にいっても、複数の意味がありえよう。

まず、長崎から中国・東南アジアに向けて持ち出してはいけないように、日本から「異国」＝琉球にも持ち出してはいけない、とする解釈（A）があり、次に、薩摩から中国・東南アジアに持ち出してはいけないように、琉球からも中国などに持ち出してはいけない、とする解釈（B）もある。持ち出しの禁止先として琉球をみなすAと、持ち出し禁止政策の守り手として琉球をみなすBは異なる。もちろん、論理的にはAB双方とも成立する可能性もある。

実態はどうであったか。薩摩藩士が琉球に渡るときには、しばしば鉄砲を持っていっている。そこで幕府は、薩摩藩関係者にのみ例外的に、琉球への武具持ち出しを認めていた、と考えるか、あるいは、鉄砲を琉球に持っていくことは（薩摩藩士なら）構わないが、琉球人に売ることは禁止した、と考えるのがA案といえようか。

A案で④以外も解釈するならば、①琉球からバテレンを日本に渡すことの禁、②③薩摩―琉球間を日本人が渡航することの禁、⑤琉球船が鹿児島に積んできた糸の売買規制を意味しよう。②③については、野村元綱のような藩士は薩摩―琉球間を往来しているので、④と同様、薩摩藩の関係者は例外的に認められていた、と考える必要がある。何やら実態から逆算し、例外をつくるような解釈の強引さが気になる。

他方、④についてB案をとると、琉球から明（のちに清《しん》）へと朝貢する際の船に、日本の武具を積んではいけない、と理解できる。そのほかについても、①~⑤を薩摩藩が守らなければならないように、琉球もまた①~⑤を守らなければならず、例えば「日本人」を中国に渡してはいけない（②）、という意にとれる。

研究史上、かならずしもAとBの差異が意識されてこなかった状況もあるが、ここでは筆者の近業（木土博成「海禁政策は琉球を対象とするか」）をもとに、薩摩藩側が実際にどう振る舞ったかを、とくに野村元綱の動向に注目してみるなかで、幕府の真意を解きほぐしてゆきたい。その際、単に琉球に海禁政策が及んだ、というだけでなく、複数の可能性を視野に入れたうえで、どのように及んだか、という点について深掘りし、琉球の立ち位置の特徴を浮き彫りにしたい。

3　キリシタン禁制と琉球

一〇年前の事件の蒸し返し

金地院崇伝《こんちいんすうでん》が起草したバテレン追放文にみるように、慶長十八年（一六一三）を契機に、幕府のキリシタン禁制は本格化した。家光親政期にあたる寛永十年（一六三三）前後には、長崎での宣教師やキリシタンの処刑が相次ぐなど、厳しさを増していく。

寛永十一年十月十九日付で薩摩藩家老衆は琉球国三司官らに対し、「八重山島《やえやまじま》の宮良《みやら》と申す者が南蛮宗《なんばん》（キリシタン）になったので、現在、流罪に処しているとのことだが、早々に火あぶりにするように」と命じている。宮良がいた八重山は先島諸島《さきしま》に属し、琉球列島の南西の玄関口といえる。宮良は一〇年前の寛永元年に八重山に潜伏していたルエダ神父に感化され、キリシタンになった。当初、琉球王府は宮良を流刑に処していたが、薩摩藩側は一〇年後に本件を蒸し返し、火あぶりでの処刑を求めている。薩摩藩がこの時期に、キリシタン禁制に神経質になっている点が読みとれよう。

なぜこの時期なのか。先述のように、寛永十一年閏七月には領知宛行状に琉球高が付記されたことで、琉球は薩摩藩の「附庸」ということが将軍に公認された。これにより、薩摩藩の琉球支配権はいよいよ確たるものになったが、裏を返せば、琉球で不祥事が起きた場合、統治不備の責任はまぎれもなく薩摩藩が負うことを意味する。薩摩藩は家光によるキリシタン禁制を重く受け止め、一〇年前の事件をあえて蒸し返し、領知している琉球においても禁制を徹底する姿勢をみせたと評価できよう。

日本国における一斉改め

翌寛永十二年（一六三五）、家光はキリシタンの取締り強化を大名らに求め、大名らで相談した結果、十一月朔日から年末までの二ヵ月間に日本国一斉で取締りを行うことになった。「異国」であった琉球は、そうであるにもかかわらず、この一斉改めと関わりを持たされた。寛永十三年正月二十日付で、薩摩藩の家老衆が琉球国の三司官に送った書状には、次のようにある（中略あり）。

aそこもと（琉球）のお見廻のため、野村大学助（元綱）を琉球へ派遣する。

b日本国中では南蛮宗の禁止が並大抵ではない。たえず諸国においてその国主が厳しくキリシタン改めを行っているけれども、キリシタンはいろいろと隠れ忍んでおり、いずれの国でもキリシタン改めをしているときは他国に逃げたりするので、去年（寛永十二年）の十一月一日から十二月まで日本国同時にキリシタン改めを行った。国々ではことのほか滅多にないほどの気遣いをしながら取り締まったので、そのことを琉球でも承知して、もし琉球にキリシタンの者がいたならば、日本国での改めの様子を野村大学助に尋ねて野村の言う通りに判断すべきである。

c薩摩から琉球へ参る船の船頭《せんどう》や水主《かこ》に紛れて、他国の者（薩摩藩以外の者）が参るかもしれないので、そのような者がいないかよくよく改めて、いたらその者を留め置いて、鹿児島まで注進しなさい。日本国で厳しく改めているので、キリシタンが紛れて琉球に参るかもしれない。

野村が在番奉行として派遣されたのは、寛永十三年の春以降で、ａでは琉球に、野村の派遣を通告している。一方、ｂｃはキリシタンに関する内容である。一斉改めは年末で、この書状は年明けのものである。したがって、薩摩藩は「異国」である琉球を、日本国一斉の対象にしたわけではない（ｂ）。それでも、領知している琉球に対し、時間差で、日本からキリシタンが逃れる先としての警戒強化を求めており（ｃ）、キリシタンの出口を封じようとしている。

野村は在番奉行として、日本（薩摩）でのキリシタンの取締りの手法を琉球に伝授するとともに、琉球がきちんとキリシタン改めを実行しているかを監視する役を担っていた。おそらく野村の指導をうけ、これ以降の琉球では、宗門人別帳や手形の作成など、薩摩藩の本領と同様のキリシタン改めの制度を導入した（上原兼善『幕藩制形成期の琉球支配』）。同時に、不審船への警戒も強化されたようで、さっそく寛永十三年の夏には、ドミニコ会の宣教師らと日本人キリシタンが琉球国内で捕縛され、野村の指揮のもと、翌年に鹿児島に移送された。

琉球の置かれた特殊な立ち位置は、薩摩藩が日本国一斉改めの一斉の対象に琉球を含めていない点、それでも琉球にも、キリシタン禁制を及ぼしている点、この二点によくあらわれている。

キリシタンの「出入口」としての琉球

キリシタンの出口としての琉球が、再び大きく注目されるのは、寛永十四年（一六三七）の年末から翌年のはじめにかけて発生した島原《しまばら》・天草《あまくさ》一揆においてである。寛永十五年二月二十八日に原城《はらじょう》が落城したのち、五月十九日付で三司官から薩摩藩家老衆に宛てて、次のような書状が送られた。

正月四日の尊書（薩摩藩家老衆が三司官に宛てたもの）と同じく三月朔日の尊書が到来し、謹んで拝見しました。有馬《ありま》・天草のキリシタンどもが立ち帰って一揆を起こし、何度も合戦をしたことを承りました。そうしたところ、二月二十八日に（原城が）落去し、天下が御静謐《せいひつ》の由をめでたく存じ上げます。それにつき、残党どもが（琉球に）流れてきたら搦《から》め捕らえて（鹿児島に）差し上げるようにとのご命令を承りました。もし、捕らえることが難しいようなら討ち果たしてもよいとのことも承りました。

このように、薩摩藩側は日本のキリシタンが琉球に逃れていくかもしれないとの危機感のもと、出口を塞ごうと琉球に対策を指示し、琉球側はこれに従っている。日本でキリシタンをめぐる有事の際に、このような出口としての琉球の側面が浮上していくのである。

この返書には、続いて次のようにある。

はたまた、南蛮人が島中に降りたならば、一刻も召し置かず、早々に追い出すべきであり、もし船が破損して出て行けなかったとしても、飯米や木や水などは少しも提供せず、餓死したとしても構わず、一ヵ所に追い籠んで召し置いて（鹿児島に）報告するようにとのことを承りました。したがって、ここもと（琉球）のキリシタンの改帳を我那覇《がなは》（という人物）に持参させるので、（この帳面を）差し上げます。

ここからは、バテレンらが琉球に渡ることを想定し、その対策を薩摩藩側が指示していたこと、琉球でもキリシタンの改帳を作成して藩側に提出しようとしていること、が読みとれる。このように、南蛮人が琉球へ上陸し、布教することを薩摩藩が警戒した背景には、琉球を突破口にしてキリスト教が日本に入ってくることへの恐れがあった。

長崎奉行の見立て

こういったキリシタンの入口としての琉球の側面は、寛永十六年（一六三九）のポルトガル勢力の追放後、ますます意識され、幕府に警戒視される。寛永十六年に家光は、ポルトガルの追放を実行に移すにあたって、上使《じようし》・太田《おおた》資宗《すけむね》を長崎に派遣した。太田は九州の諸大名から使者を呼び寄せて面会し、「浦々御仕置之奉書」を下し、沿岸防備を命じた。

薩摩藩からは家老が長崎に派遣されており、そこで長崎奉行の二人から、次のような不穏な話を聞かされた。既述の通り、寛永十三年、琉球で南蛮人と日本人キリシタンが捕縛される事件があった。翌年、在番奉行の野村の指示のもと、彼らは琉球から鹿児島に移送され、最終的には長崎奉行のもとへ連れてこられた。その南蛮人らを長崎奉行が取り調べたところ、ルソンに宛てて「琉球国は（ルソンから）近いので、まず、かの島々にキリスト教を広め、次第に日本へ広めるのがよい」という趣旨の手紙を発見したのである。長崎奉行らは、琉球は宣教師が潜入を試みる危険地域であること、琉球への潜入は日本への潜入に繋がること、以上二点の認識を明確にしており、琉球を名指しのうえ、薩摩藩に警戒を求めたのである。

禁制はどのように琉球に及んだか

こうして通覧すると、たしかにキリシタン禁制は琉球にまで及んだとみなせよう。それでは、どのような意味で及んだか。解釈Aでいくと、「異国から伴天連を乗せ渡してはいけない」（老中奉書①）の「異国」は琉球を含み、（ルソンなどと同じように）琉球からもバテレンを日本に渡してはいけない、という意でとれよう。確かに、琉球から日本にバテレンを渡してはいけないが、それでは琉球にバテレンがいること自体は構わないのか、という疑問が湧く。やはり、幕府の真意がAの意にあったとみなすのは、不自然であろう。

一方、解釈Bでいくと、ルソンなどからバテレンを薩摩藩の領域に渡してはいけない、という意でとれ、より広くいえば、キリシタン禁制という日本の国是を、薩摩藩は薩摩・大隅などの本領で遵守しなければならず、くわえて琉球にも遵守させなければならない、と読み解けよう。残念ながら、老中奉書①が出された寛永十一年（一六三四）五月段階で、実際に幕府が琉球を念頭に置いていたか否かは確定できない。それでも、その後の薩摩藩の行動をみる限り、すくなくとも薩摩藩はBの意で理解した。

その後、島原・天草一揆、さらには寛永十六年のポルトガル追放へと事態が進展し、沿岸防備が重要な課題として浮上してくる。すると幕閣は、「異国」であった琉球を、キリスト教が日本に入ってこないように食い止めるための最前線として位置づけ、そこを領した薩摩藩に対し、警備強化を求めた。ことここに至っては、琉球は薩摩藩の本領と同様、いやそれ以上にキリシタン禁制を徹底すべき地として、幕府・薩摩藩は共通認識を持ったのである。

4 日本人の琉球往来

薩摩─琉球間を往来した人びと

寛永後期（一六三三〜四四）に、家光政権は日本人の「異国」往来を禁じた。一六世紀末から一七世紀はじめには東南アジア各地に南洋日本町《なんようにほんまち》があり、朱印船《しゅいんせん》貿易家たちが海を行き交ったことや、近代の日本人が国に旅券を申請すれば、海外旅行ができたことと比較したとき、ここに近世期の大きな特徴をみることができる。それでは、この「異国」往来禁止政策は、いかなる意味で琉球にまで及んだか。手はじめに、近世初期、それも寛永期までを対象に、どういった人たちが薩摩─琉球間を往来したかをみよう。史料には残りにくい密航や漂流を除けば、次のような三つの類型に区分できる。

第一に、中継地として琉球に寄る人びとの存在がある。一六世紀来、日本からルソン（フィリピン）・安南《あんなん》（ベトナム）などへ、そしてそれらの場所から日本へ向かう人びとがこの海域を通航した。たとえば、安芸国宮島《みやじま》出身の村屋《むらや》仁助《じんすけ》は慶長十五年（一六一〇）頃に明に渡り、安南を経由して琉球を訪れ、一年ほど滞在したという。もちろん、多くの朱印船貿易家もこの海域を通航したことであろう。この第一の類型は、寛永期に幕府によって朱印船貿易が制限・禁止されると姿を消し、わずかに、長崎に立ち寄る唐人やオランダ人が琉球海域を通航するのみになる。

第二に、薩摩藩・琉球王府の公務を帯びた使者や水主の通航がある。とりわけ島津の琉球侵攻がなされた慶長十四年以降、数々の藩・王府関係者がこの海域を渡った。年頭御礼などの儀礼を担う使者はもちろん、薩摩からの法令伝達を担う藩士や、野村のような在番奉行、さらには琉球から薩摩への貢ぎ物である仕上物《しのぼせもの》の運搬に責任を負う王府役人といったような人びとが想定できよう。

第三に、琉球に出向こうとする日本商人の存在がある。薩摩商人に限らず、これらの商人は、琉球の特産品の入手を図り、また中国からの冊封船が琉球に滞在しているときには、中国産品の入手をめざし、琉球に渡ろうとした。

例えば、平戸商人とされる「柳屋《やなぎや》」という人物は、琉球に渡る際、堺《さかい》の商人らを奄美大島《あまみおおしま》で降ろしたとして、元和四年（一六一八）に薩摩藩から問題視された。また時期は下って寛永十年、明の冊封使が琉球に滞在したこの年、「柳屋市左衛門《いちざえもん》」という人物が商売のために琉球に下ることを望んだが、藩から制止された。先の「柳屋」とこの「柳屋市左衛門」が同一人物であるかは定かではないが、前者が琉球に渡ることができた一方、後者は藩によって制止されている点に注意したい。

もう一つの事例は、オランダ商館の抱え商人の市本九郎右衛門《いちもとくろうえもん》である。市本の場合、寛永十六年（一六三九）頃に工芸の顔料に用いるバイ貝の入手を図り、いったんは薩摩藩から琉球渡海を許可されたものの、その後、差し止められた模様である。オランダ商館長の日記の一六三九年（寛永十六）八月三〇日条には次のようにある。

執政官たちに贈物をして、琉球に渡航するための許可証を手に入れたが、その後、再び差留められた。薩摩以外で生まれた人びとが琉球へ行くことを許可しようとしないからである。そのため、薩摩の市民と契約を結ばざるをえなかった。

「執政官」は薩摩藩の役人のことで、ここからは、薩摩藩出身者以外の琉球渡航を禁じようとする藩の志向がうかがえる。このように、商人という第三の類型は薩摩藩により制限され、寛永十年代には徐々にみられなくなっていく。

島津氏の往来統制

先述のように、すでに戦国時代から、島津氏は自らが許可しない者が薩摩—琉球間を往来することを排除しようし、国王の協力を強硬に求めていた。薩摩・大隅・日向の三国統一の過程において、服属した在地領主層に対する支配を、貿易統制の面からも強化すべく、島津氏の統制に服した形のみでの琉球渡航を認めたわけである。

そのような志向は慶長十四年（一六〇九）の琉球入り後、より顕著となる。例えば元和四年（一六一八）に薩摩藩から琉球に申し渡した内容に、「他国の人でここもと（薩摩藩）の手形を持ってきていない人は、許容してはならない」とある。ここでは、薩摩から琉球に渡ろうとする「日本人」を念頭に、とりわけ薩摩からみた「他国人」（薩摩藩領以外の人）の統制を求めている。具体的には、先にみた第一・三類型が想定できよう。

そして寛永元年（一六二四）には、「他国人」が琉球に渡ることが全面禁止された。このように、手形から全面禁止への展開は、幕府が貿易家らを朱印状・老中奉書によって統制していた段階から、渡航の全面禁止に移行した展開に似ている。柳屋や市本の琉球渡航が認められなかったのも、薩摩藩のこのような方針と関係しよう。

日本人と琉球人の切り離し

とはいえその後も、無断で琉球に渡ろうとする「他国人」は完全には止まなかったようで、寛永十一年（一六三四）にも「他国人」の渡琉統制は問題にされている。さらに既述のキリシタンの一斉改めや、島原・天草一揆との関係で、「他国」出身者への警戒強化が命じられた。キリシタン禁制の様相が加味されることで、薩摩藩による往来統制は、単に藩内の問題ではなく、日本の国是との関係を持つに至った。

その後、展開がみられるのは寛永十五年である。同年九月十一日付の薩摩藩家老間の書状によれば、「琉球へ日本人が前々から居ついている衆についてはそのまま（琉球に）召し置いて、今後は日本から琉球へ居つく衆がないように堅く申し渡すように」という藩主・島津光久《みつひさ》の御意があった。これまでの経緯は不問にする仕切り直しとでもいうべきこの政策は、「他国人」も含めた「日本人」で、以前から琉球に住み着いた人間は、もはや琉球人として登録するものである。その代わり、これ以後に「日本人」が居つかないようにすることで、「日本人」と「琉球人」の切り離しを徹底し、結果、「純化された近世琉球人」の創出に寄与した政策であった（豊見山和行『琉球王国の外交と王権』）。オランダ商館の抱え商人の市本が、琉球に渡ろうとして差し止められたのは、この時期のことである。

統制はどのように琉球に及んだか

こうしてみると、薩摩藩の許可を受けていない日本人の薩摩―琉球間の往来は、確かに禁止されていく。ただしこれを解釈Aのように、幕府が「異国」である琉球を渡航禁止先とみなしたから、と無理に解する必要はない。一般に薩摩藩のような国持大名は、領内において高度な裁量が将軍から認められ、領内のことがらに幕府は介入しないのが原則である。また、戦国時代からすでに島津氏は、往来統制の志向を持っていた。その延長線上で考えるならば、この海域の往来統制に躍起になったのは、幕府ではなく薩摩藩であった。ただし、幕府側もキリシタン禁制に関わる文脈では、この海域の往来に無関心でいたわけではなく、最重要視していたのは既述の通りである。

一方、薩摩藩はBのような解釈をとったため、琉球から日本人を中国に渡航させることはなかった。薩摩藩の者が琉球船に同乗して中国に渡航することはできず、これは日本人を警戒した中国側の事情というより、一義的には家光政権が定めた禁止事項を破ることになるからであった。

往来の考察を締めくくるにあたり、思考実験を一つしておきたい。近世中期に渡辺善右衛門《わたなべぜんえもん》という好奇心旺盛な淀藩《よどはん》士がいた。延享五年（一七四八）に来日した朝鮮の使節をみて、彼は考えた。朝鮮人は江戸に行けるのに、なぜ対馬藩《つしまはん》以外の日本人が朝鮮へ渡航することは、禁じられているのか？　彼はいくつかの可能性を考察しながらも、結局のところ不審は晴れないと述べている（『淀渡辺家所蔵　朝鮮通信使関係文書』）。同じく、琉球使節も実際にみた彼が、仮に、なぜ自分たちは琉球に渡航できないのかに思いをめぐらせたとしよう。果たして彼は、幕府による「異国」への渡航規制が原因か、それとも薩摩藩による規制が原因か、峻別できたであろうか。おそらく漠然と、「公儀《こうぎ》」（幕府、ないし武家領主層）による規制と考えたのではないか。

統制主体である薩摩藩主や家老・奉行衆にしてみれば、より確実にこの海域を統制するためにも、琉球が近寄りがたい「異国」で、統制の背景に幕府がいると藩内外の人びとが認識してくれた方がありがたい面がある。大胆にいってみれば、

薩摩藩の所領内のことである以上、幕府はAのような解釈をとっていないけれども、薩摩藩の指導層はむしろ、幕府がA

のような解釈をとっていると思いたかった、あるいは思わせたかったのではなかろうか。

5 武具輸出禁止

不祥事の発生

近世日本において武具の輸出は全面的に禁止されていた。戦国～織豊期には、日本人の傭兵と並んで日本刀などがさかんに輸出され、東南アジアなどで重宝された。江戸時代初期にも、朝鮮から来日した使節が、日本の鳥銃などを買い求めようとしていた（米谷均「一七世紀前期日朝関係における武器輸出」）。しかし、家光政権は日本の武具を輸出することで、間接的にではあれ、日本が「異国」での戦闘に巻き込まれることを嫌がった。そこで、先にみた老中奉書④「日本の武具を異国へ渡してはいけない」のように、これを全面的に禁じた。それではこの政策は、琉球にどのように及んだか。

薩摩藩の史料を読んでいると、緊迫感にあふれる書状に出くわすことがある。寛永十四年（一六三七）十月に、薩摩藩の江戸詰家老らが、国もとにいた家老らに宛てた次の書状からは、ただならぬ緊張感が伝わってくる。

申し上げます。琉球から中国に渡った進貢船《しんこうせん》について、積み荷の内に大事なことが起きました。この度、家老の島津久慶《ひさよし》が江戸に参って、積荷の帳簿を家老らで寄り合って見たところ、もってのほか笑止千万なこと（たいへん困ったこと）が発覚しました。それについて詳しく指示をするため、今日、使いの者を鹿児島に向けて派遣したので、その者から詳しく申し伝えます。とにかく、琉球のことをよく知っている人が江戸に参る必要があるので、野村元綱を早々に鹿児島から江戸に上らせるべきです。島津久慶が鹿児島を出発したとき、野村はことのほかくたびれていたので、もし無理であるならば、代わりに町田《まちだ》久則《ひさのり》（野村の前任の在番奉行）を江戸に上らせてください。同じことならば、最近のことを野村の方がよく知っているので、野村が参るようにしてほしいです。どうしても無理ならば、野村の口から詳細を聞いて町田が参るようにしてほしく……

そして、書状の追伸部分には、次のようにある。

このことはいかにも御隠密にすることが肝要です。江戸でもことのほか隠密にしました。島津光久様が江戸でこのことをお聞きになって、たいへん驚きになりました。申すまでもないですが、鹿児島で島津家久様にこのことを報告するとき、奥方で女房衆《にょうぼうしゅう》などに聞かれないように念を入れるべきです。また、御屋形（鹿児島鶴丸城《つるまるじょう》）での御沙汰はよく漏れるので、家老の島津久元《ひさもと》もしくは川上久国《かわかみひさくに》の宿所で御内談をするのがよいと思います。御談合の衆は多くはいりません。野村は御談合の場には出席しなくてもよいです。

何らかの不祥事の発生をうけ、江戸の薩摩藩邸と鹿児島の家老衆で、対策を協議しようとしている。この不祥事が何かは史料に書かれていない。それもそのはずで、隠密が強調されていることからもわかるように、これは本来あってはならないことで、幕府に発覚でもしたら大事になるとみなされた。よく知られるように、薩摩藩はしばしば抜け荷《ぬに》（密貿易）といった禁止行為に手を染めていた。そのため、この書状に限らず、貿易などに関する薩摩藩側の史料を読むときには、史料に書かれている断片を手がかりに、謎解きをしていく必要がある。

不祥事の中身

鍵となるのは積荷、つまり琉球から中国へ持ち渡った物品の中身である。琉球から鹿児島に帰ってきたばかりで疲労困憊の野村の江戸派遣がわざわざ要請されている。しかも野村は、鹿児島での談合に参加させないことからして、どうやら完全に信用されているわけではなさそうである。野村が在番奉行として琉球に詰めたのは、寛永十三年（一六三六）から十四年の間であるので、この間に積荷に関する不祥事が発生したのであろう。琉球は中国に二年に一度、朝貢するので（図6-4）、直近では寛永十三年に中国に向けて進貢船が発しており、何やらこの船があやしい。

図6-4 「琉球進貢船図屏風」（部分，京都大学総合博物館所蔵）

琉球が中国に派遣した進貢船（中央右）が那覇港に帰ってくる情景を描いたもの．丸に十字の島津家の家紋が見える船は，薩摩藩側の船．

さらに探るため、この書状が出された直後、すなわち寛永十四年十一月付で、薩摩藩の家老が琉球の三司官に対し命じた通達書をみよう。そこには、「異国へ日本の武具をいよいよ遣わしてはいけない」とあるのが目を引く。この文言は前述の老中奉書④「日本の武具を異国へ渡してはいけない」と同趣旨で、薩摩藩が琉球に「日本の武具」の渡明を禁じた条書としては、初出にあたる。

また、寛永十六年四月に薩摩藩家老は幕府評定所に対し、以前は琉球から明に渡していたものの、今は幕府の御法度により渡明を禁じている物として、「太刀の事」「長刀の事」「鑓《やり》の事」「添さ《（差）》しの事」「糸おと《（威）》しの腹巻一領・同甲之事」という五種をあげている。

総合して考えると、ここで発覚した不祥事とは、寛永十三年に琉球から明に太刀などの武具類が進貢されたことを指すと推測できよう。こういった慣行は中世から確認でき、琉球にしてみれば、先例を踏襲しただけのことで、琉球にいた野村などの薩摩藩役人も、これまで問題視してこなかった。しかし、江戸に詰めて政界事情に通じ、情報に敏感な薩摩藩家老にしてみれば、これは幕府側から詰問されでもしたら藩の一大事になる、と危ぶまれたのであろう。

輸出禁止はどのように琉球に及んだか

江戸で家老衆から事件を聞いた島津光久がおおいに驚いたとあるように、「日本の武具」を「異国」へ渡すことは、老中奉書④で禁じられたはずである。琉球の進貢時の慣行が結果として、近世日本の禁止事項に抵触してしまったのが本件で、江戸の面々は期せずして自藩が国禁を犯していたことを知ったのである。

薩摩藩の認識では、幕府により武具を渡すことが禁じられたのは、琉球から明に向けてであり、薩摩から琉球へ渡すのは、薩摩藩の内政問題であった。たしかに薩摩藩は、自藩の役人が琉球に渡る際の武具の保管について、神経をとがらせていたが、これは薩摩藩の琉球統制の文脈で理解すべきで、そこに幕府の影をみる必要はないであろう。

つまり薩摩藩は、解釈Aのように、「異国」に琉球を含めて理解したのではない。解釈Bのように、「異国」（例えば中国や東南アジア）に武具を渡してはいけないという事項を、自らが領知する琉球にも遵守させる必要がある、と解したのである。

6　糸割符制の適用を受けたか

糸割符制度

唐船貿易によって、生糸・薬種・漢籍・工芸品などさまざまな物品が日本に輸入された。なかでも生糸の占める割合は大きく、貿易の基軸は、日本産の銀と中国産の生糸の取引にあった。この生糸については、糸割符制度が有名である。生糸の購入価格を安く押さえるため、幕府は糸割符という特権商人（はじめ京都・堺・長崎、のちに江戸・大坂を追加）を指名し、これらの商人によって一括で生糸を購入させた。売り手の唐人の立場からいえば、日本にもたらした生糸を、誰にでも売ってよいわけではなく、糸割符制度の制約のもとで商売をしなければならない。そのため、買いたたかれる恐れのある制度である。

琉球が中国で入手し、薩摩藩を通じて日本市場にもたらした物資も、やはり中心は生糸であった。生糸は、琉球の朝貢に対する皇帝からの正式な回賜品《かいしひん》には含まれず、琉球側が福建《ふっけん》において、持ち込んだ日本産の銀で買いつけたものである。それでは、琉球から薩摩を通して日本市場にもたらされた生糸も、この糸割符の規定をうけたのであろうか。解釈Aをとれば、先述の老中奉書⑤により、琉球から薩摩に入ってくる生糸についても、糸割符価格が決定して以降の取引が義務づけられたと解す必要があろう。

薩摩藩に寄せられた商人からの苦情

そこで具体的な事件を取り上げ、考察してみよう。みたび登場するのが野村元綱である。寛永十七年(一六四〇)六月十日付で、江戸にいた島津光久が国もとにいた国許家老らに宛てて送った書状に次のようにある。

江戸町衆の井上太郎兵衛尉《いのうえたろうべえのじょう》が銀子《ぎんす》を支払って、去々年(寛永十五年)に琉球口から参った糸を鹿児島へ人を遣わして受け取った。その値段は長崎の糸割符の値段ということで糸を渡したところ、糸が悪くて糸割符の値段に見合わず、ことのほか井上は損をして困ったということを、井上から私(島津光久)に目安《めやす》を差し出して訴えてきた。さいわい野村元綱が「糸奉行」であるので江戸で尋ねたところ、「これは鹿児島において相対で井上に糸を渡したもので、きちんと書物(契約書)をとっているので、すこしも藩側の仕方が悪いわけではない」と頑なに申している。この件について、鹿児島にいる「糸役人」「筆者」を召し寄せて談合すべきである。

ここからは、生糸をめぐる興味深いやりとりがみてとれる。薩摩藩は江戸で井上のような富裕層に銀を出資させ、それを元手として琉球の進貢船に積んで、中国で生糸を買いつけ、出資した井上には生糸で返済するというのが算段であった。今回の藩と井上の取引においては、取引価格を糸割符の値段に準じることで決していた。生糸一丸につき銀何匁という換算で、生糸を渡したはいいものの、粗悪品が混ざっており、結果として市中で売却しても利益を上げられなかった井上は、薩摩藩に損失を補塡してもらおうとしたのである。

ここで野村は「糸奉行」として出てくる。彼は在番奉行の任を終えて鹿児島に帰ってのち、おそらく琉球での経験を買われ、「糸奉行」に転じたのであろう。出仕銀の集約や、生糸での返済といった実務を担う藩側の責任者であったと考えられる。その野村にしてみれば、井上の主張は不当で、そもそも価格を糸割符に準じることは薩摩藩と井上の「相対」つまり合意のうえで決めたことで、「書物」（契約書）もあるので、いまさら文句をいわれる筋合いはない、というのが野村の主張であった。続いて光久は以下のように述べる。

結論はいまだ決まっていないけれども、野村のいっていることは粗相なので、「筆者」どもが江戸に参ったとしても、進展はないと思う。そうであるならば、銀子の損がないように井上に銀を遣わす方向で談合をすべきである。野村はつまり野村の言い分を認めず、薩摩藩の非を認め、井上が被った損失を補償しようとしている。藩主がこのように判断したのは、今回の件で、琉球からもたらされた生糸は悪質であるとの評判がたってしまうと、今後の商売に障るという危惧があったからかもしれない。

この結論で文句はいわない。

糸割符制の適用の有無

先のやりとりにみるように、薩摩藩が井上に長崎の糸割符価格で糸を売り渡したことは事実である。このことは一見、琉球経由の生糸が糸割符制度の統制下にあったことを示すようにみえる。すると、老中奉書⑤「異国船に積んできた糸は、去年命じたように、長崎で値段が決まるまでは、薩摩藩領に入津した船と商売してはいけない」は、解釈Aのように、「異国船」に琉球船も含むと考えるべきであろうか。

⑤の文言は、糸割符価格で取り引きするように命じているのではなく、あくまで商売の時期について規制しただけ、と読める。むろん現実問題として、糸割符の値段が決まったのちに、薩摩で糸を売るとなると、唐人は糸割符の価格以上の値をつけるであろう（そうでなければ、長崎で売らずに、わざわざのちに薩摩で売る利点はない）。そのためこの条文は、実質的に価格について統制する意味合いを持つ、との理解にも一理ある。

しかし、解釈Aは決定打に欠けよう。いまいちど先の藩と井上のやりとりに戻ると、ここから幕府が糸割符価格での取引を命じた、とまで読み込むことはできない。相場をにらみながら、藩側と井上側が相対で価格を決めた結果が、糸割符の価格であった考えるのが自然ではなかろうか。

寛永九年（一六三二）には薩摩藩家老が、京都において糸の相場がよいので琉球から糸がもたらされたら早く京都に輸送すべき、といっており、相場をにらみながら糸を売却していたことがわかる。上方などでの糸の売却値段、もっといえば高く売れるかということを家老は気にしているのであり、寛永十一年の老中奉書⑤をうけて以降も、この構図は変わらなかったであろう。もちろん、市場には糸割符価格を基準とし、そこに割符仲間の利益分を上乗せした価格で生糸が流通しているため、薩摩藩が市場原理を無視して値をつけることはできず、時には相対の結果、売却値段を糸割符の値段にすることもあった。井上の事例はこれに該当しよう。

要するに、琉球経由で薩摩にもたらされた生糸について、幕府が何らかの管理・統制をしたわけではなく、琉球から薩摩へ、そして薩摩から上方・江戸へ糸を送り売却をするのは、薩摩藩側と商人の交渉次第であった。

おわりに

以上のことがらを、主人公の野村元綱に即してまとめておこう。彼は在番奉行として、琉球にキリシタン禁制を徹底させる役を担い、在任中には琉球で捕縛したキリシタンを鹿児島に移送する事件も発生した。また、琉球から明に進貢する船を見送り、鹿児島に帰って疲労困憊のところ、積荷の不祥事（武具の輸出）について事情聴取のため、江戸の薩摩藩邸への召還をうけた。その後、「糸奉行」を務め、江戸町人の出資者との間での契約を取り仕切り、納入した糸の品質が悪かったとして、のちに藩主の譴責《けんせき》をうけた。

野村はこのように、琉球事情にもっとも通じた藩士として、重要な地位にあったといえる。とりわけ、武具をめぐる不祥事や、生糸の売買をめぐる揉めごとをみるに、寛永後期の琉球をめぐる案件は一筋縄ではいかず、薩摩藩にしてみれば試行錯誤の連続であったことがわかる。

なお、在番奉行は琉球に長期滞在するだけに、奉行によっては「異国」の地で羽目を外す者もいたのかもしれない。時代は降って明暦三年（一六五七）九月十一日付で、薩摩藩家老衆は在番奉行の職務規程を列挙している。そこには、薩摩―琉球間を往来する船に女性がいないか改めることや、原則は琉球国王から在番奉行に金品を贈ってはならないが、最初の赴任のときだけ焼酎（泡盛）一壺なら贈ってよいこと、などが記されている。在番奉行が琉球側にとりこまれず、きちんと仕事をするかが、琉球支配の成否に関わるものとみなされていたことがわかる。とくに試行錯誤が繰り返された近世初期において、在番奉行の個性・性格といった要素は、無視できない因子といえよう。

最後に、寛永期に家光政権が進めた海禁政策が、琉球にどのように及んだかについて整理しておきたい。一口に琉球に及んだといっても、その内実にふみ込んで考えてみると、それなりに複雑な様相を呈している。ただ、先述の思考実験のように、同時代の人にとっても、海禁政策が琉球にいかなる意味で及んだのかは、自明でなかった可能性が高い。むしろ、自明でなく曖昧なことこそが、「附庸」かつ「異国」という琉球の複雑な立ち位置を反映している分、琉球らしいとさえいえよう。

それでも次のようにいうことはできよう。海禁政策の本丸とでもいうべきキリシタン禁制について、幕府は琉球を、日本にキリシタンが入ってこないようにするための最重要拠点とみなし、薩摩藩に対し、琉球での取締り強化を求めた。一方、人の往来や物資の出入りの統制については、幕府は特段琉球を意識して政策を出したわけではなく、薩摩―琉球間の通常の往来・出入りについては、薩摩藩の領内政治として不関与の姿勢をとったと考えられる。実態として、商人らは自由に薩摩―琉球間を渡航できなかったが、それは薩摩藩側が規制したからであった。

総じていえば、海禁政策が念頭においている「異国」に琉球が含まれる（解釈A）のではなく、島津氏の「附庸」である琉球は、海禁政策を守らなければならない（解釈B）という意味において琉球に及んだのである。

〔参考文献〕

荒野泰典『近世日本と東アジア』東京大学出版会、一九八八年
上原兼善『幕藩制形成期の琉球支配』吉川弘文館、二〇〇一年
紙屋敦之『幕藩制国家の琉球支配』校倉書房、一九九〇年
木土博成「琉球使節の成立―幕・薩・琉関係史の視座から―」『史林』九九―四、二〇一六年
木土博成「海禁政策は琉球を対象とするか」『歴史学研究』九六七、二〇一八年
徳永和喜『薩摩藩対外交渉史の研究』九州大学出版会、二〇〇五年
豊見山和行『琉球王国の外交と王権』吉川弘文館、二〇〇四年
真栄平房昭『琉球海域史論　上・下』榕樹書林、二〇二〇年
米谷　均「一七世紀前期日朝関係における武器輸出」藤田覚編『十七世紀の日本と東アジア』山川出版社、二〇〇〇年

第7章　列島北方の「近世」

上田哲司

はじめに

アイヌ史ないし北方史研究では、日本史の時代区分をそのまま持ち込むのではなく、独自に区分する提起がなされている。本章との関係で中世・近世の区分についてみると、まずは、天文二十年（一五五一）頃、アイヌ勢力と道南の豪族蠣《かき》崎《ざき》氏《し》との間に、「夷狄《いてき》之商船往還之法度」が結ばれ、さらにこの協定によって確保された蠣崎（松前《まつまえ》）氏の権益を統一政権（豊臣《とよとみ》政権・徳川家康《とくがわいえやす》政権）が追認するまでの経緯をもって、「アイヌ史的近世」への画期とみなす議論がある（谷本晃久『近世蝦夷地在地社会の研究』）。これと連動するのが、アイヌのカラフト進出を「アイヌ史的中世」への画期とみなす議論である。アイヌのカラフト進出は、従来は元代中国の文献史料から一三世紀のこととされていたが、考古学的見地から一〇世紀頃までさかのぼることが指摘されている（瀬川拓郎「中世アイヌ社会とエスニシティの形成」）。また、中国史研究からは、正統十四年（一四四九）の土木《どぼく》の変により明朝の勢力が北東アジアから後退したことで、アイヌが和人との交易に依存を深めたことを、アイヌ史にとっての中世から近世への画期とする見解が提起されている（中村和之「中世・近世アイヌ論」）。

以上の議論をふまえ、本章では一五世紀中期頃を北方史における近世への最初の傾斜ととらえて、一七世紀中期までの

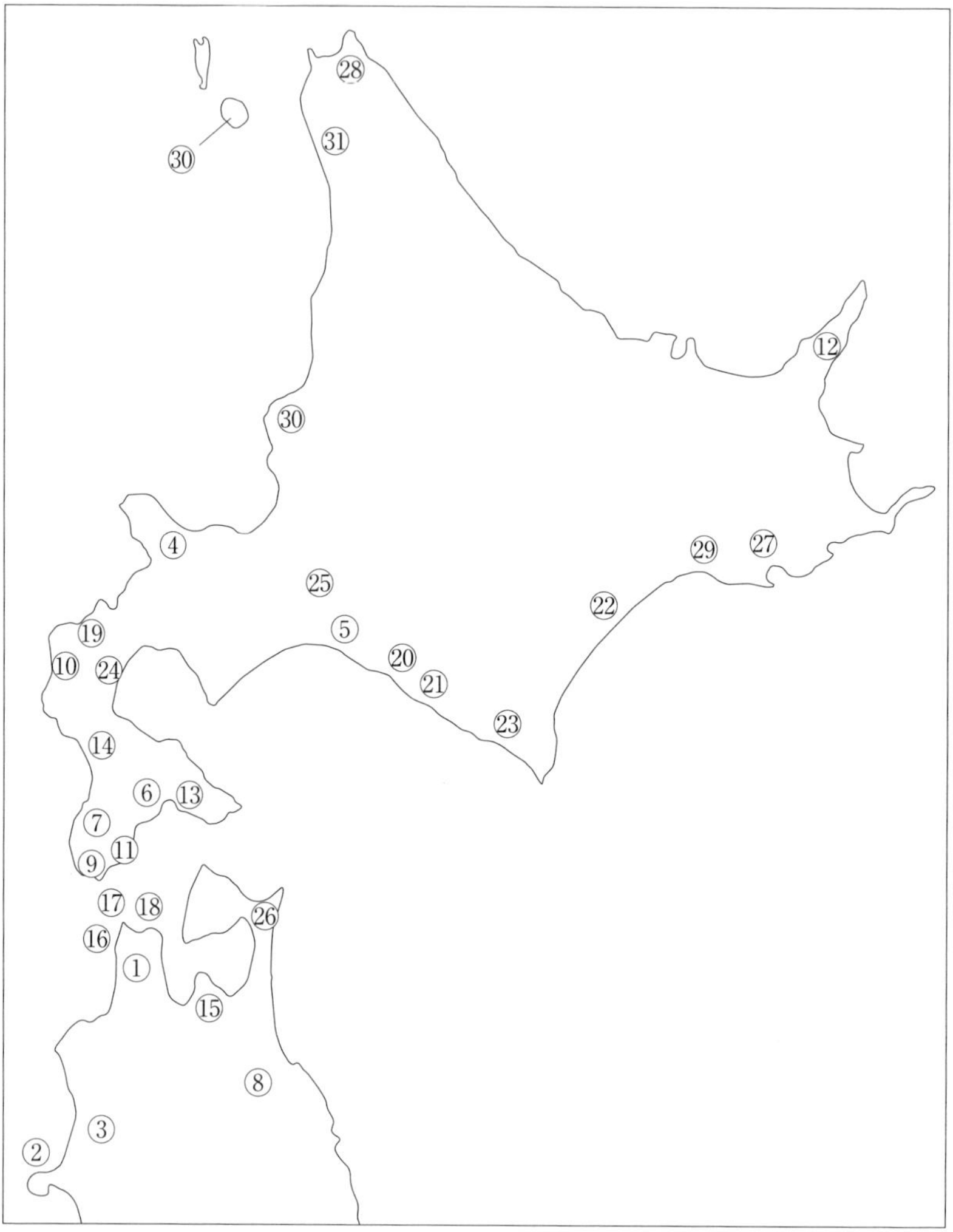

図 7-1　北方社会関係地略図

①十三湊（現五所川原市十三），②小鹿嶋，③檜山城（現男鹿市），④余市，⑤鵡川（現勇払郡むかわ町）・イフツ（勇払），⑥茂別館（現北斗市矢不来），⑦花沢館・勝山館・天河（いずれも現上ノ国町），⑧聖寿寺館（現南部町），⑨松前，⑩セタナイ（現久遠郡せたな町瀬棚区），⑪シリウチ（現知内町），⑫メナシ（現目梨郡），⑬亀田番所（現函館市八幡町付近），⑭熊石番所（現二海郡八雲町付近），⑮平内町，⑯小泊，⑰竜飛崎，⑱宇鉄，⑲島小牧（現島牧村），⑳ケノマイ（現沙流郡日高町清畠・慶能舞川）・サル（沙流），㉑シブチャリ（静内川）・ヒポク（新冠），㉒トカチ（十勝），㉓ウンベツ（現様似町・海辺川），㉔国縫，㉕夕張，㉖田名部，㉗アッケシ（現厚岸町），㉘三内（現稚内市珊内）・宗谷岬，㉙クスリ（釧路），㉚マシケ（増毛），㉛テシホ（天塩）㉜リシリ（利尻）

二〇〇年間の北方社会の変化をアイヌと和人の関係から描くこととする。アイヌと和人の政治権力との関係史においても、一五世紀前半は一つの画期であった。

日本史の区分でいう室町《むろまち》時代、日本とアイヌの交易は、主にアイヌ側が日本の湊を訪れることで成り立っていた。とくに、日本・アイヌ交易の最大の港湾都市は、津軽《つがる》半島北西部に立地した十三湊《とさみなと》（図7-1①。以下、地図①のように示す）であり、その主は安藤氏《あんどうし》の嫡流である下国《しものくに》安藤氏であった。ところが、十三湊は飛砂《ひさ》（海岸の砂が風で運ばれること）の堆積によって、徐々に港として機能しなくなっていき、一五世紀中期頃に、下国安藤氏が南部氏《なんぶし》との抗争によって敗亡すると、十三湊は北方交易のターミナルとしての機能を完全に失った。続く動乱のなか、蠣崎氏が道南の覇権を握り、先述の「夷狄之商船往還之法度法度」締結へとつながっていくことになる。

1　戦国の動乱と和人地の創出

下国安藤氏の滅亡とコシャマイン戦争

中世では、アイヌと和人の土地区分は明瞭ではなかった。それが、下国安藤氏滅亡後の二〇〇年間の歴史のなかで、アイヌの土地（蝦夷地《えぞち》）と、和人の土地（和人地）が分かれていくことになる。その最初のきっかけが、康正三年（一四五七）におけるコシャマインを指導者にしたアイヌ民族の蜂起であった。まずは蜂起以前の状況を確認しよう。

松前景広《かげひろ》（松前藩初代藩主慶広《よしひろ》の六男）が正保三年（一六四六）に編纂した松前家の年代記『新羅之記録《しんらのきろく》』（奥尻松前家所蔵、『新北海道史　第七巻資料一』）によると、下国安藤氏を滅ぼした南部氏は分家の安藤師季《もろすえ》を傀儡《かいらい》に担ぐが、師季は享徳三年（一四五四）頃、「狄之嶋《えぞのしま》」へ脱出した。安藤氏は室町時代にすでに、配下の豪族層を蝦夷島に移していたと考えられており、師季は彼らを編成することで勢力を再建した。師季はその後、現秋田市付近に勢力を張る安藤氏分家からの招きで小《お》

図7―2　安東（秋田）氏・蠣崎（松前）氏系図（数字は松前藩主としての代数）

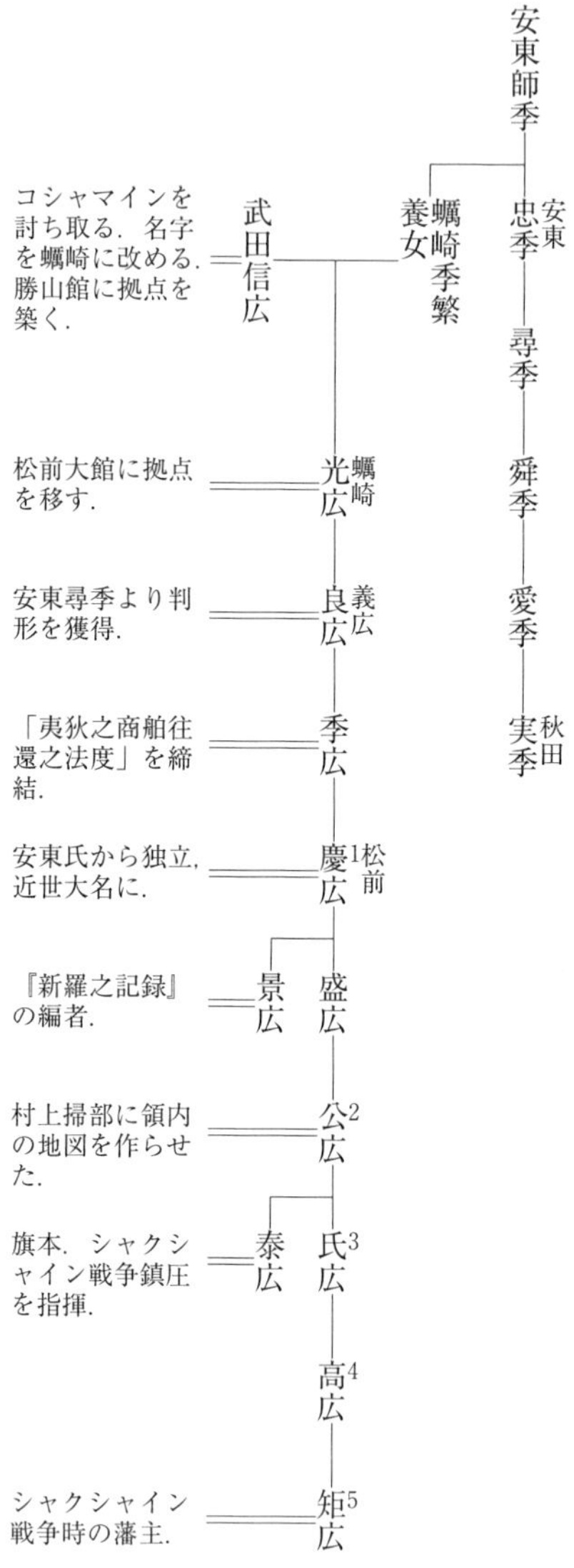

鹿《が》嶋《しま》（地図②）へ再渡海し、息子の忠季《ただすえ》の代までに檜山城《ひやまじよう》（地図③）を築き代々の拠点にした。この家筋は檜山安東（安藤）氏と呼ばれる。

当時、和人は、道央の余市《よいち》（地図④）・鵡川《むかわ》（地図⑤）まで進出していたらしい。余市の大川《おおかわ》遺跡からは、一四～一五世紀前半の陶磁器がまとまって出土し、和人集落の存在を示唆している。これら出土品は十三湊と共通し、盛んな交易があったことがうかがえる（余市町教育委員会『大川遺跡における考古学的調査4　総括篇』）。ただし、道央には和人の集落が点として存在していただけで、道南のような政治権力は形成されていなかった。

康正三年に「狄之島」でコシャマインを指導者にしたアイヌの蜂起が発生すると、道央にあった和人集落は掃滅され、道南における安東氏配下の豪族層の一二の館（いわゆる「道南十二館《どうなんじゅうにだて》」）も茂別館《もべつだて》（地図⑥）と花沢館《はなざわだて》（地図⑦）を残してことごとく陥落した。蜂起の原因については、南部氏と安東氏の一連の争いが背景にあったとする見解（入間田宣夫「糠部・閉伊・夷が島の海民集団と諸大名」）、安東氏の北走以来、本格化した和人の「狄之嶋」進出に対する反発とする見解（榎森進『アイヌ民族の歴史』）、土木の変によって明朝の勢力が後退した結果、交易の利益が縮小し、アイヌと和人の対立を激化させたとする見解（中村和之「中世・近世アイヌ論」）がある。

長禄二年（一四五八）、武田《たけだ》信広《のぶひろ》の伏撃によってコシャマインが戦死したことで、道南の和人領主の全滅は免れた。信広はこの武功により、安東師季（政季《まさすえ》）の娘で、花沢館の主・蠣崎季繁《すえしげ》の養女を娶《めと》って蠣崎家の名跡を継ぎ、蠣崎信広と改めた。信広の玄孫が松前藩初代藩主の松前慶広であるため、信広は松前家の家祖に位置づけられている。

信広は、さらに上《かみ》ノ国《くに》の勝山館《かつやまだて》（地図⑦）に居を移して北方交易に利権を伸ばしていく。勝山館の近くに位置する夷王《いおう》山《さん》墳墓群には、仏教様式の墓に混じってアイヌの葬法に従った墓が発掘されており、和人とアイヌの混住が示唆されている。蠣崎氏とアイヌを、単純な対立関係で理解することはできない。

一方、現青森県域でも、津軽の西浜《にしはま》（日本海沿岸地帯）・外ケ《そとが》浜《はま》（陸奥湾沿岸地帯）・糠部郡《ぬかのぶぐん》北部（下北《しもきた》半島北部）からは擦《さつ》文《もん》文化人の遺跡が多く出土する。北海道のそれと比較して、小規模で、より強く農耕に依存した生活をしていたという特徴はあるが、「北海道と同様アイヌに連なる人々」とされている（松前町史編集室編『松前町史第一巻上 通説編』）また、近年、三戸《さんのへ》南部氏の居城だった聖寿寺館《しょうじゅじだて》（地図⑧）からも、アイヌのシロシ（印）が施された染付皿の破片が出土し、ここでも、和人・アイヌ混住の可能性が出てきている。

蠣崎良広宛ての安東尋季判形

『新羅之記録』によると、永正十年（一五一三）、安東氏配下の豪族の相原季胤《あいはらすえたね》が拠点としていた松前の大館《おおだて》（地図⑨）が、アイヌに攻撃され陥落、季胤は自害したという。これにより、蠣崎氏二世光広《みつひろ》（信広の嫡男）は松前大館を接収し、勝山館からここに拠点を移した。光広は、このことを檜山安東氏当主の尋季《ひろすえ》（忠季の子）に注進するため使者を二度派遣したが、使者は戻らない。そこで改めて良広《よしひろ》（光広の嫡男。「義広《よしひろ》」とも表記）が紺広長《こんひろなが》を送って交渉すると、尋季より蝦夷地を預けるので守護すべしとする「判形」を授けられた、という。

　しかし、茂別の下国氏、上ノ国の蠣崎氏が健在な状況で、要害の松前が攻略されたことは不自然である。実際には、松前は、蠣崎氏と下国氏の連合軍に攻略されたのではないかとの見解が有力である（小林真人「北海道の戦国時代と中世アイヌ民族の社会と文化」）。それゆえ尋季は、蠣崎氏への蝦夷地統治の公認を渋ったと考えられている。

　良広が与えられたという「判形」は原本も写しも現存せず、詳細は不明である。『新羅之記録』によると、「諸州」より来る「商船旅人」に「年俸」を出させ、その「過半」を「檜山」に差し出すこと、その「役取人」は紺広長が担当することが定められたとある。おそらく、このような内容の「判形」が、もとは安東氏から相原氏に与えられていたのだろう。そして、相原氏を滅ぼした蠣崎氏は、これまで相原氏に与えていた「判形」を自分に与えるよう、安東氏に交渉した。安東氏は謀反《むほん》ともいえる行為を追認できず発給をためらったが、結局は、「過半」を差し出すことを条件に、これまで相原氏に認めていた「商船旅人」から「年俸」を徴収する権限を蠣崎氏にも認めたのではないか。

　この頃の北方交易の統括者はあくまで安東氏であり、蠣崎氏は、現地における安東氏の代理として、北方交易に参画を強めていったのである。蠣崎良広宛ての安東尋季判形の獲得は、その重要な第一歩であったと評価できるだろう。良広の息子で、蠣崎氏の四代目当主となったのが蠣崎季広である。安東氏の通字《つうじ》である「季」を偏諱《へんき》として与えられていることからも、安東氏家中での蠣崎氏の地位の上昇が起こっていたことがうかがえよう。

「判形」の内容は、のちにみる「夷狄之商船往還之法度」や、松前藩初代藩主の松前（蠣崎）慶広が、豊臣秀吉《ひでよし》・徳川家康から獲得した、アイヌ交易の独占権を認可した朱印状《しゅいんじょう》（家康の場合は黒印状《こくいんじょう》）へとつながる内容である。秀忠《ひでただ》以後の歴代将軍も、「家康黒印状」の内容を踏襲した朱印状を発給して、継続的にアイヌ交易の独占を認可することになるので、この「判形」こそ、その原型と評価できよう（以下、これらについては、「秀吉朱印状」「家康黒印状」「秀忠朱印状」などと略記し、家康以後については「歴代将軍印判状《いんばんじょう》」と総称する）。

アイヌと蠣崎氏の争い

『新羅之記録』には、蠣崎光広・良広親子がアイヌとの紛争で、和睦と称してアイヌ側の指導者をおびき寄せて騙し討ちにすることを常套手段としていた様子が記される。アイヌには「チャランケ」という、紛争の際に非があったとされる集団に「償い」として「宝物」（アイヌ語で「イコロ」）を出させる慣習があるが、蠣崎氏はこの慣習を悪用し、「宝物」「償之物」を指し出すとしてアイヌ側をおびき寄せたと指摘されている（榎森進『アイヌ民族の歴史』）。

しかし、これには異論もあり、チャランケは開戦前に代表者が大声を立てて行うもので、敵陣のなかで酒宴を張るチャランケがあったかは疑わしく、さらに、アイヌとの紛争で滅亡した館主も多いなか、蠣崎氏だけが騙し討ちを行い、しかも当主自らがアイヌの指導者を討ち取るというパターン化した物語が多く、事実とは思えないという指摘がある（上村英明『北の海の交易者たち』）。騙し討ちの記事はかなりの誇張を含んでいることは確実であろうが、すべてが虚構とも思われない。先述したように、明朝の土木の変以後、大陸との交易ルートが不安定になったことで、アイヌ社会は和人との交易に依存する度合いが高くなったという指摘がある（中村和之「中世・近世アイヌ論」）。そうであれば、アイヌ側にも、和人社会への交易の窓口として蠣崎氏を必要とする側面があったはずである。アイヌの指導者たちは、蠣崎氏と紛争が起こるたびに、騙し討ちにあう危険を承知のうえで交渉の席につき、すみやかな平和的解決を模索したが、蠣崎氏に裏切られた、あるいは交渉が決裂した、と理解することも可能であろう。

アイヌとの争いを殊更《ことさら》に詳述する『新羅之記録』でも、実は紛争の数は意外と少なく、コシャマイン戦争から八〇年間のなかで、紛争のない年の方がずっと長い（榎森進『アイヌ民族の歴史』）。アイヌ勢力と蠣崎氏は、基本的には交易を行っていたはずで、紛争は異常事態なのである。アイヌ側が和議による紛争の収拾に可能性を見出していたとしても、おかしくはないであろう。一方、蠣崎氏としても、「年俸」を安定的に徴収するためには、アイヌとの交易が平和裏に行われるに越したことはなかったはずである。

蠣崎氏がアイヌとの争いで常に計略に頼ったのは、裏を返せば、軍事力を用いてアイヌを制圧することができなかったことを意味する。アイヌ側と全面的な戦争状態になれば、蠣崎氏が敗北する可能性は高かった。しかし、実際にはそのようにはならなかった。アイヌと蠣崎氏の関係は、経済的には共依存であったことを念頭に置く必要がある。

「夷狄之商舶往還之法度」

良広の息子の季広の代には、アイヌとの紛争回避に努め、天文二十年（一五五一。十九年説もある）には、セタナイ（現久遠郡《くどおぐん》せたな町、地図⑩）のアイヌの首長ハシタインを上ノ国の「天河《あまのがわ》」（地図⑦）へと移住させて「西夷《せいい》の尹《いん》」とし、シリウチ（現上磯郡知内町《かみいそぐんしりうちちょう》、地図⑪）のアイヌの首長チコモタインを「東夷《とうい》の尹《いん》」としたうえで、両首長との間に講和を締結するに至った。この講和を、『新羅之記録』は「夷狄之商舶往還之法度」と表現している。「法度」とあるが、実態は講和である。この際、季広が「諸国」より来た商人から「年俸」を徴収し、その一部を両首長に支払うことが定められた。また、アイヌの船がシリウチの沖または天河の沖を通過する際は帆を下げて一礼することが定められた。季広は、数々の「宝物」でアイヌの歓心を買って講和を結んだが、取り決めでは、諸国の船から徴収した「年俸」の一部をアイヌに支払うなど、かなりの譲歩をしている。軍事的には劣勢であったことが影響しているといえる。

瀬戸内海での慣行との比較から、天河とシリウチで帆を下げるのは、ここにアイヌによる海関の設置が認められたからで、「年俸」とは関料に相当するものだろうとの指摘がある（大石直正『中世北方の政治と社会』）。すると、アイヌに「年俸」の一部を支払ったというより、アイヌにも「年俸」を取り立てる権利を認めた、という方が実態に近いのかもしれない。果たして瀬戸内海と同じ慣習が北方にも存在したか定かでないが、有力な仮説であろう。

先にみた蠣崎良広宛て安東尋季の「判形」では、「諸州」よりきた「商船旅人」から「年俸」を徴収する権限を蠣崎氏に認めるかわりに、その「過半」を安東氏に上納することを義務づけていた。つまり、「夷狄之商船往還之法度」の内容は、件《くだん》の判形で年俸の徴収権が安東氏から蠣崎氏に認められたことが前提になっているのである。

実はこの講和締結の直前に、安東舜季《きよすえ》(尋季の嫡男)が蝦夷島に渡っているが、この講和の仲介を勧めたのではないかとの推測がある(海保嶺夫『中世の蝦夷地』)。蠣崎氏の独力で講和締結ができず、安東氏の介入を必要としたとすれば、安東氏への「年俸」上納がまだ続いていた可能性は高い。「年俸」の「過半」を上納し、アイヌにも「年俸」の一部を支払っていたとしたら(あるいは、アイヌが天河やシリウチで「年俸」を独自に取り立てており、蠣崎氏がその取り立てを独占できない状況にあったとしたら)、蠣崎氏の取り分はかなり少なくなったはずである。季広・慶広父子は、安東氏の軍勢催促に応じて、たびたび秋田・津軽方面に出兵しており、慶広の弟には戦死者も出ている。蠣崎氏はこの時点でも安東氏に軍役を果たしており、被官の立場を逸脱していない。

また、「夷狄之商船往還之法度」の締結により定まったシリウチと天河のラインは、蠣崎氏の領域とアイヌの領域を区画することになった。この区画が近世の和人地・蝦夷地への区画につながることになり、このときの蠣崎氏の領域を「原和人地」とする指摘もある(海保嶺夫『近世蝦夷地成立史の研究』)。これに関連することとして、道南の村落由緒などの検討から、戦国時代末期から、一般の和人の道南への移住と定住が本格化し、多くの村が成立したことで、アイヌの居住地が後退した、との指摘がある(鈴江英一「和人地の村の成立」)。和人の移民も吸収することで、一定の領域を持つ和人地が成立したのである。

津軽にも、戦国時代に当地に移住し、時に現地のアイヌの抵抗を排除して新村落を形成したとする由緒が残っている(上田哲司「中近世移行期の津軽における開発とアイヌ社会」)。

中世的な境界の特徴は、どこまでが和人の領域で、どこからがアイヌの領域なのか、曖昧としていた点にある。ところが、一六世紀中期頃より道南・津軽では、アイヌ居住域の大幅な縮小がみられ、このような状況が解消に向かったのである。ただし、津軽・和人地いずれでも、アイヌ居住域が消滅したわけではない点は注意が必要である。

2　統一政権と松前藩・アイヌ民族

蠣崎慶広と豊臣政権

蠣崎氏に対する安東氏の影響力に陰りがみえたきっかけが、天正十五年（一五八七）における安東愛季《ちかすえ》の死であった。愛季の跡を継いだ実季《さねすえ》は、当時一二歳だった。この継承を不満とした一族の安東（豊島《としま》）通季《みちすえ》が反乱を起こした。いわゆる湊《みなと》合戦である。そして、この頃より、蠣崎慶広は安東氏の宿敵である南部氏と秘かに好誼《こうぎ》を通じ、安東氏からの独立活動を本格化する（工藤大輔「夷島における近世大名の創出」）。

天正十八年には、天下統一を進める豊臣秀吉が奥羽仕置《おううしおき》の方針を示した。安東実季も若年にしてはじめて上洛することになった。これに同行した慶広は、独立をめざして前田利家《まえだとしいえ》や木村重茲《きむらしげこれ》らへの接近を図る。そして彼らの仲介によって、実季を介さず、秀吉に直接謁見することに成功する。

一方、秀吉も蠣崎氏を、安東氏を介さずに直接に掌握しようとしていた。小田原北条氏《おだわらほうじょうし》を滅ぼした直後の天正十八年七月、秀吉は長宗我部元親《ちょうそかべもとちか》ら四国の六将に送った書状で、「津軽・宇曽利《うそり》・外浜」まで悉《ことごと》く人質を献上させたことを述べ、「蝦夷島」へも「御朱印」を下して出仕を要求し、もし出仕しなければ、軍勢を送って悉く首を刎《は》ねる、と宣言した。三年さかのぼる天正十五年の九州仕置からの帰路でも、秀吉は徳川家康に送った書状にて、「壱岐《いき》・対馬《つしま》」より人質を出させ残らず出仕させた、「高麗」については進物や人質は不要だが、「日本之覚」にもなるので、「高麗帝王」に「日本へ出仕」を要求した、滞りがあれば「高麗」へ軍勢を派遣する、と豪語していた（名古屋市博物館編『豊臣秀吉文書集 三』吉川弘文館、二〇一七年、二二〇六号文書）。これを先に紹介した秀吉書状と比べると、日本の境界領域を象徴的に表す地名として、

「壱岐・対馬」が「津軽・宇曽利・外浜」に、日本の異域として「高麗」が「蝦夷島」に置き換えられたことがわかる。秀吉は、蠣崎氏を異域の領主として象徴的に扱っていたのである。

天正十八年十一月、秀吉は、朝鮮国王からの使節を聚楽第《じゅらくてい》で謁見したのち、明（中国）征服のための道案内を命じた書簡を与えている。その書簡では、「異域遠島」まで悉く掌握した、と自身の武功を誇示している。秀吉は、自らの武威を喧伝するために異域の掌握を重視していたのである。この秀吉の意向が、慶広の独立に影響したといえよう。

天正十九年一月吉日付で安東実季に与えられた知行目録《ちぎょう》には、夷島に関することは一切含まれていない。これには、実季の小田原不参に対する懲罰的な意味があったとも考えられている（海保嶺夫『中世の蝦夷地』）。

慶広は、朝鮮侵略に際しては名護屋《なごや》まで参陣した。遠路からの参陣に喜んだ秀吉は、アイヌとの交易独占権を認可した朱印状と「伝馬之御判《てんま》」を与え、「宜《よろ》しく狄《えぞ》を鎮《しず》むべし」として帰国させた。「伝馬之御判」は秀吉への鷹の献上ルートを確保させるためのもので、蠣崎氏は鷹を媒介に秀吉政権の支配に服したと指摘されている（長谷川成一『近世国家と東北大名』）。

秀吉が慶広に与えた、アイヌとの交易独占権を認可した朱印状の文面は、以下のようになっている。

　松前において、諸方より来たる船頭《せんどう》商人等、夷人に対し、地下人《じげにん》に同じく、非分の義、申し懸くべからず、並びに船役の事、前々より有り来たる如くこれを取るべし、自然この旨に相背くやからこれあらば、急度言上すべし、速やかに御誅罰を加えらるべき者也、

　　文禄二年正月五日　　（朱印（秀吉））

　　　蠣崎志摩守《(慶広)》トノへ

これまでみてきたように、「判形」では、すでに「諸州」よりくる「商船旅人」より「年俸」を徴収する権限を蠣崎氏に認可していた。秀吉朱印状が「諸方」よりきた「船頭商人等」から「船役」を徴収する権限を認めているのはこれを前

提にしている。だからこそ、「前々より有り来たる如く」と明記されているのである。この権限の認可者が安東氏から秀吉政権に代わったことで、蠣崎氏と安東氏の主従関係が完全に解消された。

一方、夷人・地下人に対し、「非分」なことをしてはならないとする文言は、『新羅之記録』の記述をみる限り「判形」にはなく、これは新たに秀吉が加えたと評価できる。秀吉は新たに支配下に入った土地一円を対象に禁制を発し、その地の民衆に対する「非分」を禁じることで新たな支配者であると表明した。こうした一国禁制は、秀吉の勢力の北上に伴い、関東・奥羽でも出された。その際、秀吉が「百姓」や「地下人」に「非分」を禁止するというのは、ある種お決まりのフレーズだった。秀吉没後、慶広は家康より、「秀吉朱印状」の内容を引き継いだ黒印状（後掲）の発給を受けた。それは、「秀吉朱印状」と比べ、禁制の形式をより強くとどめている。秀吉は、蠣崎（松前）氏を通してアイヌへの「非分」禁止を宣言し、家康も引き継いだ。このアイヌへの非分禁止は、秀吉・家康がアイヌの支配者として振舞おうとしたことを意味すると考えられる（上田哲司「松前慶広宛秀吉・家康印判状の文書論的考察」）。

松前藩の創立

『新羅之記録』によると、秀吉没後の慶長四年（一五九九）、慶広は、大坂城にて家康に召し出された。この時期には「狄之島」の北にオランカイ（韃靼《だったん》）があるとの地理認識が共有されており、家康から、「北高麗」（オランカイ）についての話があったようである（紙屋敦之『大君外交と東アジア』）。秀吉・家康は、慶広に、オランカイからの防衛を任せたのであり、そのことが家康黒印状の発給につながったとする見解もある（工藤大輔「夷島における近世大名の創出」）。またこの際に慶広は、名字を蠣崎より松前に改めたという。

「家康黒印状」の発給は、慶長九年正月になされた。これにより、松前氏がアイヌ交易権を一元的に掌握することを、家康にも認められたのである。秀忠以下の歴代将軍も、「家康黒印状」の文面を引き継いだ朱印状を代々発給し、松前氏によるアイヌ交易独占権を追認し続ける。よって、「家康黒印状」の受給をもって、近世松前藩の創立とみなすことができる。なお、鷹の献上が、家康以下の将軍に必要になったのも、秀吉の場合と同様である。「家康黒印状」の文面は、以下に掲げる通りである。

定

一、諸国より松前へ出入りの者ども、相断らずして夷仁と直に商買仕り候儀、曲事《くせごと》たるべき事

一、志摩守に断り無くして渡海せしめ売買仕りそうらわば、急度言上致すべき事、
付けたり、夷の儀は、何方へ往行そうろうとも、夷次第と致すべき事、

一、夷仁に対し非分申しかくるは、堅く停止の事、
右条々、もし違背のともがらにおいては、厳科に処すべき者也、よってくだんの如し、

慶長九年正月廿七日　（黒印（家康））
松前志摩守（慶広）とのへ

二条付則に関しては、①アイヌは国家権力の埒外《らちがい》であるがゆえに、その往行に規制がかけられなかったとする見解（海保嶺夫『近世蝦夷地成立史の研究』）、②アイヌのあり方に対して国家が表明をしていることから、アイヌは国家権力の内部に位置づけているとみなす見解（榎森進『北海道近世史の研究』）がある。こうした議論に対し、筆者は主に第三条の文言と文書の形式論から、これは一国禁制に相当すると解釈し、アイヌは国家権力の内部に観念上は位置づけられたとみることが妥当ではないか、と述べたことがあるのは先述の通りである。

二条付則の往行自由の規定は、城下交易体制の実態が反映されているとも読むことが可能である。この時期の交易のあり方は、アイヌの側が松前城下まで交易に赴くことでなされていた。これは、中世段階に、アイヌが十三湊まで交易に赴く形式であったことが影響している。アイヌ側は一七世紀中期頃まで、松前だけでなく、弘前《ひろさき》・盛岡藩《もりおかはん》領まで交易に赴くことができた。これは、松前氏の交易独占が未達であったことを示す。松前以外のどこへ赴いて交易をしようとも、アイ

ヌ次第である、という実態がまず先にあり、それを反映した条文と読むこともできるだろう。

しかし、このようなアイヌの自由な往行は時代を経るごとに制限されていく。強大な武力を持つ統一政権が背後についたことで、松前氏はアイヌに脅迫的な立場で臨むようになり、交易ルールを都合よく変更していくからである。

慶長から元和年間の城下交易

一七世紀中期までの、アイヌが松前城下や弘前・盛岡藩領まで赴き交易する形態は、城下交易制と表現される。

慶長十四年（一六〇九）、江戸に滞在していた慶広は、国元の家臣の工藤九兵衛《くどうきゅうべえ》（祐種《すけたね》）宛てに、十一月七日付で書状を送り、留守中に夷（アイヌ）が出入りすることがあった場合、普段通りに対応すること、「拙者」（慶広）が死亡しても、「加々右衛門《かかうえもん》」をはじめ、「こせかれ共」を引き廻して奉公をたてるべきことを指示している。「加々右衛門」は慶広六男の景広の仮名、「こせかれ」とは慶広嫡孫の公広《きんひろ》と解釈し、両者が同様に扱われているとの指摘がある（工藤大輔「「慶長十四年十一月七日松前藩五世慶広置申候事」（函館市中央図書館蔵）」）。また、慶長二十年、メナシ（地図⑫）の首長のニシラケアイヌがラッコ皮数十枚を携えて松前を訪れたことがあった。このとき、慶広は大坂夏の陣に出陣し留守であった。ニシラケアイヌは、特別に慶広に渡すために持参した熊皮のような巨大なラッコ皮を、すでに慶広の後継者として公認されていた一七歳の公広にはみせずに、景広に渡している（谷本晃久『近世蝦夷地在地社会の研究』）。景広は、慶広の男子のなかで嫡系を別にすると唯一の松前姓保持者で、当時の松前藩政のなかで別格的な扱いであり、大坂夏の陣の頃、とくに慶広の留守時は、公広を輔弼《ほひつ》して実質的に藩政を主導していた。ニシラケアイヌが景広に巨大なラッコ皮を預けたのも、このような松前藩側の事情が伝わっていたためと理解すべきだろう。アイヌ側は、松前藩主が若年であれば、侮《あなど》る姿勢さえみせたのであり、この時点では、松前藩が一方的に優位とはいえない状況だった。

先述の工藤九兵衛宛て慶広書状には、石狩《いしかり》・支笏《しこつ》へと鷹を捕るため、藩主直営の舟を出していたことも記されている。鷹は将軍への重要な献上品であったから藩主直営舟を出したのであろうが、蝦夷地の重要な物産を得るためには、松前藩側が蝦夷地に船を出すこともすでに行われていた。このことは、のちの商場《あきないば》知行制《ちぎょうせい》（松前藩主よりアイヌとの交易場を与えられ、そこからの利益が家臣の禄となるシステム）への傾斜を考えるにあたって重要である。

城下交易制のより詳細な情報を伝えてくれるのが、松前・蝦夷地へと渡ったキリスト教宣教師アンジェリスやカルワーリョの記録である（H・チースリク編『北方探検記』）。それによると、アイヌは、乾鮭《からざけ》・鰊《にしん》・白鳥、生きた鶴や鷹、鯨《くじら》、トドやラッコの皮、箭《や》につける鷲羽などを松前へ持参する。銭は受け取らず、米や着物と交換する。トドの皮は安価でラッコの皮は高価だという。アイヌは松前藩主に礼を尽くし、また、安全な航海には松前藩主の標章と許可状を携帯する必要があったようである。アイヌが交易に用いた船は、板を縄で縫い合わせて作る板綴船《いたつづりせん》（蝦夷船）で、この船は航海が終わると縫い目をほどいて乾かし、航海のときにまた縫い合わせる。一艘に米二〇〇石を積めるほどの大型のものが用いられたという。

「国絵図」事業とアイヌ社会

天文二十年（一五五一）頃に蠣崎氏とアイヌ勢力が結んだ「夷狄之商舶往還之法度」が、「原和人地」の創出につながったとみなされているが、和人地はこのときに定まった範囲で固定化されていたのではない。寛文期より寛政末期に至るまで（一六六一〜一八〇一）、和人地と蝦夷地（松前氏の支配が及ばないアイヌの大地を指す）との境界地帯に、和人の移住とそれに伴う集落形成が進行し、結果としてその地におけるアイヌ集落の解体やアイヌ人口の減少を引き起こし、一方では、それがなしくずし的に和人地の規模を拡大させている（榎森進『北海道近世史の研究』）。

慶長から元和の頃（一五九六〜一六二四）と想定されるが、蝦夷地と和人地の境を監視する役所として、亀田《かめだ》番所《ばんしょ》（現北海道函館市八幡町《はちまんちょう》付近、地図⑬）と熊石《くまいし》番所（二海《ふたみ》郡八雲町《ぐんやくもちょう》付近、地図⑭）が設置された。この時点ですでに、「夷狄之商舶往還之法度」で定められた境を大きく飛び越えている。

寛永十年（一六三三）、徳川家光《いえみつ》は諸領主の監察・統制強化のため、諸国に巡見使《じゅんけんし》を派遣した。松前藩では、どこまでを巡見の対象とするか、すなわち松前藩の領地はどこまでかが問題となった。結局は「東は潮泊《しおどまり》、西は茂内《もない》」という範囲で決定し、実際に巡検使を潮泊と茂内まで案内したが、それより先には案内しなかった（笹木義友「一七世紀における日本の「北方」認識の推移」）。「寛永日本図」は、この巡見使が集めた情報などをもとに江戸幕府が編纂したと考えられている（川村博忠『国絵図』）。さらに、寛永十二年には、松前藩も村上掃部《むらかみかもん》なる藩士を派遣して蝦夷地の調査を進め、千島《ちしま》・樺太《からふと》を含む蝦夷地の地図をつくらせている。現存しないため詳細を知ることはできないが、地図の作成という営為に、蝦夷地を日本（松前藩）の領土とみなそうとする政治的意図が伏在していたことを読み取ることはできよう。なお、村上掃部が地図をつくったことについて、現在も北方四島の領有権の主張に使われるが、この時点で、現地のアイヌ社会に対して、実効性を持つ支配が達成されていたわけではまったくない。

正保元年（一六四四）、幕府が諸藩から提出させた国絵図にもとづき「正保国総図」が作成された。この地図の渡島《おしま》半島の東に千島列島と思しき島々が描かれており、クナシリ・エトロフとみられる名前も書かれている。村上掃部の作成した地図が反映されているのだろうが、千島列島の大きさや位置関係は正確性を欠き、現地に測量に赴いたとは思えない。北海道アイヌから聞き取って作成したのだろうと推測されている（秋月俊幸『千島列島をめぐる日本とロシア』）。松前藩の権力が千島に及ばず、千島アイヌとの直接交易もなかったことがこの地図からうかがえる。

一方、「正保国絵図」編纂時に弘前藩が幕府に提出した自領の絵図の写し「陸奥国津軽郡之絵図」（正本は焼失）をみると、夏泊《なつどまり》半島（平内《ひらない》、地図⑮）、小泊《こどまり》（地図⑯）周辺や、津軽半島先端部にある竜飛崎《たつぴざき》（地図⑰）―宇鉄《うてつ》（地図⑱）間に「狄《えぞ》村《むら》」という表記がみえ、アイヌの集落を指すとされている（浪川健治『近世日本と北方社会』）。津軽アイヌについては、その居住域が藩《はん》に把握され、それが幕府に報告されるに至ったのである。津軽アイヌについては、国家の支配が確実に及ぶ時代を迎えていた。

3　交易体制の移行とアイヌの蜂起

蝦夷地のゴールドラッシュとヘナウケの蜂起

『徳川実紀《とくがわじつき》』などの江戸幕府の編纂史料には、元和六年（一六二〇）に松前公広（松前二代藩主）の所領から金鉱が発見され、秀忠に金一〇〇枚が献上されたが、公広に返却され金鉱の管理も委ねられた、との記述がある（新藤透『松前景広『新羅之記録』の史料的研究』）。実際に蝦夷地で取れたのは砂金で、寛永期に、島小牧《しまこまき》（地図⑲）・ケノマイ（地図⑳）・シブチャリ（地図㉑）・トカチ（地図㉒）・ウンベツ（地図㉓）・国縫《くんぬい》（地図㉔）・夕張《ゆうばり》（地図㉕）で砂金採取が始まった。蝦夷地におけるゴールドラッシュは、オランダ人も知るところになった。これが「黄金の国ジパング」伝説の記憶を呼び起こし、オランダ東インド会社は二度にわたって探検隊を派遣した。一度目は失敗に帰したが、二度目のフリースを司令官とした艦隊は、蝦夷地を探検して多くの情報を持ち帰り、それは現在においても、当時のアイヌ社会の様相を知りえる貴重な情報源となっている（宮崎正勝『黄金の島ジパング伝説』）。

また、先述した宣教師の記録によると、五万人を超える金堀《かねほり》が蝦夷地を訪れたという。当時の松前の推定人口は一万五〇〇〇人程度とされるので誇張はあろうが、相当数に上ったことは確からしい。金堀たちは団体をつくり、松前藩に運上《うんじょう》金《きん》を納めて川ごとの採掘権を得て、水路を変えて砂金を採掘したという。川を遡上する鮭などに食料を依存するアイヌ社会のダメージは大きかったものと考えられる。

さらにこの時期、鉱夫に紛れ、迫害を逃れた多くのキリシタンも蝦夷島へ渡っている。そうした信徒を世話するため、イエズス会宣教師も松前に滞在した。二代藩主公広が「松前は日本ではない」といって宣教師の滞在を許したことはよく知られている。ただし、島原《しまばら》一揆後、キリシタンに寛容な姿勢を幕府に咎められ、禁圧に転じている。

そうしたなか、寛永十七年（一六四〇）六月十三日、渡島半島の内浦湾《うちうらわん》の南岸にそびえる駒ヶ岳《こまがたけ》で、大噴火が発生した。この噴火の影響で大津波が起こり、和人・アイヌあわせて七〇〇人が溺死し、上ノ国まで灰が降り注いだ（「松前年々記」中嶋家所蔵、『松前町史 第一巻史料編』）。津軽では、この噴火の影響で、二年間に及んで飢饉が続いたという。道南についての詳しい史料は残されていないが、甚大な被害が出たことは確実である。

一八世紀に松前藩の家老《かろう》が編纂した『福山秘府《ふくやまひふ》』（北海道立図書館所蔵）によると、寛永二十年に島小牧で「ヘンノウケ」（ヘナウケ）というアイヌの蜂起があり、藩兵が出動して制圧したという。瀬田内（セタナイ、地図⑩）でも事件があり、蠣崎利広《としひろ》が出動して「平治《へいじ》」した、という。松前藩の上級家臣であった南条家《なんじょうけ》の家譜には、南条安右衛門《やすえもん》という人物がセタナイで戦死したとの記録があり、激しい戦闘があったことをうかがわせる。ヘナウケが蜂起した島小牧は砂金の採取地であったから、原因は砂金堀たちの進出によって食糧の確保が難しくなったところに、駒ヶ岳噴火が追い撃ちをかけたためと推測されている。ヘナウケが捕縛されたり、処刑されたという記述がないことから、講和のような形で落着したと考えられている。セタナイはかつての「夷狄之商船往還之法度」で「西夷の尹」とされたハシタインの拠点であり、ヘナウケにも同じような地位が認められたと推測されている（海保嶺夫『日本北方史の論理』）。

また、このヘナウケの蜂起に前後するタイミングで商場交易制（後述）が導入されるため、ヘナウケを抑えつけたことによって、日本海側に商場交易制を一挙に施行することが可能になったのではないか、という見解も提示されている（平山裕人『シャクシャインの戦い』）。

城下交易制から商場交易制、鮭川知行制から商場知行制へ

寛永二十一年（一六四四）に「目無」（メナシ、現北海道目梨郡、地図⑫）のアイヌが盛岡藩領の田名部《たなぶ》（地図㉖）まで交易に訪れた、という記録を最後に、アイヌが津軽海峡を越えて弘前・盛岡藩領まで交易に赴いた記録がみえなくなる。これには、松前藩が、アイヌ交易を独占するために、交易のあり方を変更したことが背景にある。

従来は、アイヌが松前城下などに交易に訪れていた。この交易のあり方を城下交易制という。松前藩はこの方式を改め、新たに蝦夷地に交易地点として「商場」を複数設定し、そこに松前藩側が一年に一度交易船を派遣することにしたのである。アイヌが松前を訪れるのは藩主への御目見《おめみ》に限定し、本州以南への渡航を禁止した。これを商場交易制という。アイヌ側から交易に赴くことがなくなったことで、アイヌが使用する船も小型化していった。

和人側が蝦夷地へ交易船を派遣しているごく初期の記録が、先に述べたオランダ東インド会社のフリース探検隊の記録である。この探検隊は、アッケシ（現北海道厚岸町、地図㉗）の沿岸で松前から交易のためにやってきた日本の船と遭遇している。船頭はオリという日本人で、この船には米・衣服・酒・煙草《たばこ》や、アイヌの耳飾りの原料となる鉛の鐶《かなわ》を積んでおり、これらを輸出しようとしていた。彼は、父は日本人だが母はエゾアン（蝦夷人、アイヌのこと）と名乗ったといい、アイヌと和人間で通婚があったことをうかがわせる。先述したように、アイヌ側が盛岡藩領まで交易船を派遣していることが確認できる最後の記録が寛永二十年なので、この寛永二十、二十一年頃が城下交易制から商場交易制への過渡期であったのだろう。だが、蝦夷地での交易の経験がまったくない状況で商場を設定できたとは思えず、城下交易が主であった時代でも、臨時的に松前藩側が蝦夷地に船を派遣することはあったであろう（小林真人「商場知行制成立過程についての一考察」）。慶広の時代における石狩・支笏への鷹舟《たかぶね》派遣は、この推測を裏づける。

商場交易制への移行がどのように進んだかは定かでない。松前藩側が、「松前まで来る必要がなくなるので、アイヌにとっても効率的になる」とアイヌ側を説得したのだろうとの推測もある（平山裕人『シャクシャインの戦い』）。

商場交易制では、各知行主（藩主直営の商場では藩主）が派遣した交易船だけが交易相手になる。アイヌ側は交易相手を選ぶことができず、交易ルートは和人側が恣意的に操作できた。商場交易制は、和人の横暴を制度的に可能にしたのである。そのことを克明に伝えるのが、弘前藩が編纂した『津軽一統志《つがるいっとうし》』（弘前市立弘前図書館所蔵）である。例えば、干鮭五束を、米二斗入り一俵と交換していたのが、米八升入り一俵との交換になった、和人が大網で鮭漁を始めたので、アイヌが抗議すると打ち叩かれた、アワビの引き渡しが不足すると子どもを質にとると脅された、などの話が記録されている。

また、この『津軽一統志』には、商場をあらわす記述として、「一、三内《さんない》　狄家有　商場所島さきなり」などとある。これは三内（地図㉘）の島さき（宗谷岬《そうやみさき》）に商場が設定されていることを意味する。商場とは、交易船が着船して交易を行う特定の地点を指し、一定の領域を持つものではない。商場（場所）が一定の領域を持つようになるのは、場所請負制が導入されたのちである（田端宏「場所請負制史論の概況」）。さらに松前藩は、各商場における交易権を藩士に知行として与えた（商場知行制）。それ以前は、松前付近の河川における鮭漁の独占権益を藩士に知行として与えていたようである（鮭川知行制）。武田信玄《しんげん》も、信州の諸河川のうち、鮭がとれる川を知行として与えており、それとの類似が指摘されている（鈴江英一「和人地の村の成立」）。

シャクシャイン戦争

一六世紀から一八世紀にかけて、蝦夷地の太平洋沿岸に、多くのチャシ（砦）が築かれた。今に残るチャシの遺構は、この時期のアイヌ社会が互いに争っていたことを示唆している。後述するシャクシャイン戦争の関連史料によると、一七世紀の蝦夷地のアイヌ社会は、大きく五つの勢力に分かれていたことがうかがえる。各勢力の首長の名も伝わっており、シブチャリ（静内川上流域《しずないがわ》）・ヒポク（新冠《にいかっぷ》、地図㉑）・サル（沙流《さる》、地図⑳）・イフツ（勇払《ゆうふつ》、地図⑤）に勢力を張るオニビシ、シブチャリより東のクスリ（釧路《くしろ》、地図㉙）・アッケシ（厚岸、地図㉗）に勢力を張るシャクシャイン、石狩川《いしかりがわ》流域・マシケ（増毛、地図㉚）に勢力を張るハウカセ、ヨイチ（余市、地図④）・テシホ（天塩《てしお》、地図㉛）・リシリ（利尻、地図㉜）・ソウヤ（宗谷、地図㉘）に勢力を張る八郎右衛門、松前藩領に隣接する内浦湾西岸に勢力を張ったアイコウインの五人である。

この五勢力は互いに争い、オニビシはシャクシャインの奇襲によって打ち取られた。オニビシの後継勢力は報復のために松前藩に武器の供与を求め、ウトフというアイヌを使者として派遣した。商場交易が円滑に進むことが重要な松前藩は、仲介の姿勢をみせたが、武器の供与は拒否し、戦乱の長期化や大規模化は望まなかった。成果なく帰路についたウトフは、その途次で病没してしまう。そこから、ウトフは松前藩に毒殺されたのではないかという噂が流れた。
　商場知行制の導入や、金堀進出がアイヌ社会に圧迫を加えていたなかで、このような噂が流れたことで、アイヌ社会の不満が爆発した。寛文九年（一六六九）、シャクシャインを指導者にした一大蜂起が起こった。急を知った幕府は、五代藩主矩広《のりひろ》が幼年であったため、従祖父で旗本の松前泰広《やすひろ》を派遣して対応にあたらせ、弘前・盛岡両藩にも応援体勢をとらせた。松前に援軍を派遣した弘前藩は、その翌年、藩士を蝦夷地に派遣し様子を探らせた。蝦夷地東部ではアイヌの抵抗で情報を得られなかったが、西部では詳しい事情を探って帰り、その報告を『津軽一統志』に記録した。当時の蝦夷地の事情はここから知ることができる。

　国縫では戦闘となったが、シャクシャイン勢は撃退された。松前泰広は和睦を申し入れて、シャクシャインを誘き寄せて殺害した。翌十年は余市、翌々十一年は白老《しらおい》まで軍を派し、蜂起に加担した者から「償い」をとり、今後松前藩の命に従う旨を誓わせ、一応は収束をみた。この戦争では、蝦夷地に渡航していた和人の金堀などが、シャクシャインと結託して松前藩に対抗していたため、松前藩は戦後、和人の蝦夷地への渡航規制の大幅な強化に踏み切る。

　松前藩の和人の蝦夷地への渡航規制は、「家綱《いえつな》朱印状」を高札《こうさつ》に写し取って城下に掲げて行われた。元禄《げんろく》元年（一六八八）にはすでに公儀《こうぎ》の制札《せいさつ》が立てられていたことが記録されている（水戸藩《みとはん》「快風丸蝦夷聞書《かいふうまるえぞききがき》」）。この制札が「家綱朱印状」であったことは、元文四年（一七三九）に坂倉源次郎《さかくらげんじろう》が記した紀行文『北海随筆』（写本、北海道大学附属図書館北方資料室所蔵）や、田沼意次《たぬまおきつぐ》の命で行われた蝦夷地調査の報告書「蝦夷地一件」（内閣文庫所蔵）に掲出されていることから間違いない。『北海随筆』には、「シヤムシヤキンが一乱より砂金取事相止、蝦夷地え入込事制禁成ゆへ、其後再興するものもなし」ともある。

　松前へ渡った松宮観山《まつみやかんざん》が蝦夷通詞《つうじ》（通訳）の話を筆記した『蝦夷談筆記』（写本、北海道大学附属図書館北方資料室所蔵）に、シャクシャインの聟《むこ》であった金堀の庄太夫という者が、松前を滅ぼし、諸国通路の商船を自分たちの思うままにしようと企てていたという話を記している。庄太夫の実在は、泰広が幕府に戦争の顚末を報告した「渋舎利《しぶちゃり》蝦夷蜂起ニ付出陣書」（国立国会図書館所蔵）でも確認できる。このような風聞に松前藩は危機感を抱き、和人の蝦夷地への渡航を厳しく制限したのであろう。

ところで、『北海随筆』が書かれた当時の将軍は八代吉宗《よしむね》であり、「蝦夷地一件」が書かれた当時は一〇代家治《いえはる》であった。「家綱朱印状」がこの時期まで掲出されていたのはなぜであろうか。将軍の代替わりで発給され直す「歴代将軍印判状」は、文言は常に一定だったのではなく、細かな改訂が繰り返された。「歴代将軍印判状」の文言を細かく比較すると、「家綱朱印状」は「（無断渡航者を）速やかに厳科に処すべき者也」としており、「歴代将軍印判状」のなかでもっとも強く違反者を威嚇する文言になっている。この文言こそが松前藩にとり重要であったのだろう。

「綱吉《つなよし》朱印状」からは、アイヌの自由往行を謳っていた二条付則が変化し、「蝦夷人」の往来に、「其所にて」という限定がついた。「其所」は、蝦夷地を指すと読む説（菊池勇夫）、和人地とする説（紙屋敦之）、商場とする説（谷本晃久）などがある。筆者は、二条本文と付けたりを一続きに読めば、「（和人が）蝦夷地に理由なく（商場への参画の許可なく）渡海し、商売をすることは禁止する。蝦夷人による其所《そこ》の往来は自由である」と読めることから、「其所」を蝦夷地と解釈すべきと考えている。実態として、幕府の支配は蝦夷地に及んでいないから、幕府は蝦夷地におけるアイヌの往来を規制できない。綱吉以後の朱印状は、現状を追認しているにすぎない。そのため、松前藩にとって都合がよくなく、掲示が避けられ、「家綱朱印状」が掲示され続けたと考えられる（上田哲司「松前城下における将軍印判状の高札掲示と幕藩関係」）。

弘前・松前藩の連絡体制強化と津軽アイヌ

シャクシャイン戦争の只中、非常時に弘前藩と松前藩が素早く連絡を取りあえる体制の構築の必要性が認識され、弘前藩領の今別《いまべつ》への篝火《かがりび》の設置や飛脚舟《ひきゃくぶね》の動員体制が整備された。前者は、寛文九年（一六六九）九月に松前藩が要請したことから始まったが、八〇年を経た寛延二年（一七四九）においても、津軽アイヌが篝火の管理を請け負っている（「国日記」

同年九月十八日条）。飛脚舟動員は、弘前藩が援兵として松前・蝦夷地へ送った杉山八兵衛《すぎやまはちべえ》の部隊との連絡に、飛脚舟の操縦技術に長けた津軽アイヌを用いたことに始まる。収束後も、松前への飛脚舟操縦に動員されていることから、津軽アイヌの「役」であったとする見解（浪川健治『近世日本と北方社会』）がある。役とまではいえず、一時的な雇用とする見解もある（武田亜弓「近世前期における弘前藩のアイヌ支配について」）。

津軽アイヌが動員されたのは、彼らが津軽半島の先端部に居住していたためである。しかしここには和人も居住しており、殊更にアイヌを動員した要因は考える必要がある。これには、領内のアイヌを支配し、蝦夷地へも武威を及ぼして幕藩制日本の北辺の守備を担う、「北狄の押さへ」としての弘前藩の自己認識が関連していたのではないかと思われる。

また、シャクシャイン戦争後の津軽アイヌの動員にあたっては、弘前藩は体制整備の前提として、領内のアイヌの家長の名前や家族構成などを調べて把握した（『津軽一統志』）。弘前藩が津軽アイヌを家ごとに把握したことは、津軽アイヌの側にも影響を与えた。アイヌ文化には、名前の重複を禁忌とする習俗があり、一般的に襲名はしないが、津軽アイヌ社会には襲名慣行がみられるのである。弘前藩によって、家ごとに把握・編成されたことにより、津軽アイヌ社会にも家筋の形成が促されたと考えられる（上田哲司「近世の津軽アイヌ社会における襲名慣行」）。

例えば、シャクシャイン戦争時に飛脚舟の操縦を担当した「四郎三郎《しろうさぶろう》」というアイヌは、寛文年間（一六六一～七三）より一二〇年近く経過した天明年間（一七八一～八九）に至るまで、津軽半島先端部の宇鉄に居住し続けている。「四郎三郎」という和式の名前が、何代かにわたって襲名されたことがわかる。「四郎三郎」という家名を冠した家は漁労優先権を弘前藩より認められて、時に松前藩領まで漁に出ている。漁労優先権を一つの家筋で継続的に保持していくことを弘前・松前両藩に認可させるため、和式の名前が家名として設定されたと思われる。

時期が前後するが、シャクシャイン戦争前、寛文二年頃より、津軽アイヌが弘前藩主のもとに御目見に出るようになった。これは朝貢《ちょうこう》関係と評価されている（浪川健治『近世日本と北方社会』）。アイヌとして藩主に御目見するという権利が、

「へきりは」「るてりき」などといったアイヌ式の名前を家名として襲名する特定の家筋に継承された。これは、漁労優先権という、条件次第では和人にも認められる特権が、「四郎三郎」という和式の名前を冠する家に継承されたことと対象的である。

なお、津軽アイヌと藩主津軽信政《のぶまさ》との間の御目見儀礼の成立には、山鹿素行《やまがそこう》派政治学の思想的影響があった可能性が示唆されている（高橋〈武田〉亜弓「近世前期における弘前藩のアイヌ支配と藩意識」）。若年の信政を後見した津軽信英《のぶふさ》、信英没後に藩政を主導した奉行層、そして信政本人も山鹿素行の弟子だった（福井敏隆「支配機構の一考察」）。今後、津軽アイヌ支配に素行派政治学が与えた影響も考慮する必要があろう。

おわりに

本州的な「近世」とは「ずれ」が生じるが、本章においては、コシャマイン戦争（長禄元年〈一四五七〉）からシャクシャイン戦争（寛文九年〈一六六九〉）までの約二〇〇年間を北方史における近世の前期ととらえて、その様相を概観した。この時期に、中世以来続いた、アイヌが和人の政治権力の拠点まで交易に訪れるという形から、和人側がアイヌの領域へと交易に赴く形へと変更される。その交易は著しく和人側に有利になり、アイヌ側は従属を強いられる。これに対するアイヌ側の反撃は、シャクシャイン戦争の結果によって、完全に封じられた。また、アイヌと和人の領域（蝦夷地と和人地）に明確な線が引かれ、中世の特徴でもあった茫漠とした境界は解消される。津軽アイヌもこの時期に明らかに弘前藩の支配をうけている。蝦夷地のアイヌについては、国家権力はいまだ及ばない状況が続くものの、千島・カラフトも含めた蝦夷地全域が、松前藩ないしは幕藩制日本の支配が及ぶべき版図とする観念が浮上する。

一八世紀に入ると、ロシアという新勢力が登場する。また、商場知行制は場所請負制に切り替えられ、いよいよ蝦夷地のアイヌにも、場所請負人を介した、実態を伴った支配が及ぶようになる。一五世紀中期から一七世紀中期までを北方史における「近世の前期」ととらえるならば、一八世紀から開拓使《かいたくし》が設置される明治二年（一八六九）が「近世の後期」といえるだろうか。いずれにせよ、本州における時期区分、東アジア全体の時代区分、アイヌ考古学の編年も意識しつつ、和人・アイヌ・中国・ロシアも含めた「北方史」の枠で時代を区分し、とらえていく視座が必要だろう。

〔参考文献〕

入間田宣夫「糠部・閉伊・夷が島の海民集団と諸大名」同ほか編『北の内海世界』山川出版社、一九九九年
秋月俊幸『千島列島をめぐる日本とロシア』北海道大学出版会、二〇一四年
上田哲司「中近世移行期の津軽における開発とアイヌ社会」『北大史学』五四、二〇一四年
上田哲司「松前慶広宛秀吉・家康印判状の文書論的考察」『北海道・東北史研究』一〇、二〇一五年
上田哲司「近世の津軽アイヌ社会における襲名慣行」『日本歴史』八三五、二〇一七年
上田哲司「松前城下における将軍印判状の高札掲示と幕藩関係」『古文書研究』九〇、二〇二〇年
上村英明『北の海の交易者たち』同文館出版、一九九〇年
H・チースリク編『北方探検記』吉川弘文館、一九六二年
榎森　進『北海道近世史の研究』北海道出版企画センター、一九八二年
榎森　進『アイヌ民族の歴史』草風館、二〇〇七年
大石直正『中世北方の政治と社会』校倉書房、二〇一〇年
海保嶺夫『日本北方史の論理』雄山閣、一九七四年
海保嶺夫『近世蝦夷地成立史の研究』三一書房、一九八四年

海保嶺夫『中世の蝦夷地』吉川弘文館、一九八七年
菊池勇夫『幕藩体制と蝦夷地』雄山閣、一九八四年
紙屋敦之『大君外交と東アジア』吉川弘文館、一九九七年
川村博忠『国絵図』吉川弘文館、一九九〇年
工藤大輔「夷島における近世大名の創出」『弘前大学国史研究』一三五、二〇一三年
工藤大輔「「慶長十四年十一月七日松前藩五世慶広置申候事」（函館市中央図書館蔵）」『弘前大学国史研究』一二二、二〇〇七年
小林真人「商場知行制成立過程についての一考察」『松前藩と松前』二一、一九八四年
小林真人「北海道の戦国時代と中世アイヌ民族の社会と文化」入間田宣夫ほか編『北の内海世界』山川出版社、一九九九年
笹木義友「十七世紀における日本の「北方」認識の推移」『北の歴史・文化交流研究事業研究報告』一九九五年
新藤透『松前景広『新羅之記録』の史料的研究』思文閣出版、二〇〇九年
鈴江英一「和人地の村の成立」同『北海道町村制度史の研究』北海道大学図書刊行会、一九八五年
瀬川拓郎「中世アイヌ社会とエスニシティの形成」東北芸術工科大学東北文化研究センター編『北から生まれた中世日本』高志書院、二〇一二年
高橋（武田）亜弓「近世前期における弘前藩のアイヌ支配と藩意識」榎森進ほか編『北東アジアのなかのアイヌ世界』岩田書院、二〇〇八年
武田亜弓「近世前期における弘前藩のアイヌ支配について」『弘前大学国史研究』一一八、二〇〇五年
田端　宏「場所請負制史論の概況」北海道・東北史研究会編『場所請負制とアイヌ』北海道出版企画センター、一九九八年
谷本晃久『近世蝦夷地在地社会の研究』山川出版社、二〇二〇年
中村和之「中世・近世アイヌ論」『岩波講座日本歴史　二〇巻』岩波書店、二〇一四年
浪川健治『近世日本と北方社会』三省堂、一九九二年

長谷川成一『近世国家と東北大名』吉川弘文館、一九九八年
福井敏隆「支配機構の一考察」長谷川成一編『津軽藩の基礎的研究』国書刊行会、一九八四年
平山裕人『シャクシャインの戦い』寿郎社、二〇一六年
松前町史編集室編『松前町史第一巻上　通説編』松前町、一九八四年
宮崎正勝『黄金の島ジパング伝説』吉川弘文館、二〇〇七年
余市町教育委員会『大川遺跡における考古学的調査4　総括篇』余市町、二〇〇一年

エピローグ

泰平のなかでの転換へ

村　和明

近世前期から中期へ

本巻であつかった時代、列島の人口と生産量は、史料的な限界から後の時代に比べれば推定にもとづく面が大きいものの、飛躍的に伸びたとみるのが定説である。他方、農業生産を左右する気候においては、大きく好転していたわけではなく、新技術にもとづく最新の研究による推定でも、むしろ本巻の時代を通じて寒冷・多雨に向かったとみられている（中塚武監修、鎌谷かおる・渡辺浩一編集『気候変動から読みなおす日本史5　気候変動から近世をみなおす』臨川書店、二〇二〇年）。列島を超えた交易の変化、政治秩序の再編、そのなかでの選択が、列島社会におけるこうした巨大な変化に結実した。

第二巻が対象とする時代、具体的には五代将軍綱吉《つなよし》から田沼意次《たぬまおきつぐ》にかけての時代には、第一巻の大きな達成が決定的に揺らぐことは、天明期に到るまではなかった。この間の変化は、泰平のなかでのゆるやかな変化であり、幕府の強力な全国支配、列島における武力衝突の途絶、統制された限定的な対外関係といった大枠のなかで、新たな展開が生じ、調整・模索が続く時代となる。諸方面でとくに課題として重みを増してゆくのは、幕府・藩の施策と深い結びつきを持ちながら、発達・変貌してゆく経済の領域であり、商人らの活動、またそれをふまえた幕府の個別政策や機構じたいも、模索・試行錯誤・蓄積を進めてゆく。第一巻の時代、従来の達成を伝統として重んじ（「社会の伝統化」といわれる）、改革を必ずしも歓迎しない通念が根付いたが、それも次第に転換して、積極的な改革が是とされてゆく。こうして複雑に組み上げられていった政治・経済の全国的な秩序は、巨大な気候変動による挑戦に直面し、天明の大飢饉における全国的な甚大きわまる被害という形で、その限界を露呈することになる。経済重視の傾向は、国際環境で根本的な利害の衝突がなかったことを前提に、対外関係・国際貿易をめぐる幕藩の政策をも大きく規定した。泰平のなかでの学問・文化の隆盛が、対外認識の深化の場となり、来るべき国際環境の大変化への対応を、静かに準備してゆくこととなった。

本シリーズにおける第一・二巻における区切りは、個別の論考で必ずしも厳密に統一を図ってはいないが、いちおう江戸幕府における画期によっている。一見、中央政局にもとづく古めかしい時期区分のようにみえるかもしれないが、そうした意図ではなく、社会全体における転換によるものであることを付言しておきたい。

世代の交代、経験を継承する人びと

最後に、第一・二巻の時代をまたいで生きた二人の人物のエピソードから、達成が次の時代に継承されたことの諸相にふれて、本巻の結びとしたい。次巻であつかう時代の冒頭にあたる元禄二年（一六八九）五月、五代将軍綱吉は、当時六九歳の旗本の天野《あまの》長重《ながしげ》を、鑓《やり》奉行へ昇進させた（以下、天野については氏家幹人『元禄養老夜話』新人物往来社、一九九六年による）。特筆すべきこともない人事だが、記録魔だった天野が書き残したところによると、老中《ろうじゅう》大久保《おおくぼ》忠朝《ただとも》がその際、「戦場において働きの功ある者」は、今や旗本では天野だけだ、と語ったという。その感慨を天野は、「家業の武功」によって、幕府老中から旗本の一人として顕賞されるとは、「日本一の高名」だと記している。天野の実戦経験は一〇代のときで、島原《しまばら》の乱に、叔父であった指揮官松平信綱《まつだいらのぶつな》に願って参戦した。石垣の下で一揆勢の投じた石に当たったといい、武勲というほどのものはなかったと自らも認めているのだが、とにかく実戦経験には違いない。将軍綱吉の治世下では、なお武こそが武士・幕府直臣の役割の根幹と意識されつつも、大規模な実戦の経験者は払底しつつあった。泰平が実現され維持された、近世日本の特色の一つが、端的にあらわれているエピソードであろう。

天野長重の経験・見聞は、もちろん大規模戦争にとどまるものではない。父長信《ながのぶ》は、寛永三年（一六二六）から同二十年まで、東福門院和子《とうふくもんいんまさこ》に付けられてその御所を指揮しており、長重は父のもと五歳から京都にいたから、徳川家による全国支配の一つの区切りというべき寛永十一年将軍家光《いえみつ》の上洛や、近世の朝廷ができあがるさまを目にして育ったであろう。また彼の叔父松平信綱は一七世紀半ばの幕政を主導した一人であり、長重はこの親しい親族から多くの薫陶《くんとう》をうけていた。長重は、実にさまざまな見識を書き残しているが、口伝ではさらに、現代には知りえないはるかに多くのことを、次の世代の人びとに伝えていたに違いない。

続いてはもう一人、五代将軍綱吉時代に急成長をとげた商人・三井高利《みついたかとし》の、こちらは語られなかった経験についてである。三井家の取引先に、同じく伊勢松坂《まつざか》に本拠地をおいた商人角屋《かどや》がいた。その一族七郎兵衛《しちろうべえ》（栄吉《えいきち》）は元和六年（一六二〇）に生まれ、朱印船《しゆいんせん》貿易で活躍し、鎖国以後もホイアン（ベトナム）の日本人町にとどまった（以下、彼については小倉貞男『朱印船時代の日本人』中央公論社、一九八九年による）。四代将軍家綱《いえつな》の時代に、晩年の七郎兵衛からの手紙が、年に一度、松坂の兄らのもとへ届くようになった。朱印船貿易は不可能となったが、長崎での貿易が認められている中国人商人に荷物を託すことで、商取引が続いており、日本人町はなお活況を呈していた。しかし一人また一人と日本人は没してゆく。栄吉は、取引上の細部にわたる指示にくわえ、角屋の日本における継承を気にかけ、長崎の寺社や伊勢神宮への寄進を依頼する。寛文十年（一六七〇）の手紙では、自身の住む日本人町に寺を建立するための釣鐘と額を注文する。寛文十二年一月、彼の訃報が松坂にとどいた。

この翌年、三井高利とその息子たちは、江戸と京に自分たちの店を出す。第二巻の時代をその経済面において代表するともいえる、以後現在まで続く、三井家の「創業」である。この前後に、高利が松坂でつけていた自筆の帳簿には、松坂の角屋七郎兵衛（七郎次郎の兄）との取引が記されており、右にふれたホイアンの角屋七郎兵衛や、それにまつわる情報は当然耳にしていたであろう。これ以前、高利は元和八年（一六二二）に生まれてから一五歳頃までは松坂で育ったから、そのころにはさらに多くの朱印船貿易や諸外国に関する話を見聞きしたに違いない。高利の語録を含む三井家の史料では、こうした話題にふれたものは知られておらず、従って研究上も、朱印船貿易とは段階のまったく異なる商人としてあつかわれることが多いのだが、一人の人間の成長・認識のうえでは、ほぼ間違いなく地続きであったことだろう。

ほかに二巻はじめに登場する人物として、例えば五代将軍綱吉は正保三年（一六四六）、碁打ちの本因坊道悦《ほんいんぼうどうえつ》は寛永十三年の生まれである。時代が下る八代将軍吉宗《よしむね》は、天和四年（一六八四）の生まれだが、幼少期には元和八年生まれの家老加納政直《かのうまさなお》のもとで育てられていた。本巻の時代は、その時代を生きた人びとの膨大な記憶と経験の語り伝えを通じて、次巻の時代へと引き続き、その前提・基盤となった。一瞬だけ名前が登場する人びと、そして圧倒的多数の登場しない、後世からは知ることができない人びとの生と、彼らが次の世代に託したことに思いをはせながら、ぜひ本シリーズを読み進めていただきたい。

執筆者紹介（生年／現職）―執筆順

牧原成征（まきはら　しげゆき）→別掲

谷　徹也（たに　てつや）一九八六年／立命館大学文学部准教授

寺嶋一根（てらしま　いね）一九八〇年／佛教大学歴史学部専任講師

三宅正浩（みやけ　まさひろ）一九七七年／京都大学大学院文学研究科准教授

岩本　馨（いわもと　かおる）一九七八年／京都大学大学院工学研究科准教授

村　和明（むら　かずあき）→別掲

木村直樹（きむら　なおき）一九七一年／長崎大学多文化社会学部教授

木土博成（きど　ひろなり）一九八七年／九州大学比較社会文化研究院准教授

上田哲司（うえだ　てつじ）一九八七年／北海道大学　アイヌ・先住民研究センター　博士研究員

編者略歴

牧原成征

一九七二年、愛知県に生まれる
一九九九年、東京大学大学院人文社会系研究科博士課程単位修得退学
現在、東京大学大学院人文社会系研究科教授、博士（文学）

〔主要著書〕
『近世の土地制度と在地社会』（東京大学出版会、二〇〇四年）
『日本近世の秩序形成―村落・都市・身分―』（東京大学出版会、二〇二二年）

村　和明

一九七九年、愛知県に生まれる
二〇一〇年、東京大学大学院人文社会系研究科博士課程修了、博士（文学）
現在、東京大学大学院人文社会系研究科准教授

〔主要著書〕
『近世の朝廷制度と朝幕関係』（東京大学出版会、二〇一三年）

日本近世史を見通す1
列島の平和と統合―近世前期―

二〇二三年（令和五）九月一日 第一刷発行
二〇二三年（令和五）十一月二十日 第二刷発行

編者 牧《まき》原《はら》成《しげ》征《ゆき》
村《むら》和《かず》明《あき》

発行者 吉川道郎

発行所 株式会社 吉川弘文館
郵便番号一一三―〇〇三三
東京都文京区本郷七丁目二番八号
電話〇三―三八一三―九一五一〈代〉
振替口座〇〇一〇〇―五―二四四番
http://www.yoshikawa-k.co.jp/

印刷＝株式会社 理想社
製本＝株式会社 ブックアート
装幀＝右澤康之

ISBN978-4-642-06884-0

日本近世史を見通す
全7巻

1 列島の平和と統合 近世前期 *
牧原成征・村 和明編

2 伝統と改革の時代 近世中期
村 和明・吉村雅美編

3 体制危機の到来 近世後期
荒木裕行・小野 将編

4 地域からみる近世社会 *
岩淵令治・志村 洋編

5 身分社会の生き方 *
多和田雅保・牧原成征編

6 宗教・思想・文化 *
上野大輔・小林准士編

7 近世史の課題 討論（仮題）
小野 将ほか編

本体各2800円（税別） *は既刊

吉川弘文館

日本近世の歴史　全6巻

信長・秀吉・家康の時代から西南戦争まで、政治の動きを中心に最新成果に基づいて描く通史。徳川家の代替わりや幕政改革・開国など、平易な記述と豊富な図版や年表による立体的編集により、新たな歴史の捉え方を示す。

四六判／本体各２８００円（税別）

①天下人の時代　藤井讓治著
②将軍権力の確立　杣田善雄著
③綱吉と吉宗　深井雅海著
④田沼時代　藤田　覚著
⑤開国前夜の世界　横山伊徳著
⑥明治維新　青山忠正著

吉川弘文館

〈江戸〉の人と身分　全6巻

江戸時代の人びとは、「身分制」という格差社会をどう生きたのか。「士農工商」の枠組みを越え、都市・村・公武寺社の権門・地域・女性・東アジアの視点から、上昇願望や差別意識を含め「身分」を問い直す。

四六判／本体各3000円（税別）　※③⑥は僅少

①都市の身分願望　宇佐美英機・藪田　貫編

②村の身分と由緒　白川部達夫・山本英二編

③権威と上昇願望　堀　新・深谷克己編

④身分のなかの女性　藪田　貫・柳谷慶子編

⑤覚醒する地域意識　若尾政希・菊池勇夫編

⑥身分論をひろげる　大橋幸泰・深谷克己編

吉川弘文館